KB131747

조선전쟁실록

전쟁이 바꾼 조선, 조선이 바꾼 세계

조선전쟁실록
: 전쟁이 바꾼 조선, 조선이 바꾼 세계

1판 1쇄 발행 2018. 5. 4.
1판 3쇄 발행 2021. 12. 26.

지은이 박영규

발행인 고세규
편집 권순범 | 디자인 홍세연
발행처 김영사

등록 1979년 5월 17일 (제406−2003−036호)
주소 경기도 파주시 문발로 197(문발동) 우편번호 10881
전화 마케팅부 031)955−3100, 편집부 031)955−3200, 팩스 031)955−3111

저작권자 ⓒ 박영규, 2018 이 책의 저작권은 저자에게 있습니다.
저자와 출판사의 허락 없이 내용의 일부를 인용하거나 발췌하는 것을 금합니다.

값은 뒤표지에 있습니다. ISBN 978-89-349-8149-7 03910

홈페이지 www.gimmyoung.com   블로그 blog.naver.com/gybook
인스타그램 instagram.com/gimmyoung   이메일 bestbook@gimmyoung.com

좋은 독자가 좋은 책을 만듭니다.
김영사는 독자 여러분의 의견에 항상 귀 기울이고 있습니다.

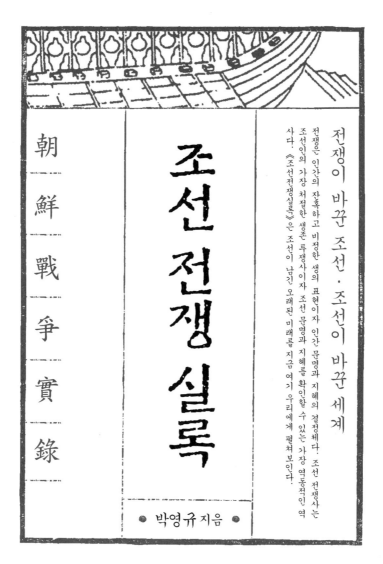

朝鮮戰爭實錄

조선 전쟁 실록

● 박영규 지음 ●

전쟁이 바꾼 조선·조선이 바꾼 세계

전쟁은 인간의 잔혹하고 비정한 생의 표현이자 인간 문명과 지혜의 결정체다. 조선 전쟁사는 조선인의 가장 처절한 생존 투쟁사이자 조선 문명과 지혜를 확인할 수 있는 가장 역동적인 역사다. 《조선전쟁실록》은 조선이 남긴 오래된 미래를 지금 여기 우리에게 펼쳐 보인다.

김영사

조선의 문명과 지혜가 집약된 찬란한 역사

"선조는 정말 비겁한 왕이야. 어떻게 백성을 버려두고 자기만 살겠다고 도망갈 수 있어?"

임진왜란 이야기만 나오면 꼭 이런 말을 하는 사람이 있다. 그러면 필자는 이렇게 되묻는다.

"그러면 선조가 달아나지 않았다면 어떻게 되었을까요?"

선조가 한성을 버리고 달아나지 않았다면 임진왜란은 일찍 종결되었을 것이다. 선조가 한성에서 수성전을 펼치며 버텼다면 기껏 보름도 견디지 못하고 포로로 잡혔을 것이기 때문이다.

임진왜란 당시 조선을 쳐들어온 16만의 일본군은 당시로선 동아시아에서 가장 강력한 군대였다. 조총이라는 신식 무기로 무장한 데다, 무려 일백 년 동안 지속된 전국시대를 통해 풍부한 전쟁 경험까지 갖춘 무시무시한 부대였다. 따라서 당시 조선은 물론이고 명도 일본 군대와 싸워 이길 승산이 별로 없었다. 그런 까닭에 선조가 한성을 버리고 북으로 달아난 것은 가장 현실적인 선택이었던 셈이다. 그리고 그 선택 덕분에 조선은 최종적으로 일본군에게 승리할 수 있었다.

선조처럼 우리 역사에서 적군의 침입을 피해 도주한 왕들은 살아남아 승리를 맛보고, 도주하지 않은 왕들은 포로가 되어 처참하게 죽거나 무릎을 꿇고 충성을 맹세한 사례가 여럿 있다. 백제 개로왕이나 조선 인조는 농성전을 펼치며 적군과 대치하다가 결국 포로가 되어 죽거나 항복했지만, 고려 공민왕이나 조선 선조는 도주한 덕분에 결국 승리를 거머쥐었으니 역사의 아이러니가 아닐 수 없다.

"만약 광해군이 쫓겨나지 않았다면 병자호란은 일어나지 않았을까요?"

이런 질문에 필자는, 단언컨대 일어나지 않았을 것이라고 답한다. 왜냐면 병자호란은 여진이 조선의 영토를 빼앗기 위해 벌인 전쟁이 아니라, 조선과 관계를 안정시켜 명나라 공격의 안전판을 확보하기 위해 벌인 전쟁이기 때문이다. 그런 까닭에 조선이 여진에 적대적인 정책을 쓰지 않는 한 그들이 조선을 침략하여 위험을 자초할 이유가 없었다. 광해군과 대북 세력은 여진과 적대 관계를 형성하지 않았고, 명과 여진의 전쟁에서 가급적 중립을 유지하려고 애썼으며, 명에 호의적이지도 않았다. 따라서 광해군이 쫓겨나지 않았다면 정묘호란이나 병자호란은 없었을 것이다. 말하자면 정묘호란과 병자호란을 유발한 것은 광해군을 내쫓고 왕위에 오른 인조와 조선 조정을 장악한 서인 세력의 친명배청 정책 때문이었던 것이다.

전쟁을 앞두고 어떤 태도를 취해야 하는가는 당연히 상대에 따라 달라야 한다. 나보다 훨씬 강한 상대가 머리를 숙이고 상국으로 섬길 것을 요구한다면 머리를 숙이는 것이 옳을 것이고, 영토를 빼앗고 재물과 백성을 차지하려고 한다면 죽기 살기로 싸워야 할 것이다. 하지만 싸움에도 여러 방식이 있다. 무조건 죽음을 두려워하지 않고 싸우기만 하는 것이 능사가 아니고, 그렇다고 도망만 다니는 것도 능사가 아니다. 어떤 싸움을 할 것인가도 역시 상대에 따라 달라야 한다.

인조는 상대를 제대로 알아보지 못했다. 그 결과 머리 숙이고 조공하면 될 것을 명분만 앞세워 함부로 덤볐다가, 무릎 꿇고 용서를 빌며 자신의 가족과 숱한 백성들을 끌려가게 했다. 어리석음의 발로가 아닐 수 없다. 그러나 선조는 체면보다 생존을 중시했다. 엄청난 원망을 감수하고 도주를 택했고, 자존심을 버리고 명에 도움을 요청해 결과적으로 승리함으로써 영토와 백성을 지켰다. 결코 어리석고 비겁하다고만 할 수 없는 것이다.

조선의 전쟁을 논하자면 이미 언급한 양대 전란, 즉 임진왜란과 병자호란밖에 없는 줄 안다. 그리고 흔히 조선 백성들이 가장 많은 고통을 당한 전쟁이 임진왜란이라고 말한다. 물론 임진왜란이 조선 백성들에게 가장 큰 피해를 준 전쟁임은 분명하다. 하지만 조선 백성들을 가장 오랫동안 괴롭힌 전쟁은 따로 있다. 바로 왜구와의 전쟁이다.

대개 왜구라고 하면 해적 무리 정도로 생각하기 쉽지만, 왜구는 그렇게 간단한 존재가 아니었다. 고려 말부터 조선 시대에 이르기까지 왜구가 한반도를 침략한 횟수는 600회에 육박하며 그 기간은 무려 70년에 이른다. 왜구의 병력은 많을 때는 3만에 이르렀는데, 이 때문에 고려 시대에는 수도 개경이 함락 직전에 이르기도 했다. 왜구는 고려나 조선뿐 아니라 동아시아의 최강국 명조차 어떻게 하지 못한 골치 아픈 존재였다. 명은 왜구를 단순한 해적이 아닌 일본의 정규 군대로 규정하고, 조선과 일본이 세력을 규합하여 중국 영토를 침략해올지 모른다는 두려움마저 있었다. 그래서 명은 지속적으로 조선에 왜구의 토벌을 요구했고, 조선이 왜구를 토벌하지 않으면 명나라 군대가 조선을 공격할 것이라고 공언하기도 했다. 고려와 조선은 명의 압박과 왜구의 침략으로 인한 엄청난 피해를 줄이기 위해 지속적으로 왜구 토벌 전쟁을 수행해야만 했다. 그 과정에서 세 번에 걸쳐 왜구의 소굴인 대마도 정벌에 나서기도 했다.

왜구와 함께 조선을 위협한 또 하나의 세력은 북방의 여진이었다. 흔히 여진을 만주 지역의 일부를 차지하고 있던 부족 국가 정도로 인식하기 쉬운데, 여진은 그렇게 나약한 세력이 아니었다. 여진은 근본적으로 발해의 유민 세력을 의미한다. 여진은 명이 중국을 통일한 뒤에도 옛 발해 땅의 70퍼센트를 장악하고 있던 강력한 세력이었다. 그 때문에 명은 누차에 걸쳐 수십만의 병력을 동원하여 여진 정벌을 감행했지만 그들을 완전히 제압하는 데엔 늘 실패했다. 또한 명이 여진을 정벌할 때마다 조선에서도 2만의 최정예 병력을 파견하곤 했는데, 이 때문에 조선은 여진과 지속적으로 전쟁을 치러야만 했다. 여진 정벌 전쟁은 조선 초부터 약 80년 동안 지속되었다. 하지만 여진은 결코 무너지지 않았고, 오히려 명을 멸망시키고 청을 일으켜 동아시아의 주인이 되었다.

이렇듯 조선은 임진왜란과 병자호란 외에도 수십 년에 걸쳐 왜구 토벌 전쟁과 여진 정벌 전쟁을 수행했다. 말하자면 조선은 북방에서는 여진과 전쟁을 지속하고, 남방에서는 일본과 전쟁을 지속했던 것이다. 때문에 조선의 군대는 남쪽엔 수군, 북쪽엔 육군 중심의 방위 전략이 수립되어 있었다. 임진왜란 때 일본군을 막을 주력군은 수군이었고, 병자호란 때 청군을 막을 주력군은 육군이었다. 이는 조선이 임진왜란에서 수군의 승리를 통해 최종적으로 승리할 수 있었음을 의미하고, 병자호란에서 북방 육군의 패배 때문에 무릎을 꿇을 수밖에 없었다는 것을 말해준다.

청에 패배하여 조공국이 된 이후로 조선은 기껏 두 번에 걸쳐 200명 이하의 병력을 파견한 나선정벌을 제외하고 200여 년간 전쟁을 겪지 않았다. 북방의 우환거리였던 여진이 중국 대륙을 장악하여 종주국이 됨으로써 북방에서 더 이상 전쟁을 염려하지 않아도 되었고, 임진왜란 이후 도쿠가와 막부가 일본 열도를 안정시킨 덕분에 왜구도 출몰하지 않았기 때문이다.

그러나 주변의 침략 세력 외에 또 하나의 세력이 조선을 침략해왔다. 바로 서양 제국주의 세력이었다. 그들 세력 중에 조선 영토를 침략한 나라는 프랑스와 미국이었다. 병인양요와 신미양요로 명명되는 이 두 나라의 침략 전쟁을 조선은 가까스로 막아내며 왕조의 목숨 줄을 지켜냈다. 특히 프랑스와 전쟁을 승리로 이끌면서 프랑스에게 조선인의 매운 맛을 보여주기도 했다. 하지만 최신식 무기로 무장한 미국의 해병대에 무참하게 패배하여, 서양 세력의 무력이 얼마나 대단한지 실감하기도 했다.

《조선전쟁실록》은 조선 건국기 왜와 여진과의 전쟁부터 임진왜란과 정묘호란, 병자호란을 거쳐 서양의 침략 전쟁인 병인양요와 신미양요에 이르는 조선의 모든 전쟁을 다각도로 분석하고 평가하기 위해 저술된 책이다. 그 과정에서 각 전쟁에서 사용된 전술과 전략, 장수 운용과 무기 체계 등에 대해서도 되도록 상세하게 언급하고자 노력했다.

전쟁은 인간의 가장 잔혹하고 비정한 표현 방식이자 인간 문명과 지혜의 결정체다. 그런 까닭에 조선 전쟁사는 조선인들의 가장 처절한 생존 투쟁사이면서, 조선의 문명과 지혜를 확인할 수 있는 문명사라고 할 수 있다.

모쪼록 이 책이 익히 알지 못했던 조선인들의 면모를 발견하는 계기가 되기 바란다.

2018년 5월 일산 우거에서

박영규

1부

조선의
왜구 토벌

–

세 차례에 걸친
대마도 정벌

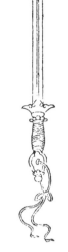

1

고려 말 왜구 토벌 전쟁

—

"내가 화살로 저 자의 투구를 벗길 테니,
그대가 뒤이어 쏘아 죽여라."

동북아의 골칫덩어리 왜구

《고려사》와《조선왕조실록》을 읽다 보면 왜구 침략으로 전 국토가
유린당한 사례를 수없이 발견할 수 있다. 고려 공민왕과 우왕 재위기
37년 동안 무려 500회 가까이 침략당했고, 수도 개성까지 함락당할
위험에 처하기도 했다. 심지어 도읍을 옮기자는 말이 나올 정도였다.
조선 개국 후 태조 재위 6년 동안 왜구가 침략한 횟수도 50회가 넘는
다. 왜구가 비단 우리나라 백성만 고통스럽게 한 것은 아니었다. 중국
의 신흥대국 명나라 백성도 왜구 때문에 고통이 이만저만이 아니었
다. 명은 조선이 왜와 힘을 합쳐 자국을 공격할지도 모른다며 두려워
했고 이는 조선과 명의 외교 문제로 비화하기도 했다.

　이렇듯 왜구는 고려와 조선은 물론 당시 초강대국이던 명에게도
골치 아픈 존재였다. 일단 왜구가 뜨면 한반도와 중국 대륙 백성은 공

포감에 치를 떨며 산으로 달아나 숨기에 바빴다. 왜구에게 붙잡힐 경우 그들의 소굴로 끌려가거나 목숨을 잃는 것이 다반사였기 때문이다. 고려와 조선, 명은 왜구를 소탕하고자 온갖 수단을 동원했고 전면전도 불사했다. 어이없게도 명은 왜구가 설치는 것은 고려나 조선이 그들과 한통속이라서 그런 거라며 고려와 조선 조정에 그 책임을 돌리기도 했다. 결국 고려와 조선은 명의 의심에서 벗어나기 위해서라도 전면적인 왜구 토벌전을 감행할 수밖에 없었다. 도대체 왜구가 어떤 존재이기에 그랬을까?

왜구倭寇를 한자어 그대로 풀이하면 '왜인 도적'이다. 말하자면 왜인으로 구성된 도적 무리에 불과한데 왜 동북아의 초강대국 명마저 이들을 골칫거리로 여겼을까? 일본의 정규군인 왜군도 아니고 한낱 도적 무리에 지나지 않는 이들이 어떻게 고려와 조선에 국가적 재앙을 안겨준 것일까?

사전에서 왜구의 뜻을 찾아보면 대개 '13세기에서 16세기에 걸쳐 한국과 중국 해안에서 약탈을 자행하던 일본인 해적의 총칭'이라 나온다. 즉, 왜구는 주로 13세기에서 16세기 사이에 활동했다. 하지만 왜구가 실제로 동북아에서 약탈을 자행한 것은 14세기 중엽부터 15세기 초까지라 할 수 있다.

《고려사》에 왜구가 처음 등장한 것은 고려 고종 10년인 1223년이다. 당시 고려는 몽골 침입으로 전쟁을 치르던 상황이었다. 이후 11차례나 고려를 침입한 왜구는 고려가 원에 복속되고 1274년 고려와 원의 연합군이 일본 정벌에 나서자 약 80년간 자취를 감췄다. 이때 자취를 감춘 왜구를 일컬어 '13세기 왜구'라고 한다.

13세기 왜구가 사라진 뒤 등장한 14세기 왜구를 '후기 왜구'라고 하는데, 이들은 13세기 왜구와 비교할 수 없을 만큼 강력한 세력으로 성장해 고려와 중국을 수십 년 동안 괴롭혔다.

후기 왜구의 고려 침략은 1350년(충정왕 2년)부터 시작되었고 그들의 등장 배경은 일본 내부의 정치적 혼란과 맞물려 있다. 그 무렵 일본은 천황 자리를 놓고 남조와 북조의 막부幕府들 간에 치열한 세력 다툼이 벌어졌는데, 이 혼란을 틈타 남조의 규슈 지역 일부 막부가 뒷돈을 대며 왜구를 대대적으로 양성했다. 1366년 고려 조정은 왜구 문제를 외교적으로 해결하기 위해 당시 북조를 이끌던 아시카가 막부에 검교 중랑장 김일을 파견해 왜구 근절책을 마련하도록 요구했다. 아시카가 막부는 왜구 근절을 약속했으나 별다른 변화는 없었다. 일본 조정에서 막부들 간의 내전이 한창이라 왜구 근절에 눈을 돌릴 여유가 없었던 것이다. 오히려 왜구의 침략은 더 잦아졌고 피해도 훨씬 커졌다.

후기 왜구가 동북아 지역에서 더욱 기승을 부린 이유는 단지 일본 내부의 혼란 때문만은 아니었다. 중국 대륙 역시 원명교체기로 접어들어 수십 년간 전쟁을 지속했고 그 혼란은 일본보다 더 심각한 수준이었다. 고려도 중국 정세의 영향으로 엄청난 전란을 치러야 했다. 이처럼 일본과 중국, 고려의 혼란은 도적질로 재물을 탈취해 부를 축적하던 왜구에게 더없이 좋은 성장 기회였다.

전란에 휩싸인 중국 대륙

왜구가 본격적으로 출몰한 1350년에 중국 대륙은 한바탕 전쟁의 소용돌이에 휘말려 있었다. 중국 대륙을 지배하던 몽골의 대제국 원나라 황실은 14세기 들어 황제 자리를 놓고 내분에 휩싸였고 이는 조정의 혼란으로 이어졌다. 설상가상으로 흑사병과 유사한 전염병이 유행해 숱한 백성이 목숨을 잃는 와중에 가뭄과 홍수 같은 천재지변까지 이어지면서 민심은 극도로 악화되었다.

그러자 원의 민족차별 정책으로 불만이 팽배했던 한족이 반란을 일으키기 시작했다. 1348년 중국 동남 해안의 절강에서 방국진의 주도로 해상 반란이 일어나자 이를 발화점으로 전국 각지에서 민란이 일어났고, 급기야 1351년에는 백련교도인 홍건당이 봉기했다. 불교의 한 일파로 미륵사상과 민간신앙이 혼합된 백련교는 원나라 조정의 탄압을 받자 비밀결사 형태로 유지해오고 있었다. 그 불만이 원나라 조정의 혼란으로 폭발하면서 봉기를 주도한 것이다. 머리에 붉은 수건을 두른 이들은 홍건당이라는 이름 아래 뭉쳤고 백련교도의 지도자 한산동은 스스로 미륵불을 자처하며 홍건당을 이끌었다. 이들 홍건당을 역사적으로 홍건적이라 부른다.

하지만 한산동은 원나라 관군에게 붙잡혀 극형을 당했고, 그의 수하 유복통이 다시 군대를 일으켜 원에 저항했다. 무려 10만 대군을 거느린 유복통은 한산동의 아들 한림아를 황제로 옹립하고 국호를 송宋이라 했다. 남중국 일대를 장악한 유복통의 세력은 그 여세를 몰아 북벌을 감행했으나 성공하지 못했다.

홍건적이 북벌을 감행할 때 파벌이 생기면서 독자적으로 행동하는 세력들이 생겼다. 그중 한 세력인 관선생과 파두반이 이끄는 홍건적은 한때 원의 하절기 수도인 상도上都를 함락하는 개가를 올렸다. 그러나 원나라 군대의 반격에 밀린 홍건적은 요동으로 이동했고, 다시 1359년 12월 홍건적 4만이 원나라 군대에 쫓겨 고려로 밀려들었다. 이때 홍건적이 평양을 함락할 지경에 이르렀지만 전열을 가다듬은 고려군은 반격을 가해 그들을 압록강 밖으로 몰아냈다.

홍건적의 고려 침략은 그것으로 그치지 않았다. 1361년 10월 원나라 군대의 대대적인 공세에 밀린 홍건적은 또다시 고려로 도주해 왔다. 이번에는 20만 병력이었다. 홍건적이 개경으로 몰려들자 공민왕이 안동으로 파천하면서 개경은 함락되고 말았다. 홍건적이 개경을 지배한 두 달 동안 공민왕은 전국적으로 약 20만의 군을 모집해 개경 탈환 작전에 나섰다. 고려의 대군이 개경을 에워싸고 공격하자 전의를 상실한 홍건적은 요동으로 달아났다. 홍건적을 몰아낸 고려 장수 안우, 최영, 이성계 등은 홍건적 우두머리 사유와 관선생을 죽이고 파두반을 사로잡았다. 이로써 요동 쪽으로 밀려난 홍건적은 거의 궤멸 상태에 이르렀다.

그렇게 요동으로 밀려난 홍건적 외에 또 다른 홍건적 무리가 중국 남쪽에 남아 있었다. 남쪽에서 활약한 홍건적 중 가장 강력한 세력은 주원장이 이끄는 무리였다. 주원장은 홍건적 대장 중 하나인 곽자흥의 휘하 병졸로 원나라 군대와 전투를 거듭하면서 능력을 인정받아 곽자흥의 양녀와 결혼했다. 1355년 곽자흥이 죽자 주원장은 곽자흥의 군대를 이끌었고 1356년 난징을 차지해 세력을 확장했다. 하지만 그는 왕을 자처하지 않았고 황제로 추대받은 한림아의 신하로서 승상의 자리에 올랐다.

그 무렵 홍건적 내부에는 주원장 외에도 여러 군벌이 있었다. 그중 소주蘇州를 장악한 장사성과 난징에서 활약한 진우량이 주원장의 최대 경쟁자였다. 1363년 주원장은 마침내 진우량·장사성의 연합군과 싸워 승리함으로써 홍건적의 실질적인 우두머리로 올라섰다. 이어

후베이성, 후난성, 장시성을 차례로 차지한 주원장은 1364년 스스로를 무왕이라 선포했다. 이후 그는 원에 처음 반기를 들고 해상 반란을 일으킨 방국진을 굴복시켜 중국 남부 지역을 제패했다.

1366년 주원장은 국호를 명이라 천명한 후 몽골족을 내쫓고 한족의 나라를 세우자는 기치를 내걸었다. 그러던 중 주원장이 황제로 받들던 한림아가 남쪽으로 도망쳐오다 양쯔강에서 배가 뒤집히는 바람에 사망했다. 결국 주원장은 1368년 난징에서 황제 즉위식을 열고 정식으로 명을 건국했다. 황제에 오른 그는 대대적인 북벌을 감행해 베이징을 함락한 뒤 20년 동안 몽골족 축출 전쟁을 지속했다.

고려의 존립을 위협하다

그 시기 원의 지배에서 벗어나려 한 고려는 반원정책을 폈다. 1351년 왕위에 오른 공민왕은 원이 홍건적의 난으로 혼란에 휩싸이자 이를 틈타 고려 독립을 꾀했다. 그는 원의 풍습, 연호, 관제를 폐지하고 원나라 총관이 머물던 정동행성과 쌍성총관부도 철폐했다. 또한 기황후의 오빠 기철의 세력을 비롯한 친원파를 대거 축출했다. 그 과정에서 고려는 지속적으로 원과 전쟁을 치러야 했다. 설상가상으로 홍건적이 쳐들어와 개경이 함락되는 지경에 이르면서 왜구의 침략에 속수무책으로 당하기 일쑤였다.

이렇듯 중국과 고려에서 전란이 끊이지 않는 틈을 이용해 왜구는 급속도로 세력을 키웠다. 원은 홍건적의 발로로 왜구에 눈을 돌릴 틈이 없었고, 홍건적은 세력 확장과 내부 다툼으로 역시 왜구를 상대할 겨를이 없었다. 명을 건국한 주원장도 원나라 잔여 세력과 전쟁을 치르느라 왜구를 상대할 상황이 아니었다. 마찬가지로 고려도 밖으로는 홍건적과 원나라 군대를 동시에 상대하고, 안으로는 친원파를 몰아내느라 정신이 없었다. 그런 혼란을 틈타 왜구는 지속적으로 고려를 침략하고 중국 해안가를 약탈했다. 가장 많이 피해를 본 곳은 고려와 중국의 해안 지대였다. 왜구는 수십 척에서 수백 척의 선단을 이끌고 다니며 한반도와 중국 해안가를 습격해 마을을 불사르고 주민들의 목숨을 앗아갔다. 그들은 재물을 약탈하는 것은 물론 주민들을 납치해 노예로 삼기도 했다.

왜구가 끼친 피해는 중국보다 상대적으로 고려가 훨씬 더 심각했다. 고려는 땅도 좁고 삼면이 바다로 둘러싸여 동·남·서 세 방향이 모두 왜구의 공격에 노출되어 있었기 때문이다. 그러다 보니 황해도 아래쪽 땅은 해안가와 내륙을 막론하고 왜구의 침탈을 받지 않은 곳이 없었다. 심지어 도읍인 개경까지 왜구가 치고 들어와 국가의 존립을 위협하는 지경이었다.

왜구가 전 국토를 유린해도 고려는 쉽사리 왜구의 공격을 물리치지 못했다. 왜구는 공민왕 재위 23년 동안 115회, 우왕 재위 14년 동안 378회나 고려를 침략했다. 특히 우왕 때는 왜구의 전력이 막강해져 선단이 많게는 500척이 넘었고 병력도 1만을 헤아렸다.

왜구는 명에도 골치 아픈 존재였다. 해안 지역의 명나라 백성은 왜구라는 말만 들어도 내륙으로 달아나느라 바빴다. 왜구의 기세가 하늘을 찌르자 명은 고려 조정에 왜구를 엄금할 것을 요구했다. 명은 왜구를 단순한 해적으로 여기지 않고 일본의 군대로 인식했다. 또한 고려의 묵인 아래 왜구가 명나라 해안을 유린하는 것이라고 생각했다. 심지어 명은 고려와 일본이 명을 침입할 기회를 엿보기 위해 왜구를 선발대로 파견한 것은 아닌지 의심했다. 이를테면 고려가 일본에 동조해 명을 침략할 기회를 엿본다고 여긴 것이다. 명은 왜구를 엄금하지 않으면 군대를 동원해 고려를 공격하겠다고 고려 조정에 엄포를 놓기까지 했다.

이처럼 명이 위협을 가해오자 고려는 어쩔 수 없이 왜구 소탕전을 감행해야 했다. 다행히 북방 전선은 안정적이었다. 원나라 잔당은 북쪽으로 쫓겨나 더 이상 요동에 남아 있지 않았고 원에 동조하던 여진족도 더는 준동하지 않았다. 명 건국 후 홍건적도 사라졌으며 명은 북쪽으로 쫓겨난 북원과 마지막 전쟁을 치르느라 요동을 돌아볼 겨를이 없었다. 고려 조정은 이때야말로 왜구를 소탕할 절호의 기회라 여기고 왜구와의 전면전을 위해 다방면으로 준비했다.

그때까지 고려는 왜구의 약탈에 거의 무방비 상태로 당하고 있었다. 1357년 왜구는 강화도 교동을 점령해 개경으로 곡식을 싣고 오던 조운선을 약탈했고 해안 지역은 거의 왜구의 수중에 떨어졌다. 그 후 고려 수군은 전력을 정비해 합포(경남 마산)에서 왜구와 대대적인 해전을 벌였으나 대패하고 말았다. 이에 고려 조정은 일본 조정에 외교전을 펼쳤다. 1375년(우왕 1년)에는 판전객시사 나흥유를 일본에 파견해 왜구 근절을 요구했고 1377년에는 정몽주를 파견해 다시 같은 것을 요구했다. 이때 정몽주는 규슈의 유력자 이마가와 료순의 협조를 받아 왜구에 잡혀간 수백 명의 고려인을 데리고 돌아왔다.

박위의 대마도 정벌

본격적인 왜구 소탕전은 1376년부터 이뤄졌다. 그해에 최영이 왜구를 상대로 홍산(충남 논산)에서 대승을 거뒀고, 1380년에는 나세와 최무선이 왜선 500여 척을 공격해 대승을 거뒀다.

이른바 홍산대첩이라 불리는 홍산전투에서 최영은 환갑의 나이에 백발을 휘날리며 싸우다 입술에 화살을 맞기도 했으나 끝까지 왜구를 몰아붙여 대승을 거둠으로써 고려군의 왜구 소탕전에 자신감을 불러일으켰다. 당시 만호 벼슬에 있던 최영은 흰머리를 휘날리며 싸워 '백수의 최만호'로 불렸는데, 왜구들 사이에서는 백수의 최만호가 공포의 대상이었다.

1380년 나세와 최무선이 대승을 거둔 진포해전도 새로운 전기를 마련했다. 그해 왜구는 고려의 조운선을 공격해 곡식을 탈취하고자 500여 척의 군선을 이끌고 금강 하류인 진포(전북 군산)를 공격했다. 이미 여러 차례나 수백 척의 조운선을 탈취해 곡식을 빼앗아간 왜구는 기세등등하게 진포에 정박했다. 나세와 최무선, 심덕부 등이 이끄는 고려 수군은 기회를 노렸고 왜구들이 상륙을 마치자마자 대대적인 함포 공격을 개시했다. 이때 최무선이 제작한 화약을 처음 사용했는데 그 위력이 대단해 진포에 정박한 500여 척의 왜선이 모두 불에 탔다. 고려군의 전함은 불과 100여 척에 불과했으나 왜구들이 상륙한 뒤 서로 배를 묶어 정박한 상황이라 화포로 적선을 불태우는 데는 큰 어려움이 없었다.

배를 지키던 왜구 중 살아서 도주한 병력은 330여 명에 불과했고 상륙한 왜구는 퇴로를 잃자 내륙으로 파고들어 약탈과 살인을 일삼았다.《고려사절요》는 그 상황을 다음과 같이 기록하고 있다.

> 외적이 진포에서 패한 뒤 군현을 쳐서 함락하고 살육과 약탈을 멋대로 하
> 여 그 기세가 더욱 올라 삼도 연해의 땅은 쓸쓸하게 텅 비었다. 왜란 이후
> 이같이 참혹한 일은 없었다.

육지로 들어간 수만 명의 왜구는 공주와 옥천을 휘저으며 약탈을
지속하다 지리산 근처 전라도 운봉에 집결했다. 왜구를 이끈 자는 '아
기바투'라는 별명으로 불린 소년 장수였다. 아기바투의 아기는 '어리
다', 바투는 '용감한 사람'이라는 뜻이다. 16세 정도에 불과한 아기바
투는 용맹이 대단하고 무예가 뛰어나 그가 나타나는 곳이면 고려군이
여지없이 패배했다.

하지만 그를 상대한 고려 장수 역시 당대 최고의 전쟁 영웅 이성
계였다. 이성계는 왜구들이 운봉을 불사르고 지리산 쪽으로 이동했
다는 소문을 듣고 급히 뒤를 쫓았다. 그때 운봉 근처 인월역에 주둔한
왜구는 "장차 금성(전남 담양)에서 말을 먹여 북으로 진군할 것이다"라
는 소문을 내고 이성계 부대를 기다렸다. 지리산 골짜기를 등진 채 진
을 친 그들은 전방 양쪽에 늘어선 산등성이에 매복을 놓고 고려군의
공격에 대비하고 있었다. 운봉에 도착한 이성계는 전열을 가다듬은
뒤 군대를 두 갈래로 나눠 왜구의 주둔지를 공략했으나 유리한 지형
을 차지한 왜구의 반격에 밀려 쉽사리 전진하지 못했다. 이성계는 자
신이 직접 선발대를 이끌고 왜구의 매복조 공략에 나섰다. 부하들과
함께 왜구의 매복조가 숨어 있던 산등성이 측면의 험로를 타고 올라
가 활로 적군을 공략한 것이다. 이성계의 공략으로 매복조가 무너지

자 고려군은 빠르게 적진을 공략했고 양쪽 군대는 일대 혼전을 벌이며 백병전으로 치달았다. 이성계는 허벅지에 화살을 맞기도 하고 왜구에 둘러싸여 목숨을 잃을 위기에 처하기도 했으나 다행히 부하들의 도움으로 포위망을 뚫었다.

일진일퇴의 공방이 이어지는 가운데 부하들이 지친 기색을 보이자 이성계는 직접 선봉에 서서 공격을 지속했다. 그때 흰말을 탄 소년 장수 아기바투가 나타나 고려군을 휘저으면서 군사들이 겁을 먹고 물러서기 시작했다. 그 광경을 지켜본 이성계는 아기바투를 죽이지 않고는 부하들의 사기를 끌어올릴 수 없을 거라는 생각에 부하 장수 이지란에게 당부했다.

"내가 화살로 저 자의 투구를 벗길 테니 그대가 뒤이어 쏘아 죽여라."

이성계는 곧바로 아기바투가 쓴 투구의 정자를 쏘았다. 아기바투의 투구가 땅에 떨어지기도 전에 화살을 날린 이지란은 아기바투의 목을 쏘아 죽였다. 아기바투가 죽자 왜구의 기세는 순식간에 수그러들었고 여세를 몰아 대대적인 공략을 펼친 고려군은 대승을 거뒀다. 이 싸움을 황산대첩이라고 한다.

황산대첩에서 살아 돌아간 왜구는 70여 명에 불과했고 이때 고려군은 1,600여 필의 말과 수만 점의 병기를 노획했다. 당시 이성계는 3천에 미치지 못하는 병력으로 열 배가 넘는 적군을 상대로 대승을 거둔 것이었다.

최영의 홍산대첩, 최무선의 진포해전, 이성계의 황산대첩, 이 세 전투에서 패배한 뒤 왜구의 전력은 크게 약화되었다. 물론 해안 지역에서는 여전히 왜구가 기승을 부렸다. 그러던 중 1383년 5월 합포에 왜선 120여 척이 밀려오고 있다는 급보가 들어왔다. 합포 원수 유만

수는 즉시 해도海道 원수 정지에게 원군을 요청했다. 휘하 함대를 나주와 목포에 주둔시키고 있던 정지는 유만수의 요청을 받고 급히 합포로 향했다. 그가 합포에 도착했을 때 왜선은 관음포에 진을 치고 있었다. 정지는 휘하 함선을 이끌고 관음포를 공격했는데 이때 왜구는 대선 20척을 선봉에 두고 나머지 소선 100여 척을 이끌고 나왔다. 왜구의 병력은 대선에 140명씩, 소선에 20여 명씩 포진해 총 5천 명이 넘었다. 반면 정지의 함대는 47척에 불과했고 병력도 적의 절반에 미치지 못했다. 그러나 고려군이 화포를 이용해 공격하자 왜선은 어지럽게 흩어졌고 순식간에 대선 17척이 완파되었다. 그 여세를 몰아 고려군이 거세게 공격하자 왜구는 2천여 명의 전사자를 내고 달아났다.

이 싸움은 관음포전투 혹은 남해대첩으로 불린다. 남해대첩 이후 왜구의 전력이 눈에 띄게 약화되자 고려 조정은 왜구의 본거지를 공략하기로 결정했다. 당시 왜구의 본거지는 대마도(쓰시마섬)와 일기도(이키섬)였다. 고려 조정은 두 섬 중에서 한반도와 가까운 대마도에 공격을 집중하기로 하고 1389년 2월 대마도 정벌을 감행했다. 수장을 맡은 경상도 원수 박위는 대선 100여 척에 1만이 넘는 군대를 거느리고 대마도를 공격해 적선 300여 척을 불사르고, 해안가 언덕의 관사와 민가를 모두 불태운 뒤 대마도에 잡혀 있던 고려인 100여 명을 구출해 돌아왔다. 이것이 한반도 조정이 결행한 첫 번째 대마도 정벌이다.

고려의 대마도 정벌은 왜구에게 치명적인 타격을 안겨주었다. 이후 왜구가 출몰하는 빈도가 줄어들고 병력도 크게 감소했으나 왜구가 완전히 사라진 것은 아니었다. 그런 까닭에 조선은 건국 이후 두 차례에 걸쳐 대마도 정벌을 단행했다.

2
1차 대마도 정벌

—

"크게 군사를 일으켜서 수륙으로 함께 공격하여
일거에 섬멸하지 않고는 변경이 편안할 때가 없을 것이다."

조선 개국 후 다시 설치는 왜구

박위가 대마도를 정벌한 뒤 왜구는 한동안 힘을 잃고 더 이상 준동하지 않았다. 그사이 한반도에서는 고려 왕조가 무너지고 1392년 이성계가 조선 왕조를 건국했다. 태조 이성계는 왜구와 관련해 다방면으로 대책을 강구했다. 우선 일본에 사신을 파견해 일본 조정이 적극 대책을 세울 것을 요구했다. 그리고 대마도나 일기도, 규슈의 도서 지역에 사는 왜인들의 경제적 빈곤이 왜구가 발생하는 원인이라 판단해 조선으로 귀화할 의사가 있는 왜인들을 받아주었다. 이들을 향화왜인 向化倭人이라 하는데 이들은 조선에서 마을을 이루고 살 수 있었다. 여기에다 대마도에서 보내오는 평화 사절을 환영하면서 향화왜인이 늘어나고 대마도와의 왕래도 잦아졌다. 이들 중에는 대마도와 규슈의 도서 지역에 공급할 물자를 사기 위해 오는 상인들도 있었고, 조선은 이들을 흥리興利왜인 또는 상왜商倭라 부르며 상업 활동을 보장했다. 태조 이성계는 이러한 유화책과 더불어 강력한 토벌전도 병행했다.

그렇지만 왜구의 노략질은 여전히 근절되지 않았다. 태조 2년(1393년)부터 6년(1397년)까지만 해도 50여 회에 걸쳐 왜구의 침입이 있었다. 태조 재위기의 기록에 왜구가 처음 등장한 것은 《태조실록》 1393년 3월 15일(이하 날짜를 음력으로 표기)의 다음 기사다.

> 도평의사사에서 형조의 정문呈文에 의거하여 아뢰었다.
> "고만량(충청도 보령 지역의 만)만호 신용무가 왜구를 능히 방어하지 못하고 병선 3척을 빼앗겼사오니, 율에 의거하면 참형에 해당합니다."
> 그대로 따랐다.

왜구의 침략을 방어하지 못하고 외려 병선 3척을 적에게 빼앗긴 고만량만호 신용무를 참형에 처해야 한다는 내용이다. 그러나 태조는 신용무를 죽이지 않고 그에게 공을 세울 기회를 주었다. 이 내용은 나흘 뒤인 3월 19일의 기록으로 남아 있다.

> 좌도 수군 도절제사 박자안과 우도 수군 도절제사 김을귀에게 명하여 병선을 거느리고 바다에 내려가 왜적을 잡게 했다. 참찬문하부사 정희계가 아뢰어 청했다.
> "지난번 도평의사사에서 고만량만호 신용무에게 죄주기를 청하였사오나, 사납고 용맹스러움이 남보다 뛰어났으니 그 죽음은 아깝습니다. 지금 자안이 그의 죽음을 면하게 하고 그와 더불어 힘을 합쳐 왜적을 잡기를 원하고 있습니다."

임금은 신용무를 용서해 스스로 충성을 다하게 했다. 자안이 숙배한 후 신용무를 데리고 떠났다.

당시 조선을 침략한 왜구의 세력이 만만치 않았던 모양이다. 신용무가 왜구에게 병선 3척을 빼앗긴 사건이 일어나자 바로 다음 날 경상도 안렴사로 내려갔던 심효생이 이런 보고를 했다.

"왜구가 장차 변경에 침범하려 하오니, 청하옵건대 절제사를 여러 도에 보내 이를 방어하게 하소서."

이 보고를 받고 태조는 삼도절제사 이화와 박위, 최운해를 양광도 (경기 남부 지역과 강원도 일부)로 보내고 흥안군 이제, 판중추원사 남은, 이지란을 경상도로 보냈다. 또한 정안군 이방원과 진을서를 전라도로 보내 왜구를 방비하라 명령했다. 이들을 보내면서 태조는 이런 말을 덧붙였다.

"경들이 진실로 능히 승전하여 포로를 바치지 못한다면 나를 볼 수 없을 것이다."

태조가 각 도로 보낸 인물들의 면면만 보아도 당시 왜구의 침략을 얼마나 심각하게 생각했는지 알 수 있다. 양광도로 보낸 삼도절제사 이화는 태조의 이복동생이고 경상도로 보낸 흥안군 이제는 태조의 사위다. 전라도에는 자신의 친아들 이방원을 보냈다. 이화와 함께 간 박위는 고려 말에 대마도를 정벌한 장수이고 최운해 역시 최무선의 아들로 촉망받는 뛰어난 장수였다. 흥안군과 함께 경상도로 간 남은은 개국공신으로 정도전과 함께 태조의 최측근이었고 이지란은 태조와 형제 결연을 맺은 인물이었다. 이방원과 함께 전라도로 간 진을서 역시 전라도 절제사 출신으로 당대 대표적인 무장 중 하나였다. 더구나 이성계는 그들을 보내면서 승전하지 못하면 자신을 볼 생각도 하지 말라고 말하기까지 했다.

태조의 강력한 의지에도 불구하고 조선군은 왜구와의 싸움에서 큰 승리를 거두지 못했다. 조선군이 방비를 강화하자 왜구들은 한 달쯤 있다가 4월 중순 스스로 물러갔다. 그때 각 도로 갔던 이화 등이 돌아왔는데 사실 왜구는 물러간 것이 아니라 더 많은 세력을 이끌고 오기 위해 일시 후퇴한 것이었다. 4월 20일 양광도 안렴사 조박이 왜구가 30여 척의 배를 이끌고 쳐들어왔다는 급한 장계를 올렸다. 이어 5월 7일 기사에 조선 수군의 패전을 담은 내용이 보인다.

왜적의 배 13척이 고만량에 침구하니 만호 최용유가 힘을 다하여 싸우다가 그 두 아들과 전사하였고 왜적이 배 5척을 빼앗아갔다.
임금이 용유가 죽었단 말을 듣고 탄식하며 이르기를 "국가에서 근심하는 바가 왜적보다 심한 것이 없다" 하면서 명하여 더욱 연해의 진수를 방비하게 했다.

5월 8일에도 왜구가 전라도 아용포에 침입해 군선 1척을 탈취해 갔다. 이날 태조는 중추원사 이무에게 강화도의 병선을 정비해 연해에 정박한 왜구를 잡으라고 했다. 그러나 왜구는 5월 14일 강화도 교동에 침입해 5월 20일까지 머물며 약탈을 지속했다. 당시 태조는 개성 수창궁에 머물고 있었는데 개성과 교동은 헤엄쳐서 건너도 될 만큼 가까운 거리로 교동 약탈은 왜구가 개성까지 치고 들어올 수도 있다는 뜻이었다. 태조는 즉시 이화와 여러 절제사를 보내 왜구를 치게 했으나 왜구는 재빨리 교동에서 달아났다.

이처럼 왜구는 바닷가나 섬 지역을 약탈한 뒤 조선군이 병력을 강화하면 즉시 달아났기 때문에 붙잡기가 여간 어렵지 않았다. 태조는 다시 남은, 박위, 진을서 등 8명의 절제사를 각 도에 보내 왜구를 방비하게 했다. 또한 각 지역의 군대를 점검해 명부를 만들고 군적을 작성해서 올리게 했다. 이때 군적에 오른 8도의 군대는 총 20만 800여 명이었다.

김사형의 대마도 정벌

이후로도 왜구는 한 달이 멀다 하고 지속적으로 침입했으나 조선군 역시 점차 방비 능력을 강화했다. 1393년 10월 이성만호 이귀철이 왜구 40여 명을 죽여 의복과 술을 하사받았고, 이듬해인 1394년 8월에는 안성을 침입한 왜구가 수군 만호 장용검의 공격을 받아 배 9척을 잃고 패퇴했다.

조선이 왜구를 상대로 한 방비 능력을 강화하는 가운데 일본 규슈 절도사가 왜구에게 잡혀간 조선인 남녀 659명을 돌려보냈다. 이에 조선은 백성을 돌려준 것에 감사하고 향후 왜구의 침입을 금지해달라는 글을 전달했다.

당시 여러 방도로 왜구 근절책을 논의하던 조선 조정은 왜구를 완전히 무력화하려면 왜구의 소굴인 대마도와 일기도를 정벌해야 한다는 결론을 내렸다. 그러나 왜구 본거지를 공격하기 위해서는 충분한 준비가 필요했다. 선불리 정벌을 단행하다 실패하면 도리어 벌집을 쑤셔놓은 형국이 될 게 뻔했기 때문이다. 그래서 정벌을 준비하며 기회를 엿보던 참에 1396년 8월 9일 왜선 120척이 경상도로 몰려들어 동래, 기장, 동평성을 함락하는 사태가 벌어졌다. 그 과정에서 수군 만호 이춘수가 죽고 병선 16척을 탈취당했다. 이어 8월 18일에는 통양포 병선 9척을 탈취당하고, 8월 23일에는 영해성(경북 영덕)이 함락되었다. 10월 27일 왜구는 다시 동래성으로 쳐들어와 성을 포위했다 퇴각하면서 병선 21척을 불살랐다. 이때 수군 만호 윤형과 임식이 전사했다. 이처럼 왜구는 지역과 방향을 가리지 않고 산발적이고 지속적으로 약탈을 감행했다.

사태가 여기에 이르자 조선은 대마도 정벌을 결정하고 우정승 김사형을 오도병마도통처치사로 삼았다. 김사형 휘하에 도병마사 남재, 병마사 신극공, 도체찰사 이무 등이 포진했고 5도의 병선을 모아 대마도와 일기도 공략에 나섰다.

조선군이 대마도 정벌에 나선 것은 1396년 12월 3일로 태조는 정벌대장 김사형에게 다음과 같은 교서를 내렸다.

예로부터 임금 된 자는 항상 중외를 어루만져 편안하게 하는 데 힘써왔다. 불행히도 쥐나 개 같은 좀도둑이 생겼을 때는 오로지 방백方伯에게 책임을 지워 몰아 쫓고 잡게 하였으며, 그 세력이 성해져 방백이 능히 제어하지 못할 때라야 대신에게 명령해 출정하게 하는 것이니, 소호(주 선왕 때의 신하)가 회이를 정벌한 것과 윤길보(주 선왕 때의 신하)가 험윤(흉노)을 친 것과 같은 게 이것이다.

내가 즉위한 이래 무릇 용병의 도리에서 한결같이 옛일을 따라 경솔한 거조가 없었던 것은 백성이 동요할까 염려했던 것인데, 이제 하찮은 섬 오랑캐가 감히 날뛰어 우리 변방을 침노한 지 3, 4차에 이르렀다. 이에 이미 장수들을 보내 나가서 방비하게 하고 있으나 크게 군사를 일으켜 수륙으로 함께 공격해 일거에 섬멸하지 않고는 변경이 편안할 때가 없을 것이다.

경은 의관의 명문이며 조정에서는 재상의 큰 재목이라, 기품이 삼엄하고 입지가 홍의弘毅해서 서정庶政을 처리할 때는 다 이치에 맞고 인재를 천거하면 모두 그 소임에 합당했다. 그런 까닭에 밝기는 허실을 잘 알고, 슬기로움은 외적의 난을 제어하기에 충분하다. 이에 제도 병마도통처치사로 삼고 절월(원수를 상징하는 깃발과 부월로 생살권을 상징함)을 주어 동렬(같은 반열의 신하)이 돕게 하고 널리 막료를 두어 그 위엄을 중하게 하니 여러 장수는 부복해서 명령을 들을 것이요 적은 소문만 듣고도 간담이 떨어질 터이니, 경은 앉아 계책을 세워 장수와 군사들을 지휘해 두 번 출병할 일이 없게 하고 만전을 기해 내 생각에 맞게 하라. 혹시 장수나 군사가 군율을 어기거나 수령들이 태만한 일이 있거든 법대로 징계하고 크거나 작은 일을 물론하고 즉시 처결하라.

김사형과 휘하 신하들이 대마도 정벌을 위해 떠나자 태조는 한강까지 배웅하고 승전을 당부했다. 아쉽게도 김사형과 조선군이 대마도와 일기도를 어떻게 공략하고 정벌했는지 구체적인 기록이 남아 있지 않다. 1396년 12월 3일 한양에서 출정식을 거행하고 남쪽으로 떠난 것은 분명하지만, 이때부터 언제까지 어느 정도 병력이 어떤 경로를 거쳐 대마도 정벌을 감행했는지 구체적인 기록이 남아 있지 않다. 다만 그해 12월 22일 경흥의 윤尹 장자충을 시켜 처치사 김사형에게 궁온(임금이 내리는 술)을 내린 기록이 있는 것으로 보아 이때까지 김사형은 대마도로 떠나지 않은 것으로 보인다. 또한 1397년 1월 28일 오도도통사 김사형이 삼남 절제사들을 죄줄 것을 요청했는데 그 내용을 옮겨 보면 이렇다.

도당과 각사, 기로(원로 신하)에게 명해 최운해·이귀철·김빈길·김영렬 등
의 죄를 의논하게 했다. 당초 항복을 청해온 왜적이 경상도 울주포에 와서
괴수 나가온(항복 이후 임온으로 개명하고 선략장군행낭장에 임명됨)이 그의 아
들 도시로와 반당 곤시라를 볼모로 삼아 계림부윤 유양에게 보낸 것을 유
양이 질병 때문에 나가 보지 않았더니 왜적이 스스로 의심한 나머지 지울
주사 이은을 납치해 도망갔다. 이때 최운해는 경상도 도절제사, 이귀철은
충청도 도절제사, 김빈길은 전라도 도절제사, 김영렬은 경기우도 절제사
였는데 최운해가 영을 어긴 탓에 도망가는 것을 놓쳐버렸고 이귀철·김빈
길·김영렬 등도 모두 그 기한에 미치지 못해 오도도통사 김사형이 이들을
경산부에 잡아 가두고 '이 사실을' 긴급 보고하며 죄를 청한 것이었다.

실록의 내용으로 볼 때 김사형은 이때 경산부에 있었음을 알 수 있
다. 만약 김사형이 이날 경산부에 없었다면 각 도의 사령관에 해당하
는 도절제사들을 잡아 가둘 수 없었을 테니 말이다. 이는 김사형의 대
마도와 일기도 정벌 기간이 1396년 12월 22일 이후부터 1397년 1월
28일까지 35일임을 말해준다. 1419년 감행한 조선의 2차 대마도 정
벌 기간이 14일인 것을 감안하면 35일은 대마도와 일기도를 정벌하
는 데 충분한 시간이다.

그렇지만 김사형이 실제로 대마도와 일기도 정벌을 단행했는지는
확인하기 어렵다. 조선 측도 일본 측도 모두 구체적인 기록을 남기지
않았다. 실록 편찬 과정에서 왜 이 중요한 사실을 빠뜨렸는지도 알 수
없다.

    사실 태종 재위 기간에 편찬한 《태조실록》은 많은 사관이 실록 편찬을 거부한 탓에 제대로 만든 실록이 아니다. 당시 사관들이 실록 편찬을 거부한 이유는 태조 시절에 활동한 인물 중 상당수가 태종 대에도 살아 있었기 때문이다. 당시 춘추관기사관 송포 등은 태조실록 편찬이 시기상조라며 편찬 시기를 후일로 미루자고 했다. 그러나 태종은 실록 편찬을 감행했다. 자신이 저지른 왕자의 난과 왕위 계승 과정을 실록에 부정적으로 기술하는 것을 막고자 한 것이다. 이 때문에 《태조실록》은 부실한 사료를 바탕으로 급히 만들어졌고 결국 부실한 실록이 되고 말았다. 김사형의 대마도 정벌 기사도 이런 이유로 실록에서 빠진 것이 아닐까 추측할 뿐이다.

    그래도 《태조실록》은 김사형의 대마도와 일기도 정벌이 실제로 있었던 사건임을 짐작하게 하는 단서를 하나 남겨놓았다. 1397년 1월 30일의 기사가 그것이다.

    오도도통사 김사형이 돌아오니 임금이 흥인문 밖까지 거둥하여 그를 맞아 위로했다.

    임금이 궁궐 바깥이 아니라 한양 밖까지 나가 신하를 맞아들이는 것은 흔한 일이 아니었다. 이는 김사형이 태조의 정벌 명령을 충실히 이행하고 돌아왔음을 시사한다. 8일 뒤인 2월 8일의 기사도 김사형의 정벌이 성공적이었음을 짐작하게 한다.

    의안백 이화, 좌정승 조준, 봉화백 정도전에게 명해 우정승 김사형에게 잔치를 베풀게 하니 사은사 권중화 이하 여러 사신과 구육(조선군에 항복한 왜인 만호. 훗날 등육으로 개명하고 선략장군행중랑장에 임명됨)도 이에 참예했다. 김사형에게 서대를 하사했다.

만약 김사형이 정벌전에서 패전한 채 돌아왔다면 태조가 이처럼 그를 환대하고 서대까지 내릴 까닭이 없다. 더구나 이화, 조준, 정도전 등 조정의 중추 세력에게 명해 잔치를 베풀게 하고 태조가 직접 서대까지 하사한 것은 당시 김사형의 정벌전이 상당히 성공적이었음을 짐작하게 한다. 결국 김사형의 이 정벌전은 조선의 1차 대마도 정벌로 볼 수 있다. 다만 이 성공적인 정벌전을 실록에 구체적으로 싣지 않은 것은 여전히 의문으로 남아 있다.

3

2차 대마도 정벌과 왜구의 소멸

—

"은덕을 저버리고 노략질을 일삼는 자들은 단호히 처벌하되,
우리의 덕의를 사모하는 백성은 해하지 말라."

태종의 결심

김사형의 대마도 정벌 이후에도 왜구의 침략은 사그라들지 않았다.
일시적인 소강 상태는 있었으나 전열을 가다듬은 왜구는 정종 1년
(1399년)부터 다시 노략질을 본격화했다. 1399년 9월 10일 서북면(평
안도)의 선주와 박주를 공격한 것을 시작으로 그해 10월 19일에는 풍
해도(황해도)에 침입해 병선 1척을 불태우고 조선 수군 50여 명을 죽
였으며, 그 뒤로도 지속적으로 약탈을 감행했다. 왜구 약탈은 태종
대에 이르러 더욱 기승을 부렸다. 왜구는 태종 재위 18년 동안 30여
차례나 해안가와 도서 지역을 공격했는데, 1년에 평균 2회였다. 이에
상왕으로 물러난 태종은 세종과 대신들을 불러놓고 왜구의 본거지인
대마도 정벌 문제를 논의했다. 이 논의 과정은 세종 1년(1419년) 5월
14일 기록으로 남아 있다.

양상兩上(태종과 세종)이 유정현, 박은, 이원, 허조를 불러 "'허술한 틈을 타 대마도를 치는 것이 좋을까 어떨까'를 의논하니 모두 아뢰기를, 허술한 틈을 타는 것은 불가하고 마땅히 적이 돌아오는 것을 기다려 치는 것이 좋습니다."

하나 유독 조말생만 "허술한 틈을 타서 쳐야 합니다" 하니, 상왕이 말하기를 "금일의 의논이 전일에 계책한 것과 다르니 만일 물리치지 못하고 항상 침노만 받는다면, 한漢이 흉노에게 욕을 당한 것과 무엇이 다르겠는가. 허술한 틈을 타 쳐부수는 것만 같지 못하다. 그래서 그들의 처자식을 잡아오고, 우리 군사는 거제도에 물러나 있다가 적이 돌아옴을 기다려 요격해 그 배를 빼앗아 불사르고, 장사하러 온 자와 배에 머무는 자는 모두 구류하고, 만약 명을 어기는 자가 있으면 베어버리고, 구주(규슈)에서 온 왜인은 구류해 함부로 움직이는 일이 없게 하라. 또 우리가 약한 것을 보이는 것은 불가하니 후일의 우환을 막는 데 최선을 다해야 할 것이다." 하고 곧 장천군 이종무를 삼군 도체찰사로 명하여 중군을 거느리게 하고 우박·이숙묘·황상을 중군절제사로, 유습을 좌군 도절제사로, 박초·박실을 좌군절제사로, 이지실을 우군 도절제사로, 김을화·이순몽을 우군절제사로 삼았다. 또 경상·전라·충청의 3도 병선 200척과 하번 갑사, 별패, 시위패, 수성군영속과 재인·화척(백정)·한량인민·향리·일수양반 중에서 배 타는 데 능숙한 군정들을 거느려 왜구의 돌아오는 길목을 맞이하고, 6월 초8일 각도의 병선들이 함께 견내량에 모여 기다리기로 약속했다.

내용을 요약하자면 왜구들이 본거지 대마도를 비우고 중국 쪽으로 나간 틈을 이용해 대마도를 정벌하고, 이어 돌아오는 왜구 선단을 공략해 일망타진하자는 것이다. 이를 위해 이종무를 정벌대장으로 삼고 그 휘하에 여러 신하와 무장, 군인을 배치해 실행에 옮기자는 말이다.

나흘 뒤인 5일 18일 태종과 세종은 이종무와 그 휘하의 장수들에게 각 소임에 맞는 벼슬을 내리는 한편, 직접 두모포(지금의 서울 옥수동에 있던 포구) 백사정까지 거둥해 이종무를 비롯한 휘하 장수들을 전송했다. 《세종실록》은 당시 상황을 다음과 같이 전한다.

> 임금이 수강궁에 문안드리고 상왕과 임금이 두모포 백사정에 거둥하여 이종무 등 여덟 장수를 전송했다. 상왕이 친히 여러 장수와 군관에게 술을 줄 때 환관 최한에게 명하여 술을 치게 하고 여러 장수에게 활과 화살을 주었다. 상왕이 박성양에게 말하기를, "경이 광주목사가 되어 행사에 어긋남이 있었으나 작은 일이기에 용서하거니와, 만일 큰일이 있으면 어찌 감히 용서하겠는가" 하고 또 종무 등 여러 장수에게 말하기를, "명하는 대로 다하면 조상에게까지 상을 줄 것이고 명하는 대로 반드시 못하면 사社에서 죽일 것이다. 예로부터 상벌이 이와 같거늘 우리나라가 비록 금과 은은 적으나 농민에게 벼슬과 상을 주는 것은 어렵지 않으니, 여러 장수는 군사들에게 알려서 각기 마음과 힘을 다하게 하라" 했다. 양상이 드디어 낙천정에 갔다가 날이 저물어 환궁했다.

태종은 정벌군 장수들을 전송하는 자리에서 승전해서 돌아오면 상을 줄 것이고, 패전하면 목을 칠 것이라고 말하고 있다. 그만큼 대마도 정벌이 중요한 임무라는 것을 다시 한번 각인한 것이다.

이종무의 대마도 정벌

왕명을 받고 떠난 이종무는 9명의 절제사를 거느리고 거제도로 내려 갔다. 이종무가 거느린 병선은 경기도에서 10척, 충청도에서 32척, 전라도에서 50척, 경상도에서 126척을 동원해 총 227척이었다. 동원한 총 병력은 1만 7,285명이었고 배에 실은 양식은 총 65일분이었다.

6월 17일 출정식을 거행한 이종무는 마침내 대마도로 향했다. 하지만 이날 바람이 몹시 불어 파도가 거센 탓에 거제도로 돌아왔다가 이틀 뒤인 6월 19일 다시 대마도로 진출했다.

이종무의 선단이 대마도에 이르자 그곳 사람들은 중국으로 떠난 자기 패거리가 돌아온 줄 알고 맞이할 채비를 했다. 그런데 막상 대마도 두지포에 상륙한 사람들이 조선 병사들임을 알고는 혼비백산하여 달아났다. 단지 50여 명의 군사가 저항하다 패해 식량과 물건을 모두 버리고 지세가 험준한 곳으로 달아났다.

이종무는 귀화한 왜인 지문을 그곳 우두머리 도도웅와(대마도주 종정무의 아들로 새로 대마도주가 된 종정성)에게 보내 항복을 요구했으나 그는 별다른 대답을 하지 않았다. 이어 병조판서 조말생의 글을 보내 다시 한 번 항복을 요구했지만 여전히 답이 없었다. 도도웅와가 말을 듣지 않자 이종무는 출병하여 수색할 것을 명했다. 먼저 해안을 돌면서 적선 129척을 빼앗아 쓸 만한 20여 척은 압수하고 나머지는 모두 불태웠으며 적의 가호 1,939호도 불태웠다. 또한 적병 114명을 베고 21명을 사로잡았으며 그들에게 포로로 잡힌 중국인 남녀 131명을 구했다. 주민들에게 물어보니 백성이 심히 굶주렸고 부자도 한두 말의 쌀만 가지고 도주했으므로 포위해 시간을 끌면 그들은 굶어죽을 것이라고 했다. 이종무는 그 말을 옳게 여겨 목책을 설치하고 장기전에 돌입했다.

　그 무렵 류정현의 종사관 조의구가 한양으로 달려가 승전보를 알리자 태종이 훈련원 판관 최기를 이종무에게 보내 글을 내렸다.

　"예부터 군사를 일으켜 적을 치는 것은 그 죄를 꾸짖기 위함이지 사람을 죽이기 위함이 아니다. 은덕을 저버리고 노략질을 일삼는 자들은 단호히 처벌하되, 우리의 덕의를 사모하는 백성은 해하지 말라."

　그 뒤 이종무는 두지포에 머물며 때때로 수색병을 보내 배 15척을 찾아내 불사르고 적의 가호 68채를 불태웠다. 또 중국인 15명과 조선인 8명을 구하고 적군 9명을 죽였다.

　장수들은 병력을 선단에서 내려 육상전을 청했고 이종무는 여기에 동의해 6월 29일 군대의 하륙을 명했다. 선봉에 선 것은 좌군절제사 박실의 부대였다. 병력을 이끌고 섬 깊숙이 침투한 박실은 불행히도 복병에 걸려 크게 패하고 쫓겨났다. 이때 박홍신, 박무양, 김해, 김희 등의 장수가 전사하고 박실은 100여 명의 군사를 잃고 배로 도망쳐왔다(《세종실록》은 당시 대마도에서 죽은 조선 병사를 180명으로 기록했고, 일본 사료 《조선통교대기》는 조선군 전사자를 1,500명으로 기록하고 있다). 박실을 쫓아온 대마도 군대는 함선까지 공격했는데 우군절제사 이순몽과 병마사 김효성의 방어벽에 막혀 물러갔다(이 부분을 《조선통교대기》는 조선 배를 불살랐다고 기록하고 있다).

　좌우군이 곤욕을 치르자 중군은 뭍에 내리지 않았다. 대신 이종무가 배로 포구를 에워싸고 장기전을 치를 태세를 갖추자 대마도주가 글을 보내 강화를 청해왔다. 그 글에는 7월에 태풍이 불 것이니 조심하라는 경고도 있었는데, 이종무도 그 점을 염려해 7월 3일 거제도로 귀환했다. 이로써 이종무의 대마도 정벌은 일단락되었지만 특별한 성과를 거두지 못했기에 태종은 다시 대마도 정벌을 계획했다.

강온 양면 전략을 구사하는 태종

이종무의 함대가 귀환한 다음 날인 7월 4일 왜구가 황해도에서 충청도를 거쳐 남진하다가 전라도의 공물선 9척을 노략질하고 대마도로 돌아간 사건이 발생했다. 7월 6일 좌의정 박은이 태종에게 아뢰었다.

"이제 왜적이 중국에 들어가 도적질하고 대마도로 돌아오고 있으므로 마땅히 이종무 등을 보내 돌아오는 적선을 맞아 치게 하소서. 그러면 적을 대파할 것이니 다시는 이런 기회가 오지 않을 것입니다."

태종이 박은의 말을 옳게 여기고 다시 대마도 정벌을 명했다. 이에 이종무는 경상도 고성의 구량량에 함선을 집결하고 7월 15일을 출전 기일로 잡았다. 그런데 7월 9일 우의정 이원이 태종에게 대마도를 다시 정벌하라는 명령을 연기할 것을 요청했다.

"지금 대마도를 치러 간 수군이 돌아와 해안에 머물고 있으니 또 명하여 대마도에 다시 가서 맞아 치라는 계책은 이득이 되는 계책이라 할 수 있습니다. 하오나 군사들의 예기가 이미 쇠하고 선박의 장비 또한 파손되었으며 더구나 천후가 점점 바람이 높으니 멀리 불측한 험지를 건너가다 혹 생각지 않은 변이 있으면 뉘우쳐도 따를 수 없을 터입니다. 바람이 평온해지기를 기다려 군사를 정제하여 다시 쳐도 늦지 않습니다."

이 말을 듣고 태종은 옳게 여겼으나 좌의정 박은의 의중은 달랐다. 그는 이미 정한 계책을 고집하면서 자칫하면 좋은 기회를 놓칠 수 있다고 주장했다. 이에 태종은 박은에게 말했다.

"옛적에 주공이 완고한 백성에게 일러 깨우치기를 여러 번 했다. 성인의 덕으로도 이와 같이 했으니 조그마한 섬놈들이 은혜를 저버리고 죽을죄를 범하는지라, 내가 글로 이르는 말로 알아듣도록 타이르고 그래도 마음을 고치지 아니하거든 군사를 동원하여 다시 치는 것이 무엇이 덕에 해가 될 것인가."

태종의 설득에도 박은은 주장을 굽히지 않았다. 그 무렵 명에 천추사로 갔던 김청이 돌아와 이런 보고를 했다.

"왜적이 금주위를 범해 도적질하니 도독 유강이 복병으로 유인하고 수륙으로 협공하여 사로잡은 것이 110여 명이요, 목을 벤 것이 700여 급이매 적선 10여 척을 빼앗아 수레 5량에는 수급을 싣고 50량에는 포로를 실어 다 북경에 보내었는데 이 광경을 청이 노상에서 직접 보고 왔나이다."

이 보고를 들은 태종은 대마도를 다시 치는 것보다 중국 해안에서 도망쳐오는 왜구를 기다렸다가 공격하는 것이 낫겠다는 판단을 하고 명령을 내렸다.

"대마도를 다시 토벌하는 것을 중지하고 장수들을 전라도, 경상도의 요해처에 보내 엄하게 방비하여 적이 통과하는 것을 기다렸다가 추격하여 잡게 하라."

태종이 출전 중지 명령을 내린 것은 7월 12일이고 이 명령이 토벌대 진영에 도착한 것은 7월 15일이었다. 이와 관련해 실록은 다음과 같은 기록을 남기고 있다.

동정東征하는 여러 장수가 구량량에 모였다. 이날 배로 떠나 대마도로 향해 가려고 할 때, 마침 이호신이 진시에 군중에 이르러 교지를 선포했다.

"다시 토벌하는 행군을 중지하라."

이날 밤 구량량에 동풍이 비를 따라 급히 불어와 병선 7척이 파괴되고, 1척은 배 전체가 뒤집혀 빠져 죽은 자가 7명이나 되었으며 8척은 바람에 밀려가 행방을 알 수 없었다.

이 기록으로 볼 때 설사 출전 명령을 내렸어도 태풍 때문에 출전을 연기할 수밖에 없는 상황이었을 것이다. 이런 상황을 감안한 태종은 7월 17일 먼저 대마도를 위협하는 글을 작성해 대마도주 도도웅와에게 보냈다. 이 글에서 태종은 도도웅와에게 항복을 권유한 뒤 이렇게 덧붙였다.

만일 다 휩쓸어 와서 항복하면 도도웅와는 좋은 벼슬을 주고 두터운 녹도 나눠줄 것이요, 나머지 대관들은 평도전(대마도 출신으로 조선에 귀화해 원외사재소감 벼슬을 받음)의 예와 같이 할 것이다. 그 나머지 여러 군소群小도 다 옷과 양식을 넉넉히 주어 비옥한 땅에 살게 하고 다 같이 갈고 심는 일을 얻게 하며, 우리 백성과 꼭 같이 보고 같이 사랑하게 함으로써 도적질이 부끄러운 것임과 의리를 지키는 것이 기쁜 일임을 알게 하리라. 이것이 스스로를 새롭게 하는 길이고 생활하여 갈 도리가 있게 하는 일이다.

이 계책에서 나가지 아니한다면 차라리 무리를 다 휩쓸어 이끌고 본국으로 돌아가는 것도 옳은 일이거늘, 만일 본국에 돌아가지 아니하고 우리에게 항복도 아니하고 아직도 도적질할 마음만 품고 섬에 머물면 마땅히 병선을 크게 갖추어 군량을 많이 싣고 섬을 에워싸고 쳐서 오랜 시일이 지난 뒤 반드시 스스로 다 죽게 하리라. 만일 용사 10만여 명을 뽑아 방방곡곡으로 들어가 치면 주머니 속에 든 물건같이 오도 가도 못하여 반드시 어린이와 부녀자까지 하나도 남지 않을 뿐 아니라, 육지에서는 까마귀와 소리개의 밥이 되고 물에서는 물고기와 자라의 배를 채우게 될 것이다.

태종은 이 글을 조선에 귀화해서 살고 있던 대마도 출신 왜인 등현 등 5명을 시켜 대마도주에게 전달하게 했다. 그들을 대마도로 들여보내며 태종은 삼군도통사 유정현을 비롯한 장수들에게 이런 명령을 내렸다.

"대마도 왜노가 사는 땅이 매우 척박하여 생리가 가난한 탓으로 도적질할 꾀를 내는 것이니, 이제 전부터 귀화해 서울에 와서 살고 있는 등현 등 5명을 시켜 먼저 섬 가운데로 가서 그들을 불러 안심시켜 거느리고 오게 하라. 혹 왜노가 덕으로 길러주려는 마음을 돌아보지 아니하고 순종하기를 좋아하지 아니하여 등현 등을 구류하고 돌려보내지 않으면, 구시월 사이에 다시 군사를 일으켜 죄를 물을 것이니 각 도에서 병선을 정제 점거하여 정벌할 터로 가기를 기다리라. 삼군 도체찰사 이하 여러 장수와 군관은 다 같이 서울로 오고 여러 도의 병선은 각각 본처로 돌아가 다시 방어를 엄하게 하라. 경과 도절제사 최윤덕도 즉일로 출발하여 돌아오라."

이때 태종은 대마도를 다시 정벌할 계획도 세웠는데 정벌 시기는 9월에서 10월 사이로 잡았다. 말하자면 9월까지 대마도주가 항복하지 않을 경우 더 많은 군사와 배를 동원해 대마도를 칠 생각이었다. 물론 이 계획에는 대마도주를 압박하려는 의도도 있었다.

명의 의심을 불식한 조선

태종이 대마도 정벌을 감행한 배경에는 왜구의 지속적인 약탈을 근절하려는 의도도 있었으나 실은 명의 의심에서 벗어나려는 의도가 더 강했다. 당시 명은 조선이 일본과 짜고 고의로 왜구의 노략질을 방치한다고 의심했다. 명이 그렇게 의심한 이유는 왜구 중 상당수가 조선인 출신이고 왜구의 본거지인 대마도가 일본보다 조선에 더 가까워 조선의 영향력 아래 있다고 보았기 때문이다. 이를테면 그들은 조선이 일본과 짜고 왜구를 이용해 명을 뒤흔든 다음, 조선과 일본이 연합해 명을 공격하려 한다고 의심했다. 명은 조선이 나서서 왜구를 근절하지 않으면 군대를 동원해 조선을 응징하겠다고 협박까지 했다. 조선은 이 의심에서 벗어나기 위해 함대를 동원해 대마도를 두 번이나 정벌했으나 왜구는 근절되지 않았다.

명이 조선을 협박하면서까지 왜구 소탕을 요구한 것은 그만큼 명나라 백성의 피해가 컸던 탓이다. 사실 왜구로 인한 피해는 조선 못지않게 명도 심각했다. 왜구는 주로 해안과 도서 지역을 약탈했는데 명의 해안은 조선보다 훨씬 광범위했다. 당시 명은 북원과 전쟁 중이라 왜구를 대적할 형편이 아니었다. 더구나 왜구의 본거지는 대마도였고 명의 입장에서는 대선단을 꾸려 원정에 나서지 않는 한 왜구를 소탕할 방법이 없었다. 그래서 대마도와 가까운 조선을 압박해 왜구를 없애려 한 것이다.

조선은 두 번에 걸쳐 대마도 정벌 전쟁을 감행했으나 큰 성과를 거두지 못했다. 그러자 명은 조선의 대마도 정벌은 시늉에 지나지 않는다고 판단했다. 조선의 대마도 정벌은 명의 의심을 일시적으로 모면하기 위한 눈속임에 불과하다는 것이었다.

조선 조정은 대마도 정벌이 결코 눈속임이 아니란 것을 증명해야 했다. 그 일환으로 조선은 이종무의 함대가 대마도에서 물러날 수밖에 없었던 배경을 명에 상세히 설명했다. 그때 대마도에서 구해온 중국인들을 증인으로 내세울 생각이었다. 이와 관련해 《세종실록》은 1419년 7월 22일 기사를 이렇게 남기고 있다.

> 좌의정 박은이 계하기를 "좌군절제사 박실이 대마도에서 패군할 때 호위하던 한인漢人 송관동 등 11명이 우리 군사가 패한 상황을 자세히 알고 있으므로 중국에 돌려보내 우리나라의 약점을 보이는 것은 불가합니다" 하니, 우의정 이원과 변계량, 허조 등은 다 이르기를 "마땅히 풀어 보내 사대의 예를 완전히 해야 합니다" 하니, 임금이 통사를 보내 관동 등을 중로에서 보고 그 소견을 탐문했다.

이것은 이종무가 이끈 대마도 정벌대가 대마도에서 물러난 것이 좌군절제사 박실의 패배 때문이라는 사실을 명에 알리는 것을 두고 신하들의 의견이 엇갈리고 있음을 보여준다. 좌의정 박은은 박실의 패배 사실을 알리는 것은 명에 우리 군대의 약점을 보여주는 것이나 진배없으므로 알리지 말아야 한다는 입장이고 우의정 이원과 변계량, 허조 등 다른 중신은 패전 사실을 알려 명의 의심에서 벗어나야 한다는 입장이다. 세종은 일단 통역관을 보내 송관동 등 12명을 조사한 뒤 그 내용을 알릴지 결정하기로 한다.

이후 통역관 최운과 선존의를 보내 송관동 등을 비롯한 12명을 조사했다. 그 내용은 8월 5일 기사에 실려 있다.

통사 최운과 선존의가 중로에 나가 송관동 등 12명을 만나 그 보고 들은 것을 물으니 관동이 대답하기를 "대마도란 곳은 길이는 한 300리가 되고 너비는 60여 리 되는데, 이번 싸움에 전사한 것이 왜인이 20여 명이고 조선 사람이 100여 명이라" 하니, 최운 등이 돌아와 그대로 아뢰니 상왕이 운 등에게 묻기를 "관동들을 모두 요동으로 보낼까, 특별히 붙들어둘까" 하니, 운 등이 아뢰기를 "중국의 군병으로도 달단을 치다가 죽은 사람이 반이나 넘는데, 100여 명 죽은 것이 무엇이 부끄럽겠습니까" 하니, 상왕이 이르기를 "내 뜻이 본래 그러했다" 하고 곧 명하여 요동으로 보내게 했다.

이는 태종이 비록 우리 군대의 약점과 패전의 수치를 드러낼지라도 명에 우리 군대의 상황이 위태로웠음을 알려 명의 의심에서 벗어나려는 의지가 강했음을 보여준다. 급선무는 어떻게 해서든 명이 의심을 거둬들이게 해 군사적 위협에서 벗어나는 데 있었다.

태종은 그들을 명으로 보낼 때 대마도 정벌 당시 구출한 중국인 남녀 142명을 함께 돌려보냈다. 덕분에 조선은 일시적으로 명의 의심에서 벗어났다. 그러나 명은 여전히 조선에 왜구 근절을 요구했고 조선은 대마도를 완전히 정벌하든 아니면 회유해서 대마도주 스스로 왜구를 근절하게 하든 해야 했다.

대마도의 귀속과 왜구의 소멸

태종이 협박과 회유를 담은 글을 보내도 대마도주 종정성은 쉽게 굴복하지 않았다. 어느덧 시간이 흘러 1419년 9월이 되었다. 태종은 이

때까지 대마도주의 항복 의사가 없으면 다시 정벌을 감행하겠다고 으름장을 놓은 터였다. 그런데 9월 8일 경상우도 절제사가 왜구가 침략해올 것이라는 보고를 올렸다.

"포로로 대마도에 있다가 도망친 중국 사람이 하는 말이, 왜적이 구시월 간에 조선을 침략하자고 의논하더라 하옵니다. 우도 각 포구의 좌우령 선군들을 징집하여 선군이 없는 병선에 분승하고 비상사태에 대비하게 하소서."

구시월은 조선군이 대마도를 다시 정벌하겠다고 정해놓은 기간이었다. 한데 대마도주는 외려 이 기간에 조선을 공격하겠다는 소문을 퍼뜨린 것이다. 결코 쉽게 항복하지 않겠다는 의지를 표출한 셈이었다. 이에 조선 조정은 3일 뒤인 9월 11일 강경 조치를 취했다.

유정현이 아뢰기를 "전날 분치分▇한 일기주의 왜적들도 대마도 왜적의 예에 의거해 노비로 삼게 하소서" 하니, 상왕이 말했다. "깊고 먼 고을로 보내 노비가 되게 하라."

일기주는 일기도를 말한다. 일기도 출신 왜적은 대마도 출신과 달리 잘 대해줬으나 대마도 왜구의 침입이 예상되자, 그들을 모두 노비로 삼음으로써 왜구에 강경책을 구사하겠다는 의도를 드러낸 것이다.

그로부터 9일 뒤인 9월 20일 뜻밖의 낭보가 들어왔다. 태종의 글을 가지고 대마도로 간 등현, 변상 등의 귀화인이 돌아온 것이다. 그 내용을 담은 기사는 이렇다.

등현, 변상 등이 대마도에서 돌아왔다. 대마도의 수호 종도도웅와가 도이단도로를 보내 예조판서에게 신서를 내어 항복하기를 빌고 인신 내리기를 청원했으며 토산물을 헌납했다.

항복을 청한 대마도주 종정성은 자신의 수하를 보내 항복하는 내용의 글도 보내왔다. 이제야 태종의 강온 양면 전략이 먹힌 것이었다. 그때 조선이 어떤 반응을 보였는지는 9월 21일 기사에 나온다.

임금(세종)이 말했다.

"비록 대마도는 지금 궁박한 정도가 심해 항복을 빌기는 하나 속마음과 다른 거짓일 것이오. 온 섬이 통틀어 항복해온다면 괜찮겠소. 만약 그들이 오지 않는다면 어찌 족히 믿을 수 있겠소."

이원이 아뢰었다.

"비록 온 섬이 통틀어 항복해온다 해도 그것을 처치하는 것 역시 어렵습니다."

임금이 말했다.

"수만에 지나지 않는데 그 정도를 처치하는 것이 무엇이 어렵겠소."

이원이 아뢰었다.

"궁박한 정도가 심해 표면적으로 우호적인 교제를 허락하는 것일 뿐입니다. 반드시 온 섬이 통틀어 투항해오지는 않을 것입니다."

임금이 말했다.

"그렇소."

허조가 아뢰었다.

"처음에는 일본의 사신이 적더니 근년 들어 칼 한 자루를 바치는 자까지도 사신이라 칭하고 자기가 나서서 물건을 매매하려 합니다. 그들이 가져온 재화가 길에 연달아 있어 역리들이 폐해를 보는 일이 적지 않고, 왕왕 예조에까지 와서 공을 따지고 성내어 소리치는 자까지 있습니다. 국가에서 일 년 동안 이들에게 내리는 [양곡이] 1만여 석이라는 많은 양에 달합니다. 만약 지금 그들의 내왕을 허락한다면 마땅히 도성 밖에 왜관을 지어 [거기에 머물게 하고] 도성 안에 들어오지 못하게 해야 합니다. 도도웅와와 종준(종정성의 아들) 등의 문서를 가져온 자들은 예로써 접대하고 그들이 매매하는 재화는 스스로 운반해 다니게 하며 그 밖에 등차랑 등이 부리는 사람은 접대를 불허하여 내왕의 개시를 엄격히 하여야 할 것입니다."

임금이 말했다.

"만약 내왕을 하면 경의 말과 같이 하는 것이 좋겠소."

조선 조정은 대마도의 항복에 진정성이 없다고 판단했으나 그렇다고 강경책 일변도로 나갈 수도 없는 상황이었다. 일단 항복을 받아들이고 유화책을 모색하기로 한 조선 조정은 대마도의 항복 문서에 이런 답서를 쓰기로 했다.

"너희 섬 사람들은 시초에는 도적질을 일삼아 우리 땅을 침범하여 노략질을 했다. 종정무가 사람을 보내 항복하겠다고 빌기에 우리는 차마 그를 끊어버릴 수 없어 그가 하고자 하는 대로 따른 지 여러 해 되었다. 지금 또다시 도적질로 사단을 일으켰기에 병선을 보내 그 처자들을 잡아오게 명했더니, 너희는 명령에 항거하여 제각기 험한 곳을 이용해 싸웠다. 이 싸움은 양쪽이 다 불리하다. 만약 다시 병선을 1천 척이나 500척, 600척을 보내 드나들며 공격하면 스스로 굶주림과 곤란을 초래해 죽음을 면치 못할 것이다. 지금 네가 와서 수호修好하기를 빈다마는 앞서도 수호하지 않은 것이 아니었으나, 그같이 흔단을 일으키니 어찌 믿을 수 있겠느냐. 반드시 종준 등이 친히 와서 투화한다면 그때는 너희의 항복을 받아주고 큰 자는 벼슬을 살게 하고 작은 자는 백성이 되게 하여 너희의 원하는 바를 들어주어 생업에 안정하게 하여 줄 것이니, 너는 돌아가 도민이 깨닫도록 일러주고 속히 와서 보고하라. 11월까지 기다려도 보고하지 않으면 우리도 영영 투항해오지 않는 것으로 생각하겠다."

이런 내용을 종정성의 사신 도이단도로에게 주자 그는 이렇게 말했다.

"틀림없이 선지에 보인 뜻을 가지고 돌아가 도도웅와에게 말하겠습니다. 그러하오나 대마도 사람들이 모두 도적은 아니온데, 지금 내리신 선지는 다 도적질을 했다고 하였으니 마음속이 정말 아프고 답답합니다."

조선 조정은 도이단도로와 사절단을 억류한 채 보내지 않았다. 그러자 대마도주는 자신의 사절단과 배를 돌려줄 것을 요청해왔다. 이에 조선 조정은 도이단로도와 사절단을 돌려보내며 항복하면 대마도민이 살아가는 데 어려움이 없게 조치해주겠다는 내용의 글을 줘서 보냈다. 이때 11월까지 항복하지 않으면 다시 공격하겠다는 내용은 뺐다.

그 무렵 아버지를 이어 대마도주가 된 종준은 수하 시웅계도를 보내 조선에 귀속하겠다고 요청해왔다.

"대마도는 토지가 척박하고 생활이 곤란하오니 바라옵건대 섬 사람들을 가라산 등 섬에 보내 주둔하게 하여 밖에서 귀국을 호위하며, 백성으로는 섬에 들어가 안심하고 농업에 종사하게 하고 그 땅에서 세금을 받아 우리에게 나누어주어 쓰게 하옵소서. 나는 일가 사람들이 수호하는 자리를 빼앗으려 엿보는 것이 두려워 나갈 수 없사오니, 만일 우리 섬에 귀국 영토 안의 주군의 예에 따라 주의 명칭을 정하여 주고 인신을 주시면 마땅히 신하의 도리를 지키어 시키시는 대로 따르겠습니다. 도두음곶에 침입한 해적의 배 30척 중 싸우다가 없어진 것이 16척이고 나머지 14척은 돌아왔습니다. 7척은 일기주 사람인데 벌써 그 본주로 돌아갔고 7척은 우리 섬 사람으로 배 임자는 전쟁에서 죽고 다만 격인들만 돌아왔습니다. 이미 각 배의 두목을 한 사람씩 잡아들여 그 처자까지 가두고 그들의 집안 재산과 배를 몰수해 명령을 기다리고 있사오니 빨리 관원을 보내 처리하시기를 바랍니다."

이로써 대마도는 조선에 귀속한 모양새를 취했다. 하지만 대마도는 일본에도 귀속해 벼슬을 받은 상황이라 양국 모두에 귀속한 입장이었다. 이후 대마도는 정기적으로 조선 조정을 예방하고 가급적 귀속의 도리를 다했다.

비록 이종무의 대마도 정벌은 대단한 승전을 거두지는 못했지만 왜구의 노략질을 막는 데 큰 효과를 거둔 셈이었다. 세종 재위 기간에도 간간히 왜구가 나타나 노략질을 했으나 세종 재위 32년 동안 왜구의 침입 횟수는 10회도 채 되지 않았고 그 규모도 크게 줄어들었다. 이후 왜구는 점차 소멸했고 고려 말부터 중국과 한반도의 골칫거리였던 왜구 문제는 일단락되었다.

왜구 토벌 전쟁에 쓰인 배와 함포

—

군선이 속도가 뒤처져 왜구 격퇴에 큰 애로를 겪었고,
이를 개선하기 위해 고려 말에 최무선이
배에 화포를 설치한 것이다.

왜구 토벌에 동원한 군선

왜구는 기본적으로 해적이었다. 이들을 토벌하려면 반드시 전선을 동
원해야만 했는데 당시 왜구 토벌전에 사용한 배는 어떤 형태였을까?

삼면이 바다로 둘러싸인 한반도에서는 일찍부터 배가 발달했다.
삼한 시대에 이미 배로 중국과 일본을 왕래했다는 기록이 있고, 삼국
시대에는 고구려·백제·신라의 수군이 서로 전략상 요충지를 공격했
다는 기록이 남아 있다. 또 삼국 모두 해로를 이용해 중국 대륙의 여러
나라와 통교한 기록도 있다. 고려 수군은 건국 초기부터 후백제의 후
미를 공격하는 전략을 구사할 정도로 선박 문화가 발달했으며, 각종
군선을 건조해 원과 함께 일본 원정을 감행하기도 했다. 조선은 물려
받은 고려의 수군 전력으로 왜구를 격퇴했는데, 이들의 군선은 삼국
이래로 사용해온 한반도 특유의 한선韓船에서 크게 벗어나지 않았다.

예로부터 한반도의 배는 다른 나라와 달리 독특한 구조를 보였고, 그런 이유로 한국의 전통 배를 특별히 한선이라 부른다. 한선의 가장 큰 특징은 '배 밑' 또는 '밑판'이라 불리는 독특한 저판 구조에 있다. 한선의 저판은 여러 개의 두터운 재목을 평행하게 놓고 양 옆에서 구 멍을 뚫어 '가새'라 불리는 기다란 사각단면의 나무토막을 끼워 서로 결착하는 형태로 만든다. 이렇게 하면 바닥이 평평하고 넓어지는데 이처럼 저판을 평평하게 만든 배를 평저선이라고 한다.

한선은 기본적으로 모두 평저선이다. 반면 정크선이라 부르는 중 국의 배와 와선이라 부르는 일본의 배는 모두 바닥이 아래로 뾰족하 게 V형을 이루는 첨저선이다. 평저선은 기본적으로 기동력 면에서 첨 저선에 뒤진다. 반면 첨저선은 속도는 빠르지만 선체 하부 구조가 좁 아 화포를 발사할 때의 반동을 흡수하는 데 불리하다.

한선이 평저선 형태를 띤 데는 두 가지 이유가 있다. 첫째, 한선은 대개 강에서 사용했기에 얕은 물에서도 저판이 강바닥에 부딪치지 않 게 할 필요가 있었다. 둘째, 한반도 해안가에는 바위와 개펄이 많아 첨저선으로 만들 경우 암초에 부딪치거나 펄에 빠질 우려가 있었다.

흥미롭게도 한선은 쇠못을 전혀 사용하지 않는다. 한선은 쇠못 대 신 '피새'라고 하는 참나무 못을 사용해 모든 판을 고정한다. 이러한 한선은 기본적으로 중국 배보다 제작 기간도 짧고 나무도 적게 든다.

원과 함께 일본 원정을 떠날 때 동원한 배는 모두 한선인데, 대선 300척에 중선과 소선 600척이었다. 물론 원은 중국식 배를 만들려고 했으나 비용도 많이 들고 제작 기간도 오래 걸리자 결국 한선을 제작 해 원정길에 오른 것이다. 중국 배가 한선보다 제작 기간이 오래 걸리 는 이유는 배의 옆면에 해당하는 외판을 두 겹으로 만들었기 때문이다. 덕분에 중국 배는 물이 새지 않고 사용기간이 20년 정도로 수명이 약 10년인 한선에 비해 두 배 이상 쓸 수 있었다. 단, 중국 배는 20년을 쓴 뒤 모두 버려야 하지만 한선은 일부만 떼어내고 다시 고쳐 써도 된다는 장점이 있었다. 또한 중국 배는 바람과 파도에 약한 반면 한선은 바람과 파도에 강했다. 실제로 일본 원정 때 원나라 군선은 태풍에 부서졌으나 고려의 군선은 태풍을 잘 견뎌냈다고 한다.

한선의 근본적인 문제점은 선체가 너무 커서 속도가 느리고 운행하기 힘들다는 것과 외판을 한 겹으로 만드는 단조법을 채택해 수명이 오래가지 못한다는 것이었다. 여기에다 미처 마르지 않은 목재와 나무못을 사용한 탓에 쉽게 뒤틀려 물이 새고 수명이 짧았다. 이런 문제를 해결하고자 세종 때 중국식 건조법인 갑조법에 따라 군선을 건조하기로 정책을 수정했다. 갑조법은 외판을 이중으로 만들고 철정, 즉 쇠못을 사용해 건조하는 중국 남방식 조선법이다. 그렇지만 나무를 건조하는 데 정교한 기술과 시간이 필요한 갑조법은 우리 실정에 맞지 않는다는 판단에 따라 조선은 다시 단조법으로 배를 제작했다.

고려 말 조선 초에 왜구를 격퇴한 군선은 모두 단조법에 따라 만든 평저선 형태의 한선이었다. 이것은 원과 함께 일본 원정을 떠났을 때 사용한 배와 거의 같은 것이었다. 그러다 보니 왜구 격퇴에 사용한 조선 수군의 배는 일본 배의 속도를 따라잡지 못했다. 심지어 왜구가 바다에 나타난 것을 빤히 보고도 그들을 격퇴하지 못하는 경우가 많았다. 그렇다고 평저선이 왜구와의 전투에서 반드시 불리했던 것은 아니다. 당시 해전에서는 화포를 사용했는데 평저선은 화포를 싣고 적을 공격할 때 첨저선보다 훨씬 유리했다. 평저선이 화포의 반동에 따른 충격을 이겨내는 데 유리했기 때문이다. 그뿐 아니라 첨저선보다 더 많은 사람을 태울 수 있는 평저선은 격군을 많이 수용해 느린 속도를 보완할 수 있었다. 물론 첨저선보다 속도가 더 빨랐던 것은 아니지만 말이다.

이처럼 고려 말과 조선 초의 군선은 속도가 뒤처져 왜구 격퇴에 큰 애로를 겪었고, 이를 개선하기 위해 고려 말에 최무선이 배에 화포를 설치한 것이다. 속도가 느린 대신 원거리에서 적을 공략하는 무기를 개발한 셈이었다.

왜구가 무서워한 함포 공격

왜구의 노략질이 극심해지자 속도가 느린 평저선으로 왜구를 격퇴할 방법을 모색하다 군선에 도입한 것이 바로 화포와 총포였다. 전선에 화포와 총포를 배치하자는 안을 낸 사람은 고려 말의 중신 최무선이다. 그는 해전에서 왜구를 공격하는 가장 좋은 수단은 화포와 총포라고 생각했다. 그런데 당시 고려에는 아직 화약 제조법이 알려지지 않았다. 화약 제조법은 극비 사항이었고 원과 명은 이를 고려에 알려주지 않았다. 고려는 왜구의 준동을 막으려면 화약 제조법을 꼭 알아야 한다며 명에 제조법 전수를 요청했으나 명은 필요할 경우 만들어서 보내주겠다는 말로 거절했다. 최무선은 이에 좌절하지 않고 중국 강남 출신의 염초 기술자 이원에게 염초 기술을 전수받아 화약 개발에 성공했다. 이후 최무선은 조정에 화통도감 설치를 건의해 관철한 후 그곳의 제조를 맡았다. 화통도감에서는 대장군포, 이장군포, 삼장군포, 육화석포, 화포, 신포, 화전, 화통 등의 총포류를 다양하게 개발했다. 그리고 마침내 배에 실을 수 있는 함포를 개발했다.

최무선의 함포가 빛을 발한 전투는 1380년의 진포해전이다. 당시 왜구는 전선 500여 척을 진포에 정박하고 상륙전을 개시했는데 최무선은 심덕부, 나세와 함께 정박한 왜구의 배를 화포로 모두 불살라버렸다. 이때 최무선이 승리로 이끈 진포해전은 세계 최초의 함포 해전으로 알려져 있다.

타고 온 배를 잃어 퇴각로가 막힌 왜구는 육상전으로 고려 땅을 유린하다 결국 이성계와 황산에서 격돌해 대패했다. 이 사건으로 왜구의 전력은 크게 줄어들었다.

함포의 위력은 1383년 남해의 관음포전투에서도 빛을 발했다. 이 전투에서 부원수로 출전한 최무선은 화포를 사용해 왜구를 크게 격퇴했다. 이후로 왜구들은 고려의 화포를 몹시 두려워했다.

조선 개국 후에도 최무선은 군기시판사를 겸임해 화포와 관련된 일을 맡았다. 그는 죽으면서 아들 최해산에게 두 권의 책을 물려주었는데 하나는 《화약수련법》으로 화약 제조법과 염초 채취법을 기술한 것이고, 다른 하나는 《화포법》으로 화포 제작에 관한 것이다. 최해산은 물려받은 두 권의 책으로 화약 비법을 익혀 아버지에 이어 조선의 화약 제조에 크게 기여했다.

화약은 황과 숯, 초석이라는 질산칼륨의 혼합물이다. 이 혼합물이 연소하면 많은 양의 기체가 발생해 급팽창하는데 그 힘으로 화기의 탄두를 발사하는 추진력을 얻는다. 화약은 9세기에 중국인이 처음 발명했고 화기는 그보다 2세기 후인 11세기에 역시 중국인이 발명했다.

고려에서 전쟁용으로 화기를 사용했다는 분명한 기록은 1356년 (공민왕 5년)에 등장한다. 하지만 아직 고려는 독자적으로 화약을 개발하지 못한 것으로 보인다. 고려가 화통도감을 만들어 화기와 화약 제조에 들어간 것이 1377년의 일이니 중국에서 화포와 화약을 수입한 지 20년 만에 독자적인 기술을 갖춘 셈이다.

원래 화포는 화약을 개발하기 전부터 사용한 무기였다. 이때의 포는 기계 장치로 돌을 던지는 투석기를 말하는데 돌 대신 불을 멀리 던진다고 하여 화포라고 불렀다. 화약을 발명한 후에는 '대형 총통 속에 화약을 넣고 쇳덩어리를 쏘는 포'라는 뜻으로 바뀌어 화약을 이용하는 모든 포를 화포라고 했다. 이 화포를 배에 장착하면 함포가 된다.

2부

조선의
여진 토벌

—

세 차례에 걸친
만주 정벌

1
여진의 성장

—

여진은 발해가 거란에 멸망한 뒤, 지속적으로 거란에 저항하며
발해의 부흥을 시도한 발해 유민을 통칭하는 용어다.

여진은 누구인가?

여진족은 현재 중국의 랴오닝성·지린성·헤이룽장성과 한반도의 함
경도, 러시아의 연해주, 하바롭스크 지방 서쪽의 아무르 주 등에 거주
하는 퉁구스 계통의 민족을 일컫는데 그들의 뿌리는 말갈족과 발해의
유민이다.

　말갈은 중국 주나라 때는 숙신, 한나라 시대에는 읍루, 남북조 시
대에는 물길로 불렸다. 그러다가 수당 시대에 이르러 말갈로 불렸다.
말갈은 말갈족 스스로 붙인 것이 아니라 당이나 고구려에서 부르던
호칭으로 주로 변방 족속을 지칭하는 용어다.

　고구려와 발해 시대에 말갈은 이들 왕조에 예속된 종족이었고, 발
해가 멸망한 뒤에는 말갈 대신 여진이라는 이름으로 불렸다. 여진은
여진어로 '주션'이라 읽는데 말갈의 조상 숙신도 주션이라고 읽는다.

결국 여진과 숙신은 같은 종족임을 알 수 있다.

발해는 고구려 유민과 말갈족이 결합해 세운 국가로 영토는 랴오 닝성·지린성·헤이룽장성 등 중국의 동북 3성과 러시아의 연해주, 하 바롭스크 지방의 아무르 주 등에 걸쳐 있었다. 이는 여진족의 거주 지 역과 동일하다. 결국 여진은 발해가 거란에 멸망한 뒤 지속적으로 거 란에 저항하며 발해의 부흥을 시도한 발해 유민을 통칭하는 용어다.

대발해국

발해가 멸망한 뒤 발해의 유민들은 꾸준히 부흥 운동을 전개했다. 부 흥 운동은 발해가 멸망한 926년부터 요동에서 금金이 일어나 대발해 국을 합병한 1116년까지 무려 190년 동안 이어졌고 그 과정에서 정 안국, 오사성발해국, 흥료국, 대발해국 등의 소국이 생겨났다 사라졌 다. 고구려계 발해인이 소국을 세워 지속적으로 요에 저항하는 동안 말갈계 발해인은 하얼빈 동남쪽의 완안부를 중심으로 세력을 확장 했다. 그 무렵 말갈인은 여진으로 불렸고 이들을 이끈 인물은 완안부 의 추장 아골타였다. 거란의 힘이 약해지는 틈을 타 1114년 여진족 을 결속한 아골타는 요에 강력히 저항했다. 그는 지금의 지린성 부여 현 지역에서 1만에 불과한 군대로 요나라 군대 10만과 싸워 승리했고 1115년 금을 세웠다.

아골타가 금을 세워 요의 지배에서 벗어나자 요양 지방에서 발 해 유민이 대거 봉기해 대발해국을 세웠다. 발해 유민이 봉기를 시작 한 곳은 오늘날의 열하성 적봉 지역에 해당하는 요주였다. 요주는 거란의 수도 중 하나인 상경도에 속하는 하나의 주州로 장락, 임하, 안민의 3개 현을 관할했는데 그곳 주민과 군대는 대부분 발해 유민이었다. 당시 거란은 관료들이 부정부패에 물든 탓에 횡포가 막심했고 특히 발해 유민을 가혹하게 착취했다. 그러자 발해인은 관리들의 착취에 반발해 폭동을 일으켰다. 그 봉기를 주도한 인물이 고욕이다. 성씨가 '고'인 것으로 보아 그는 고구려 왕족의 후예거나 발해의 귀족층 후예인 듯하다. 발해인으로 구성된 군대는 광의군으로 불렸는데 고욕은 광의군의 지휘관이었을 가능성이 크다.

발해인의 봉기에 가담한 군대는 보병과 기병을 합쳐 약 3만 병력이었다. 3만의 발해군은 순식간에 관아를 점령하고 창고를 부순 뒤 곡식을 꺼내 백성에게 나눠줬다.

한편 발해인의 봉기 소식을 들은 요나라 조정은 급히 토벌대를 구성해 요주로 진군했다. 그때 금은 아골타의 지휘 아래 급속히 세력을 확장해 요동 지역을 장악하고 요서 지역을 향해 진군하고 있었다. 따라서 요는 새롭게 성장하는 금과 싸우느라 많은 군대를 동원하기가 힘들었다.

여하튼 요나라 조정은 발해인의 소요 진압을 급선무로 여겼고 총지휘관 남면부부서 소도소알의 지휘 아래 요주를 공격했다. 소도소알의 부대는 병력의 우위를 믿고 요주를 강하게 압박했지만 발해 유민의 강력한 저항에 막혀 봉기를 쉽게 진압하지 못했다. 그러자 소도소알은 요주를 포위한 채 시간을 끌었고 이간계를 비롯한 여러 술책을 동원한 끝에 마침내 고욕을 죽이는 데 성공했다.

그렇다고 발해인의 봉기가 그것으로 끝난 것은 아니었다. 발해 유민의 투쟁은 1116년 1월 다시 시작되었는데 이번에는 흥료국이 일어난 동경 요양부에서 발발했다. 봉기를 지휘한 인물은 역시 고구려 왕실의 후예인 고영창이었다. 봉기에 앞서 고영창은 10여 명의 자객을 동원해 먼저 동경유수 소보선을 처단했다. 소보선이 동경에 부임한 이후 갖은 술책과 무력으로 학정을 일삼고 세금을 착취했기에 그를 제거해 유민의 결속력을 다지는 것이 우선이라 판단했기 때문이다.

소보선이 살해당했다는 소식을 들은 요나라 조정은 병력 1천을 동원해 요양성 내부의 발해인을 무자비하게 살해했다. 그러자 발해 유민은 밤을 이용해 곳곳에 불을 지르고 관리들을 처단하기 시작했다. 이후 발해인으로 구성된 8천여 명의 군대가 요나라 군대를 내쫓고 요양성을 장악했다. 이때 요양성에 대발해국을 세운 고영창은 스스로 황제를 칭하며 융기라는 연호를 사용했다. 이후 고영창은 발해인의 결집을 호소했고 덕분에 대발해국의 세력은 급속도로 커져갔다.

요나라 조정은 다시 토벌대를 조직해 요양으로 밀려들었고 대발해국은 이들을 맞아 30여 차례에 걸친 전투를 치르며 항전했다. 그 전쟁은 5개월 넘게 이어졌는데 그 과정에서 토벌대 수천 명이 몰살당하는 전투가 벌어지기도 했다.

전투가 이어지는 가운데 고영창은 금의 아골타에게 연합 전선을 제안했으나 고영창이 황제 칭호를 쓰는 것이 못마땅했던 아골타는 오히려 금의 속국이 될 것을 제의했다. 이에 분개한 발해 유민은 여진도 거란과 같은 적군으로 간주했다. 한데 아골타는 대군을 동원해 심양에 주둔하던 거란군 6만 명을 무너뜨리고 다시 남하해 고영창의 군대가 주둔하던 요양성으로 밀려들었다. 발해군은 고영창의 지휘 아래 맹렬히 저항했으나 중과부적의 벽을 넘지 못하고 무너지고 말았다. 이후 여진에 흡수된 고구려계 발해인은 금나라 백성이 되었다.

금 태조 아골타의 조상 신라계 고려인

여진은 흔히 말갈족의 후예로 알려져 있지만 금을 세운 아골타의 조상은 신라계 고려인 김함보로 알려져 있다. 아골타가 국호를 '금'이라 한 것은 자신의 7대조 김함보의 성씨에서 따온 것으로 보인다. 완안은 여진어로 왕기얀이라 읽는데 그 뜻은 '왕王'이다. 또 아골타는 여진어 '아구다'를 가차한 것으로 '아량이 넓다'는 뜻이다.

　금나라 시조를 신라계 고려인 김함보라고 하는 것은 금의 정사 《금사》의 기록에 따른 것이다. 《금사》 세기 1권에 다음의 내용이 전해져온다.

　　금 시조 함보는 고려에서 왔는데 나이 이미 60여 세였다. 형 아고내는 불교를 좋아해 뒤를 따르려 하지 않고 고려에 잔류하며 말하기를 "후세 자손들은 반드시 서로 모여 만나는 자가 있을 것이니 나는 가지 않겠다" 하여 함보는 동생 보활리와 함께 갔다. 시조는 완안부 복간수 강가에 살았고 보활리는 야라에서 살았다. 그 후 호십문이 갈소관부를 이끌고 태조에게 귀부하면서 스스로 말하기를 선조 형제 3인이 이별했고 자신은 아고내의 후손이라 했다. 석토문과 적고내는 보활리의 후손이라 했다.

　　태조가 국경에서 요병을 무너뜨리고 야율사십을 사로잡자 양복, 알답자가 발해인을 회유하며 말하기를, "여진과 발해는 본래 한 집안입니다"라고 했다. 대체로 초기에는 모두 물길족의 7부였다. 시조는 완안부에서 오래 살았는데 그 부 사람들은 일찍부터 타 부족 사람들을 죽였고 이로 인해 양족은 원한으로 싸움이 그치질 않았다. 완안부 사람들이 시조에게 말하기를 "만약 당신이 완안부 사람의 복수심을 풀어주어 양족이 서로 죽이지 않게 해준다면, 완안부의 60세 미혼녀와 결혼해 완안부 사람이 되게 할 것이오"라고 했다. 시조는 "좋습니다"라고 말했다.

마침내 시조가 앞으로 나아가 타이르기를 "사람 1명을 살해한 후 싸움이 이어지면 손상은 점점 더 커집니다. 살인 사건은 주모자 1명만 처벌하고 나머지 사람은 물건으로 보상토록 하면 싸움도 그치고 이득도 생길 것입니다"라고 하자 피해자 가족은 이에 따랐다. 시조와 사람들은 "만일 사람을 살상할 경우 살인자가 피살자 가족에게 자기 가족 1명, 암말 10마리와 수말 10마리, 암소 10마리, 황금 6냥을 주면 즉시 양측은 화해하고 사적인 싸움을 하지 않기로 한다"라는 규정에 합의했다. 이 합의에 의거해 위 사건은 규정대로 시행했다. 사람을 죽일 경우 소와 말 30마리를 보상하는 여진의 풍습은 이렇게 시작되었다. 살상한 자의 배상을 규정대로 시행하면서 완안부 사람들은 이 규정을 믿고 준수했으며 그 사례로 시조에게 청우靑牛 한 마리를 주고 60세 여성을 신부로 데려가도록 허용했다. 시조는 청우를 이용해 신부 집에 보낼 결혼예물과 자산을 마련했다. 후에 아들 둘을 낳아 오로, 알로라 하였고 딸 하나를 낳아 주사판이라 했는데 이로써 완안부 사람이 되었다. 천회 14년(1136년) 함보의 시호를 경원황제, 묘호를 시조라 했다. 황통 4년(1144년) 그의 능묘를 광릉이라 했다. 황통 5년 시호를 추증하여 시조의헌경원황제라 했다.

금의 몰락과 원의 지배

금은 태조 완안 아골타가 1115년 건국한 이래 1234년까지 9대 119년 간 지속되었다. 아골타가 금을 세울 당시 중국은 장족壯族 계통의 당항족이 세운 하夏가 서쪽을 차지하고, 거란족이 세운 요가 북쪽을 차지했으며, 한족이 세운 송이 남쪽을 지배하고 있었다. 무서운 세력으로 성장한 금이 요를 압박하자 그 기회를 노려 송은 1122년 요의 수도 연경을 들이쳤지만 요군의 강력한 저항에 밀려 쫓겨났다. 그 틈에 금 태종 오골타는 연경을 공격해 함락했고 1125년 요의 마지막 황제 천조제를 생포함으로써 요를 완전히 무너뜨렸다. 이후 요의 잔여 세력은 서쪽으로 밀려나 서요를 형성했다.

금은 요를 무너뜨린 기세를 몰아 남쪽으로 진격해 송을 공격했다. 이후 금은 송과 여러 차례 공방전을 지속한 끝에 결국 송을 제압했다. 1127년 북송이 무너지고 북송의 마지막 황제 흠종의 동생 조구가 남경에서 황제에 올라 황실의 명맥을 이었는데 이를 남송이라 한다. 남송은 금과 여러 차례 전쟁을 지속하다 1139년 금에 매년 은 25만 냥과 비단 25만 필을 바치기로 약속하고 전쟁을 끝냈다. 하지만 이 화의가 깨지면서 금이 다시 송을 공격하는 사태가 벌어졌고 1165년 또다시 화의해 송이 매년 금에 은 20만 냥을 바치는 조건으로 휴전했다. 그 후 금과 송 사이에 큰 전쟁은 일어나지 않았다.

1127년 북송을 무너뜨린 금은 태종, 희종, 해릉왕을 거치며 30여 년 동안 중흥기를 누렸고 이후 40년간 중국의 패자로 군림했다.

그러다가 1205년 서쪽의 몽골 세력이 침입해오면서 금의 위상은 무너지기 시작했다. 몽골 부족을 결집한 칭기즈칸은 무서운 기세로 성장했고 급기야 1215년 금의 수도 중도(오늘날의 베이징 근처)를 함락했다. 1218년 칭기즈칸은 서요를 무너뜨렸고 1219년에는 유럽 동부와 페르시아 북부 지방까지 정벌에 나설 만큼 세력을 확장했다. 몽골은 금을 다시 공격했는데 1234년 마침내 금은 애종을 마지막으로 몰락했다.

그 여세를 몰아 몽골은 남송을 들이쳤다. 남송은 끈질기게 수성전을 펼치며 30여 년을 버텼으나 원 세조 쿠빌라이의 공세에 1276년 멸망했다. 이로써 중국 대륙은 원의 지배 아래 놓였고 대금제국을 이뤘던 여진족은 다시 요동 지역으로 쫓겨나 원의 지배를 받았다.

당시 원의 세력은 요동을 넘어 고려까지 이르렀고 고려는 60여 년간 치열하게 항전했지만 결국 원에 복속되고 말았다. 남송을 무너뜨린 원은 이후 약 90년간 유럽과 아시아를 아우르는 최대의 패권 국가로 군림했고 이 시기 여진은 원의 지배를 받으며 가까스로 부족을 유지했다.

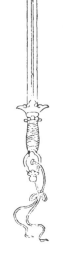

2
조선의 여진 정벌 전쟁

—

"외람스럽게도 어리석은 재주로 거룩한 시대를 만나
도적을 포로로 잡아 심문하고, 창과 칼을 부러뜨려
하늘에 가득한 악한 무리를 쓸어버렸나이다."

여진과 조선의 충돌

원의 중국 대륙 지배는 주원장이 명을 일으키며 끝이 났다. 1368년 홍건적을 기반으로 명을 건국한 주원장은 원을 북쪽으로 몰아냈고, 이후 요동 지역의 여진 세력은 명의 지배를 받았다.

그렇지만 여진은 원나라 말기부터 점차 독자적인 세력을 형성해 요동 지역뿐 아니라 고려 땅도 위협하고 있었다. 고려 공민왕은 원의 세력이 약해진 틈을 타 예종 시절에 확보한 동북 9성으로 영토를 확대했고, 이 때문에 이곳을 터전으로 삼고 있던 여진 세력과 부딪힐 수밖에 없었다. 고려와 여진이 자주 분쟁하던 차에 1391년 여진족이 함경도 만포진(압록강 중류의 나루터)과 갑산을 점거하는 사태가 벌어졌다. 그리고 1392년 조선 왕조가 들어섰다.

조선 개국 후 태종은 함경도 지역으로 주민을 이주시켜 여진의 세력을 약화하고자 했는데, 이때 여진과 조선군 사이에 잦은 충돌이 일어났다. 그러던 중 1432년(세종 14년) 10월 평양감사 박규가 급히 장계를 올렸다.

"야인 기병 400여 명이 여연(함경도 갑산군)에 침입해 주민을 노략질하므로 강계절제사 박초가 군대를 거느리고 추격하여 포로로 잡아가던 백성 26명, 말 30필, 소 50필을 도로 빼앗았나이다. 하지만 해가 저물어 더 추적하지 못했나이다."

당시 조선 영토를 침략한 것은 건주위建州衛 여진이었다. 원을 내쫓은 명은 요동 지역을 장악한 뒤 몇몇 지역에서 요동의 토착 세력인 여진에 자치를 인정했다. 그곳은 만주 북서쪽 최북방의 야인위, 헤이룽 장성의 해서위, 지린성의 건주위였다. 당시 건주위는 추장 이만주가 이끌었는데 그 중심인 건주본위는 쑹화강 유역인 지금의 삼성 지역에, 건주좌위는 함경도 회령 지역에 있었다. 한데 건주위가 홀라온 야인의 압박 때문에 남하해 압록강의 지류인 파저강 유역으로 이동하면서 조선과 국경이 맞닿았다. 이후 조선과 잦은 충돌이 있었는데 이번에는 그 양상이 자못 심각했던 것이다.

상황의 시급함을 인식한 세종은 급히 상호군 홍사석을 보내 파저강 유역의 정세를 살피게 했다. 이어 박규의 장계가 다시 올라왔다.

"여연과 강계 백성 중 적에게 포로로 잡힌 자가 무려 75명이요, 아군 전사자가 48명이나 됩니다."

파저강 유역의 야인들은 서로 결탁해 세력을 형성한 뒤 조선은 물론 명의 요동까지 약탈하고 있었다. 많은 명나라 백성이 그들에게 붙잡혀 노역을 살았는데 그중 조선으로 도망쳐온 사람만 무려 560명이었다. 세종이 그들을 모두 명으로 보내자 여진족이 앙심을 품고 조선 백성을 상대로 노략질을 했다.

1433년 정월 파저강 유역을 살피고 돌아온 홍사석이 세종에게 아뢰었다.

"여연절제사 김경과 강계절제사 박초는 적의 침범을 막지 못했을 뿐 아니라 헐어버린 목책을 수리하지 않아 적에게 침략할 틈을 줬습니다. 또 도절제사 문귀 역시 이를 감독하지 않았습니다."

의금부는 도관찰사 박규와 경력 최효손이 국경 순찰을 제대로 하지 않아 성과 보루를 완전히 수리하지 못하는 바람에 적의 침입을 받았다며 문초하기를 청했다. 이에 세종은 변방 관리들을 모두 불러들여 죄를 물었다.

하지만 죄를 묻는 것은 대책이 아니었다. 결국 세종은 군대 3천 명을 동원해 파저강 유역을 토벌할 결심을 하고 의정부와 육조, 국방을 맡은 관리들을 불러들여 의논했다.

"야인 토벌을 위해 누굴 보내면 좋겠소?"

중신들이 입을 모아 대답했다.

"최윤덕을 주장으로 삼고 따로 세 원수를 내면 될 것입니다."

중신들의 의견에 따라 세종은 최윤덕을 도통사로 삼고 이순몽을 중군절제사, 최해산을 좌군절제사, 이각을 우군절제사로 임명했다.

조정은 군대가 출발하기 전에 최해산을 먼저 파저강으로 보내 부교를 만들게 했다. 최해산이 떠난 뒤 이순몽이 부교 건설을 중지해야 한다고 주장했다.

"만약 부교를 만들면 그곳 백성은 전쟁이 임박했음을 알고 동요할 테고 야인들도 눈치 챌 것입니다. 최해산의 발행發行을 멈추고 출정 이후 군졸들이 도착해 부교를 만드는 것이 옳습니다."

그때 정흠지가 이순몽의 견해에 반대했다.

"군대가 도착하면 야인들이 전쟁을 예측하고 준비할 것이므로 비밀리에 부교를 만들어 급습하는 것이 적절한 조치입니다."

세종이 듣고 최해산에게 전지했다.

"그대는 먼저 가서 목책을 신설할 터를 잡고 기다려라. 부교를 만들되 적절한 시기에 은밀히 만들 것이며 혹여 부교가 약해 사람이 빠지는 일이 없도록 하라."

최윤덕은 이미 평안도 도절제사로 나가 있었다. 1433년 3월 7일 최윤덕은 경력 최치운을 보내 파저강 토벌에 관한 장계를 올렸다.

"전하의 내전內傳을 받자와 엎드려 살펴온데, 파저강을 토벌하는 일에 3천의 군사를 동원하라 하셨으나 신이 그윽이 생각하건대 그 정도 병력으론 무리이옵니다. 오랑캐 땅은 험하고 막힌 곳이 많아 모름지기 수비군을 나누어 머물러야 하며, 요충지를 보호하는 군사도 남겨둬야 하옵니다. 또한 군대 진출이 여러 곳에서 동시에 이뤄져야 하므로 1만여 명의 병력이 필요합니다. 군대를 두 번 일으키기 어려우니 한 번에 대병을 동원하소서."

세종은 중신들과 의논한 뒤 결론을 내렸다.

"토벌 병력에 1만을 더하겠다."

세종의 결정이 전해지자 최윤덕이 3월 24일 또 장계를 올렸다.

"토벌대의 출정을 오는 4월 10일로 결정했습니다. 지금은 얼음이 풀리지 않아 부교를 띄울 수 없고 또한 얼음이 약해 건널 수도 없습니다. 4월 10일경 병사를 내어 저들을 염탐하고 20일 이후 덮칠까 하옵니다."

세종은 세 의정과 이조판서 허조, 호조판서 안순, 예조판서 신상

등을 불러 의논하고 결론을 내렸다.

"지금 대군을 발했으니 비록 그곳이 춥다고 해도 4월 그믐 때는 풀과 나무가 무성해 시야가 좁아질 것이다. 또 5월에 이르면 흙비와 큰비가 올 수 있으니 전에 결정한 기일대로 시행하라."

최윤덕의 파저강 정벌

1433년 4월 10일 최윤덕의 명으로 평안도와 황해도의 군마는 모두 강계부로 집합했다. 중군절제사 이순몽은 병력 2,515명을 거느리고 적의 추장 이만주의 영채로 향했고, 좌군절제사 최해산은 병력 2,070명을 거느리고 거여 등지로 향했으며, 우군절제사 이각은 병력 1,770명을 거느리고 마천 방면으로 진군했다. 또 조전절제사 이징석은 병력 3,010명을 거느리고 올라로, 김효성은 병력 1,888명과 함께 임합라의 부모가 있는 영채로, 홍사석은 1,110명을 거느리고 팔리수로, 최윤덕은 2,599명을 거느리고 임합라의 영채로 향했으니 병력은 모두 합쳐 1만 4,962명으로 약 1만 5천의 대병이었다.

출전에 앞서 최윤덕은 군령을 내렸다.

"명령에 복종하지 않는 자와 비밀을 누설하는 자, 소란을 피우는 자, 자신의 패두(200명을 영솔하는 부대장)를 구출하지 않는 자는 목을 벨 것이다. 적의 동리에 들어가 늙고 어린 남녀를 해하지 말고 장정도 항복한 자는 죽이지 말며 그들의 가축을 죽이거나 훔치지 말라. 만약 어기는 자가 있으면 군령으로 목을 벨 것이다."

병력은 4월 19일 동시에 적의 소굴을 두들기되 비바람으로 어둠

이 닥치면 20일에 치기로 약속했다.

최윤덕이 소탄을 지나 시번동 어구로 내려가 강변에 영책을 세우는데, 노루 네 마리가 제 발로 영책 가운데로 뛰어들었다. 그 광경을 본 그는 좋은 징조라며 말했다.

"노루는 야수인데 저절로 와서 잡히는 걸 보니 야인이 모두 섬멸될 징조로다."

드디어 19일 새벽 토벌대가 임합라의 영채를 치자 급습을 당한 적군은 영채를 버리고 모두 도주했다. 그날 강가에서 여진족 10여 명이 활쏘기를 하고 있었는데 최윤덕이 통사를 보내 그들을 다독였다.

"우리는 다만 홀라온(적의 추장 중 하나)을 잡으려는 것이니 그대들은 두려워하지 말라."

그 말을 들은 그들은 고개를 조아리며 엎드렸다.

공격을 시작한 지 며칠 만에 큰 비가 내리기 시작했다. 최윤덕은 하늘을 우러러보며 크게 부르짖었다.

"야인이 우리 백성의 생명을 앗아갔는데 하늘은 어찌하여 저 죄 있는 자들을 돌보시려 하십니까! 황천이시여, 우리를 가엾게 여기시어 비를 거두소서."

그러자 신기하게도 비가 그쳤다. 군사들은 환호하며 그 기세를 몰아 적진을 치기 시작했다. 토벌대가 진군하자 적군은 싸울 생각도 하지 못하고 달아나기에 여념이 없었다. 토벌대는 적군 236명을 사로잡고 170명의 목을 베었으며 소와 말 170여 마리를 노획했다. 아군의 희생은 4명이 전사하고 5명이 화살에 맞은 정도에 불과했다.

5월 5일 최윤덕은 오명의를 보내 세종에게 첩서를 올렸다.

"군사를 이끌고 일곱 길로 나눠 진군했사온데 오랑캐의 죄를 묻고 모두 평정했습니다. 엎드려 생각하건대 외람스럽게도 어리석은 재주로 거룩한 시대를 만나 도적을 포로로 잡아 심문하고, 창과 칼을 부러뜨려 하늘에 가득한 악한 무리를 쓸어버렸나이다."

5월 7일 다시 박호문을 보내 파저강 토벌 과정과 결과를 상세히 보고했다.

"선덕 8년 3월 17일 공경히 부교를 받들고 장차 파저강의 도둑을 토벌하려 하였으며, 좌부를 보냄에 이르러 병부를 맞추어 보고 군사를 발하였나이다.

이에 곧 본도의 마병·보병의 정군 1만을 발하고 겸하여 황해도 군마 5천을 거느리고 4월 초10일 일제히 강계부에 모여 군사를 나누었습니다. 중군절제사 이순몽은 군사 2,515명을 거느리고 적괴 이만주가 머물고 있던 마을로 향하고, 좌군절제사 최해산은 2,070명을 거느리고 거여 등지로 향하고, 우군절제사 이각은 1,770명을 거느리고 마천 등지로 향하고, 조전절제사 이징석은 군사 3,010명을 거느리고 올라 등지로 향하고, 김효성은 군사 1,888명을 거느리고 임합라의 부모가 머무는 마을로 향하고, 홍사석은 군사 1,110명을 거느리고 팔리수 등지로 향하고, 신은 군사 2,599명을 거느리고 정적 임합라의 채리로 향하여 본월 19일 여러 장수가 몰래 군사를 거느리고 가서 토벌을 마쳤습니다."

그러나 이만주를 체포하지 못했고 여진의 주요 추장들도 죽이거나 사로잡지 못했다. 이 때문에 이만주를 포함한 여진 추장들의 조선을 향한 적개심은 더욱 강해졌다. 그래도 이 사건 이후 조선군을 두려워한 여진의 이만주는 조선에 머리를 숙일 수밖에 없었다.

김종서의 6진 개척

최윤덕의 파저강 정벌 이후에도 건주위 여진으로 인한 조선의 피해는 계속 이어졌다. 이에 세종은 1433년 12월 9일 김종서를 이조우참판으로 낙점해 함길도 관찰사로 삼았다. 12월 18일 세종을 인견한 김종서는 털옷과 털모자를 하사받고 함길도로 떠났다.

그 무렵 북변 여진의 한 족속인 우디거족이 알목하(지금의 하령) 지방의 오도리족을 습격해 건주좌위도독 동맹가티무르(첨목아) 부자를 죽이고 달아난 사건이 일어났다. 세종은 이 기회를 이용해 두만강변을 과감하게 영토에 편입하려 했고 그 일환으로 김종서를 함길도 관찰사로, 이징옥을 영북진절제사로 삼았던 것이다.

함길도로 떠난 김종서는 함흥, 영흥, 정평, 안변, 문천 등지에서 2,200호의 백성을 뽑아 두만강변의 새로 개척할 땅으로 이주하게 했다. 또 경원부와 영북진에 성벽을 축조하기 위해 총 6,100명의 군사를 동원했다. 그야말로 6진 개척의 서막이 오른 셈이다.

6진 개척 과정에서 무장 이징옥과 문관 김종서의 견해는 다소 달랐다. 영북진절제사 이징옥은 북변의 여진인을 정벌해 힘으로 눌러야 한다는 입장이었고, 김종서는 가급적 여진인과 충돌하지 않고 북변을 개척하자는 주장을 폈다. 정승 황희와 맹사성은 김종서의 의견을 옳게 보았고 세종도 마찬가지라 이징옥의 여진 정벌론은 받아들여지지 않았다.

그 뒤 여진의 우두머리 범찰이 이징옥을 찾아와 동쪽의 파저강 유역으로 옮겨 살기를 원한다는 뜻을 전했고 조선 조정은 범찰의 청을 들어줬다. 이때 이징옥은 범찰이 매우 위험한 인물이므로 사전에 제거해 우환의 싹을 자르는 것이 옳다고 주장했지만, 김종서는 범찰을 함부로 죽이면 오히려 여진인에게 불신감을 심어줘 소란이 일어날 것이라고 했다. 이에 황희를 비롯한 정승들과 세종은 김종서의 의견을 수용하고 혹여 범찰이 난동을 피우거나 도둑질할 때는 즉각 군사 대응을 해도 무방하다는 내용을 전지했다.

북변 안정과 영토 확대의 주역으로 부상한 김종서와 이징옥은 1435년 3월 27일 각각 함길도 병마도절제사와 판회령부사로 자리를 옮겼고, 함길도 도관찰사로 파견된 정흠지는 6진 개척의 한쪽을 맡았다.

6진 설치는 비교적 순조롭게 이뤄졌으나 몇 번의 어려움도 있었다. 1436년 5월 두만강 지역에 역질이 돌아 죽은 백성이 무려 2,600여 명에 달했다. 당시 찬성사 하경복이 이를 부풀려 1만여 명이라고 보고해 조정을 발칵 뒤집어놓았는데, 후에 과장 보고했다는 이유로 벼슬에서 쫓겨났다. 또 김종서, 정흠지, 이징옥과 경원부사 송희미 등을 국문해야 한다는 사헌부의 상소가 이어졌다. 이들이 지방관의 책무를 다하지 않아 역질 피해가 늘어났다는 얘기였다.

세종은 사헌부의 탄핵을 받아들이지 않았다. 비록 그들에게 죄가 없는 것은 아니지만 새로 설치한 고을 백성이 혼란스러워할까 염려했기 때문이다.

세종의 신임을 얻은 김종서는 1436년경부터 이징옥의 의견을 받아들여 야인을 정벌해야 한다는 주장을 폈는데, 이는 군사적으로 정벌하지 않고는 그들의 저항을 물리칠 수 없다는 판단에 따른 것이다. 그렇지만 세종은 군사 행동을 자제하라고 당부하면서 그의 청을 받아들이지 않다가 1440년 야인들의 내침이 잦아지자 사안에 따라 적절히 조치할 것을 명령했다. 김종서는 몇 번에 걸쳐 군사 시위를 했고 필요한 경우 병력을 동원해 적지에 침투하는 과감한 작전을 벌이기도 했다. 덕분에 6진 중 4진을 건설하는 한편 나머지 2진의 토대도 확보했다.

당시 북변의 백성 사이에 김종서의 위세는 대단했다. 학문은 물론 지략과 무인의 기상까지 갖춘 그에게 '대호'라는 별명이 생길 정도였다. 그런 까닭에 세종은 김종서가 북변 안정에 꼭 필요하다며 그를 10여 년간이나 그곳에 묶어두었다.

사실 김종서는 변방에만 머무는 것이 못마땅했던 모양이다. 그는 몇 번이나 한양으로 돌아가게 해줄 것을 청했지만 그때마다 세종은 여러 말로 다독이며 허락하지 않았다. 심지어 김종서가 모친상을 당했을 때도 기복起服을 명하고 그곳에 머물게 했다.

김종서는 1445년 한양으로 돌아왔는데 함길도로 떠난 지 무려 12년 만의 일이었다. 이때 세종은 그를 예조판서에 임명했으나 결코 조정에 오래 머물게 하지 않았다. 돌아오자마자 그는 경상, 전라, 충청의 도순찰사로 파견을 나가 목마장으로 적당한 곳과 방마가 가능한 곳을 조사해야 했다.

그가 잠시나마 한양에 머문 것은 1446년에 이르러서였다. 그해에 의정부 우찬성이 된 그는 판예조사를 겸하긴 했지만 그나마 한직을 맡아 몸을 쉴 수 있었다. 그러나 이듬해 다시 충청도로 파견을 나가 태안 등지의 군사 시설을 돌아봐야 했고, 1449년 8월에는 달달達達의 야선이 침입해 요동 지역이 소란해지자 평안도 도절제사로 임명되어 의주에 읍성과 행성을 쌓으며 변방 안정에 주력해야 했다.

그 무렵 김종서가 토대를 구축하고 기반을 쌓은 6진을 완성한 조선은 두만강 유역을 완전히 장악하는 개가를 올렸다. 6진은 후방의 부령을 기반으로 한 두만강변의 회령, 종성, 온성, 경원, 경흥을 말한다. 신설한 6진에는 도호부사를 파견했는데 그 아래 토관을 두고 남쪽 각 도에서 많은 백성이 이주하게 해 변방 안정을 도모했다.

유화책으로 일관한 문종

여진족 입장에서 조선의 6진 개척은 커다란 위협이었다. 최윤덕의 파저강 토벌에 이어 6진까지 설치하자 건주위 여진은 늘 조선군의 대대적인 토벌이 있을까 봐 몹시 두려워했다. 이에 따라 건주위 여진의 수장 이만주는 부족들을 결합해 조선의 공격에 대응하려 했다. 이런 일은 세종이 죽고 문종이 왕위에 오른 뒤에도 계속 이어졌다. 문종이 즉위한 1450년에 함길도 도절제사 이징옥은 비밀리에 건주위 여진의 상황을 문종에게 알렸는데 그 내용은 이렇다.

> 아치랑이에 거주하는 여진인 오동고가 비밀리에 영북진 도절제사에게 고하여 이르기를, "오롱초에 거주하는 이귀야가 도절제사를 알현하고 다음에 소로첩목아의 집에 들러 말하기를, '새 도절제사가 군마를 많이 모으니 올량합을 침공할까 두렵다'고 하니, 소로첩목아가 이를 듣고 여러 종류의 야인에게 알려 병사를 정돈하여 변란에 대비하게 하였고, 이어 획목(통문으로 쓰던 나무 패)을 여러 종류의 야인에게 보내어 모여서 의논했습니다. 여기서 젊은 장정들은 말하기를 '우리가 마땅히 먼저 병력을 내야 한다'고 하고, 늙은 자들은 말하기를 '까닭 없이 먼저 병력부터 일으킬 수 없다'고

하였습니다. 또 동량북에 거주하는 올량합족 시가귀가 새 도절제사를 알현하고자 하여 회령에 도착하니 절제사가 말하기를 '이달에는 오지 말고 오는 달을 기다려서 배알하러 오라'고 하여 도로 돌아갈 즈음 소로첩목아를 보을하에서 만났는데 그가 말하기를 '내상(도절제사의 군영)에 군사가 많이 모였다'고 하옵니다. 또한 시가귀도 말하기를 '군병이 많이 모였고 회령절제사가 나를 물리쳐서 새 도절제사를 만날 수가 없었다. 생각건대 침입하여 정벌하는 일이 있을까 두렵다'고 하고, 여러 야인에게 이를 전하기 위해 소로첩목아의 획목을 가지고 갔습니다"라고 하였습니다.

이 내용이 보여주듯 당시 함경도에 거주한 건주좌위와 파저강 유역 건주본위의 여러 여진 부족은 조선군이 또다시 자신들에게 대대적인 공격을 해올까 몹시 두려워했다. 이는 우리가 흔히 알고 있던 역사 상식과 많이 다르다. 우리는 여진족이 툭하면 조선을 침략하고 약탈해 조선 백성을 몹시 괴롭힌 것으로 알고 있지만 실은 여진인이 조선의 공격을 더 두려워했다.

이징옥은 이 비밀 보고서를 올리며 여진족을 선동하는 소로첩목아를 한양으로 압송해 죽이는 것이 어떻겠느냐는 의견을 냈다. 이때 문종은 그들을 다독여 준동하지 않도록 하는 선에서 문제를 해결하라고 지시했다. 또한 그들을 잘 회유해 한성으로 와서 문종 자신을 알현하도록 조치하라고 덧붙였다. 문종은 가급적 여진인을 회유해 조선의 백성으로 살게 하는 것이 현명하다고 판단한 것이다.

화친 관계를 유지한 세조

세종 시절 최윤덕의 정벌 이후 건주위 여진을 다시 대대적으로 정벌한 것은 세조 때였다. 물론 이 정벌 계획이 세조 초기부터 있었던 것은 아니다.

세조 초기 이만주는 조선과 화친 관계를 맺고 있었다. 세조 2년(1456년) 2월 4일 건주위 본위도독 이만주를 비롯해 좌위도독 동산, 우위도독 동나랑지 등이 사람을 보내 토산물을 바쳤다. 2월 13일에는 경회루 아래서 세조가 음복연을 베풀었는데 이 자리에 이만주의 아들들인 이두리와 아구진양을 포함해 39인의 여진 추장이 참석해 세조의 술을 받았다. 이때 이두리는 세조에게 이렇게 요청했다.

"아비 이만주가 늙었으나 전하께서 즉위하심을 듣고 내조하려 하는데, 단지 함길도를 경유하면 도로가 험하고 머니 평안도의 구로舊路 같은 것을 열어주시고 비록 농사철이라 해도 또한 내조하도록 허락하여 주시기를 청합니다."

세조는 이런 답을 내렸다.

"여름철에 길을 나서면 비에 막히고 또 갈질(더위병)이 있을까 염려된다. 내가 평안도 구로를 허락하고자 하니 가을까지 기다렸다가 올라오는 것이 가하다."

아구진양이 자신의 형 충상도 함께 내조하도록 해달라고 요청하자 이 역시 허락했다. 그렇지만 세조는 이만주가 조선 조정을 방문하는 것을 두고 2월 18일 신하들과 다시 의논했다. 세조가 물었다.

"이만주가 평안도의 길을 경유해 내조하기를 청했는데, 허락할까 허락하지 말까?"

한확이 대답했다.

"중국 조정은 우리가 이들 무리와 더불어 교통하지 못하도록 금하고 있습니다. 지난번에 야인들이 온 것을 중국 조정도 반드시 알고 있을 텐데 하물며 이만주는 유명하니 불러오는 것은 옳지 않습니다. 또한 평안도 길을 열어달라는 것은 저들이 길의 형세를 잘 알기 위함이니 불가합니다."

세조가 말했다.

"중국이 비록 우리나라에 이를 신칙했어도 이 같은 야인이 입조하면 궤유(물건을 보내오는 것)가 심히 후하니 이는 중국의 깊은 꾀다. 옛사람이 이르기를 '오랑캐로 오랑캐를 치게 함은 중국의 형편이다' 하였으니 이것은 오늘날 중국의 모책이나 우리나라에서는 진실로 그들을 후대해야 마땅하다. 어찌 중국의 술책에 빠짐이 옳겠느냐? 마땅히 이두리에게 말하기를 '날씨가 장차 더워질 텐데 네 아비는 늙은이라 이때에 옴은 좋지 못하다. 만약 오려고 한다면 가을이나 겨울이 좋을 것이다'라고 하라."

세조의 말인즉 비록 명이 조선과 여진이 직접 교통하지 못하도록 조선에 칙서를 내리고 조선과 여진이 서로 싸우게 유도하고 있지만, 조선이 명의 그런 잔꾀에 속아서는 안 된다는 것이다. 명의 바람대로 여진과 척을 지고 싸울 것이 아니라 화친을 유지하는 것이 조선에 유리하다는 판단이었다. 그러니 이만주가 입조해 자신을 알현하도록 해야 한다는 의견이었다.

그러나 이만주를 어떤 길로 맞아들일 것인가에는 신중한 입장이었다. 여진은 원래 함경도와 가까워 그곳으로 내왕하는 것은 상관없지만 평안도 쪽은 조선의 병력 배치 상황과 지형, 백성의 형편을 알려주는 결과를 낳기 때문이다. 2월 23일 세조는 이 문제를 상의하기 위해 다시 중신들을 모았다. 이때 신숙주 등 대신들은 평안도를 경유하는 것은 명나라 사신의 행렬과 겹칠 우려가 있고, 백성에게도 민폐가 될 수 있다며 함경도 길로 오는 것이 좋겠다는 의견을 내놓았다.

세조는 이두리를 불러 이렇게 말했다.

"평안도의 길은 험하니 평탄한 함길도 길로 오는 것이 좋겠다."

여진 쪽에서 이를 쉽게 수용하려 하지 않자 7월 12일 세조는 평안도 관찰사에게 이런 명령을 내렸다.

"전자에 조공하러 오는 야인들은 모조리 함길도 한 길로만 한양에 오게 하고, 본도를 거쳐 오는 것을 허용하지 아니하였다. 또 옛길에 험한 요새를 설치하고 방비하였으나 이번에 이만주와 동창 등이 내조할 때, 평안도 경내의 길을 거쳐 오기를 요구하면 막지 말고 객관에서 대접하여 올려 보내라. 만약 명나라 사신이 돌아갈 때를 당하여 오면 편리한 대로 잘 타일러 깊숙하고 먼 곳에 머물게 했다가 명나라 사신이 강을 건넌 뒤 올려 보내 명나라 사신이 알지 못하게 하고 또 모름지기 먼저 보고해야 한다."

이렇게 세조는 이만주가 평안도 길로 입조하도록 허락했다. 그리고 이 일을 명이 알지 못하게 은밀히 추진하려는 의사를 드러냈다.

여진의 내조와 관련해 세조는 함길도 도절제사 곽연성에게도 몇 가지 원칙을 내렸다.

야인과 왜인은 모두 우리의 번리(나라의 울타리)이자 신민이니 왕이 된 자는 똑같이 대우하고 차별을 없애며 혹 무력을 사용하고 혹은 성식聲息을 사용하는데, 작은 폐단 때문에 그들의 내부하는 마음을 거절하여 물리칠 수 없다. 내가 즉위한 이후 남만·북적으로서 내부하는 자가 심히 많은데 모두 내 백성이 되기를 원하니 이것은 하늘이 끌어들이는 바이지 내 슬기와 힘이 아니다. 다만 역이 갖춰진 길을 내왕하는 데 폐단이 있고 국가에서 그들의 경비를 잇대기가 어려워 그 시기를 조절하는 원칙을 경에게 내리니 그 방략은 다음과 같다.

1. 만약 낭발아한·속로첩목아·이귀야 등 여러 추장이 입조를 청하거든 답하기를, '교지로 근일 내조한 지 오래되지 않았으니 금년에는 보내지 말라 하셨다'고 하라. 만약 송골매를 잡아와 별도의 일로 친히 아뢰겠다는 일이거든 올려 보내라.

1. 흑룡강·속평강 지역의 올적합과 화라온·건주위의 올량합 이만주, 동창 등 깊은 곳에 머무는 야인과 삼위달자(여진족과 몽고족의 혼혈족인 여진 올량합)가 관문을 두드리고 입조를 청하거든 그 따르는 무리를 줄여 후대하여 올려 보내라.

1. 야인으로 예를 더할 것 없는 그 나머지 종인(따르는 무리)일 것 같으면 관에서 후하게 대우하라.

세조의 방책을 요약하자면 이만주나 동창 등 멀리 떨어져 있는 여진 우두머리가 입조를 청하면 받아들이고 그 외의 무리는 다음 해에 받겠다는 얘기다. 또한 비록 허락한 무리일지라도 너무 많은 사람이 함께 오면 일부는 함길도에 남겨놓고 꼭 따를 필요가 있는 종인만 들여보내라고 지시했다. 너무 많은 무리가 오면 그들을 접대하느라 많은 비용이 들기 때문이었다.

사실 이만주는 호락호락 입조하지 않았다. 이만주에게는 아들이 수십 명이나 있었는데 그들은 자주 내왕했으나 이만주는 오지 않았다. 이에 대응해 세조는 함길도 도절제사를 이만주에게 보내 건주위의 사정과 여러 갈래로 나뉘어 다투는 여진 내부의 동태를 알아내곤 했다.

강순의 건주위 정벌

즉위 이후 세조는 10여 년 동안 이만주나 여러 여진 세력과 화친 관계를 유지했다. 그러던 중 명이 조선과 여진이 빈번하게 왕래한다는 사실을 알아챘다. 이 때문에 명은 조선이 여진과 함께 자국을 공격할 수도 있다는 의심을 품었다. 그러자 조선은 여진인이 평안도로 왕래하는 것을 금하고 함경도 길로만 내왕하도록 조치를 취했다. 우선 명의 요구를 들어주는 척하며 여진과의 화친도 유지하려는 계산이었다.

그 무렵 명과 여진의 관계는 몹시 악화한 상태였다. 급기야 1466년 11월 여진과 명나라 요동군 사이에 일대 전투가 벌어졌고 명의 군대가 패퇴하는 상황이 벌어졌다. 이때 여진은 건주 이만주를 중심으로 세력을 뭉쳤고 그 기세가 만만치 않았다. 이에 명은 1467년 8월 조선에 국서를 보내 함께 여진을 칠 것을 제의했다.

당시 조선은 이시애의 난이 일어나 내란을 겪고 있었다. 이시애의 난은 1467년 5월 시작되었는데 이때 3만의 군대를 동원한 세조는 난이 일어난 지 3개월 만인 8월 이시애를 붙잡아 죽이고 난을 평정했다. 그런 상황에서 명이 여진을 함께 치자고 제의하자 세조는 이 군대 중 1만을 북쪽으로 돌려 두만강 넘어 여진의 본거지를 공격했다. 조선군의 수장은 강순이었다. 강순은 세조의 명에 따라 9월 10일 군대를 집결해 출정했고 9월 26일 파저강 유역으로 들어가 여진의 진채를 들이쳤다. 그리고 10월 2일 회군해 10월 3일 압록강을 건너 돌아왔다.

그해 10월 10일 강순은 건주위 공략 과정을 적어 세조에게 올렸는데 그 내용은 다음과 같다.

신이 군사를 거느리고 9월 26일 우상대장 남이와 함께 만포(평안도 압록강변의 포구)부터 파저강으로 들어가 공격해 이만주와 이고납케, 이두리의 아들 이보라충 등 24명의 목을 베고 이만주와 이고납케 등의 처자와 부녀 24명을 사로잡았으며 활로 사살하고 머리를 참하지 않은 것이 175명입니다. 중국인 남자 1명, 여자 5명과 아울러 병장기, 우마를 얻었고 가옥과 쌓인 곡식은 불태운 뒤 진을 물려 요동의 군사를 기다렸으나 여러 날 동안 소식이 없기에 이달 초2일 군사를 돌이켜 초3일 강을 건넜습니다. 좌상대장 어유소는 고사리로부터 올미부로 들어가 공격해 21급을 참하였고, 활로 사살하고 머리를 참하지 않은 것이 50명입니다. 중국 여자 1명과 아울러 병기, 우마를 얻고 가옥 97채를 불태운 뒤 요동의 군사를 기다렸으나 만나지 못했습니다. 이달 초4일 잡은 중국인 등을 여러 고을에 나누어 붙이고 옷과 양식을 지급하였고 얻은 병장기, 우마의 수는 따로 기록하여 보고합니다.

이 보고서를 받고 세조는 무척 기뻐하며 선위사 윤필상이 보낸 종사관 조신손의 손을 잡고 옷을 내려주었다.

당시 조선군이 건주위를 쉽게 공격할 수 있었던 것은 대다수 건주위 병사가 명나라 군대와 싸우느라 요동 지역으로 출정한 상태였기 때문이다. 이 정황은 성종 시절인 1478년 8월 23일 명의 요청에 따라 건주위를 다시 공격하자는 논의를 하던 중에 이극배가 한 말에 잘 드러난다.

"정해년에 중국 조정에서 건주위를 정벌할 때 칙서를 내려 군사를 징발하자 세조께서 장수에게 명하여 들어가 치게 하였는데, 저들은 우리 군사가 이를 것을 생각지 아니하고 건장한 자들은 모두 요동에 나가 방어하였으므로 우리 군사는 그 틈을 타 들어가 쳤으나 겨우 부녀와 약한 사람과 가축을 잡아 돌아왔으니 패하지 아니한 것이 다행입니다."

말하자면 세조 시절의 건주위 정벌은 여진 군대가 명나라 군대와 싸우는 틈을 이용해 공격한 덕에 이만주와 그의 아들들을 죽일 수 있었다는 얘기다. 그 외에 조선군이 죽인 여진 군대는 건주위의 주력 부대가 아니었다.

건주위 정벌의 영웅 어유소

건주위 정벌전에서 가장 큰 공을 세운 인물은 어유소였다. 어유소는 이시애의 난을 평정하는 과정에서 큰 공을 세웠고 그 공을 인정받아 건주위를 공격할 때 좌상대장으로 참전했다.

야사들은 건주위 정벌에서 그가 보인 활약상을 다음과 같이 전하고 있다.

좌대장 어유소 등이 이만주와 그의 아들 고납케·다비랄 등을 베고, 사람과 가축을 포획하고, 그들의 취락을 불사르고, 포로로 있던 명나라 사람 남녀를 빼앗았다. -《고사촬요》

유소가 그들 소굴을 소탕해 목을 벤 것이 무수하였고 큰 나무에 '모년 모월 모일 조선의 주장 강순과 좌대장 어유소 등이 건주위 올미부를 쳐서 멸하고 돌아간다'고 글을 새겨놓았다. 그때 명나라 군사가 뒤에 이르러 그 흰 나무의 글씨를 보고는 사유를 밝혀 황제에게 보고하자 황제가 가상히 여겨 은 50냥, 비단과 견직 각각 네 필씩 내렸다.

바야흐로 군사를 돌릴 때 오랑캐의 기병 수십이 돌격해와 우리 군사가 흩어졌다. 유소가 눈을 부릅뜨고 나와 군사들은 따르지 못하게 하고 단기로 이리저리 달리며 쏘아 쏘는 것마다 맞히니 적이 두려워하여 물러서서 감히 가까이 오지를 못했다. - 《동각잡기》

세조의 건주위 정벌 영웅으로 부상한 어유소는 1434년 무장 어득해의 아들로 태어나 18세 때인 1451년(문종 1년) 내금위에 선발된 인물이다. 이듬해 무과에 장원으로 급제해 사복시 직장, 감찰 등을 거쳤고 1460년에는 북방의 여진 정벌에 공을 세워 통례문 통찬이 된 뒤 다음 해 절충장군으로 승진했다. 1463년 회령부사가 된 그는 1467년 이시애의 난이 일어나자 좌대장으로 출전해 큰 공을 세우고 적개공신 1등에 올라 예성군에 봉해졌다. 이어 그는 건주위 정벌에 나서 이만주와 그의 아들들을 사로잡아 죽이는 공을 세웠다.

예종 때 어유소는 오위장이 되었고 1469년에는 영안북도(함경북도) 절도사로 부임해 다시 북도 방어를 맡았다. 성종이 즉위한 후에도 그는 영안도 절도사로 있으면서 북도 방어의 핵심으로 활동했다. 당시 함경도 지역에서는 올적합의 세력이 강대했는데 어유소는 이들의 준동을 철저히 막고 북방 안정을 도모했다. 1477년 어유소는 병조판서에 올라 조선의 국방 업무를 총괄했고, 1479년 명의 요청으로 다시 건주위 정벌 전쟁을 시작하자 서정대장이 되어 1만의 군사를 이끌고 출전했다. 그러나 압록강이 얼지 않아 만포진에서 대기하다 동사자가 속출하자 조정에 통고하지 않고 자의로 군대를 돌렸다.

이 문제로 탄핵을 받아 유배된 그는 1480년 풀려나 이조판서와 오위도총관에 임명되었지만, 문신들의 강력한 반대에 부딪혀 이조판서에 오르지 못하고 한직인 행동지중추부사를 맡았다. 이후 그는 영안도 도순찰사, 도총관 등의 직책을 수행했으나 더는 무장의 역할을 하지 못했고 1489년 56세를 일기로 생을 마감했다.

다시 정벌에 나서는 명과 조선

비록 강순의 부대가 건주위의 우두머리 이만주와 그의 여러 아들을 참수했지만 건주위 여진의 세력은 여전히 건재했다. 특히 여진은 요동 지역에서 명나라 군대와 자주 충돌했는데 이 때문에 명은 1479년(성종 10년) 다시 건주위 정벌에 나섰다. 건주위 정벌에 나선 명은 이번에도 조선에 원병을 보내줄 것을 요청했다. 명의 정식 요청에 앞서 중국에 갔던 통역관에게 그 내용을 전해들은 홍귀달은 1478년 8월 중국에서 병력을 요청할 것이라며 성종에게 먼저 군사를 뽑아두는 것이 좋을 것 같다는 의견을 전달했다. 이에 성종이 말했다.

"만약 먼저 군사를 뽑으면 오랑캐가 소요를 일으킬까 염려된다."

홍귀달은 여러 무신과 대신을 불러 이 문제를 의논해야 한다고 조언했다. 이에 성종이 중신들을 불러놓고 말했다.

"듣건대 중국에서 장차 우리에게 청병하여 건주위를 치려고 한다니 뽑을 군사의 수와 양식 운반, 척후의 적당한 대책을 함께 의논하여 아뢰라."

그때 정창손이 아뢰었다.

"평안도는 금년에 농사를 망쳤고 또 근래에 자주 변경의 경보가 있어 방어가 긴급하니 평안도 군사는 뽑지 말고 영안도와 하삼(전라도, 경상도, 충청도)의 날래고 용맹한 자를 택해 3천에서 4천 명을 넘지 않게 하되, 군량은 정해년(1467년)의 예에 의거해 본도本道에 저장한 것을 쓰는 것이 적당합니다. 이전에 건주를 두 번이나 토벌해 도로의 구부러지고 곧음을 자세히 알고 있으니 미리 탐후해 먼저 스스로 시끄럽게 할 필요는 없습니다."

정창손은 명의 요구를 받아들여 군대를 동원하자는 입장이었으나 이극배는 출정을 강하게 반대했다.

"정해년 이후 이전의 원한이 풀리지 않았는데 또다시 전쟁을 하면 더욱 분한 원한이 생길 것입니다. 하물며 평안도 한 도는 해마다 기근이 들어 군사와 백성이 모두 곤란하고 시대가 어려운데 여유 있는 행동을 하는 것은 옳지 않습니다. 세종조에 정통 황제가 친히 달자(타타르인 혹은 오랑캐)를 정벌할 때 왕무가 칙서를 받들고 와서 군사를 청하였는데, 대국을 지성으로 섬기는 세종께서 마땅히 명령에 따를 것 같았지만 우리나라가 사방으로 적의 침범을 받아 방수할 곳이 많아 병력이 넉넉하지 못하다고 하면서 응하지 아니하였습니다. 이제 우리나라 남쪽에도 말썽이 있으니 '명의 청병'에 대답할 핑계의 말이 없지 않습니다."

이는 남쪽의 왜구를 핑계로 명의 청병에 응하지 말자는 뜻이었다. 그러나 대다수 중신은 명의 청병을 거절할 수 없다는 의견을 보였다.

결국 건주위 정벌 원정대를 보내기로 결정했는데 그 수장으로 정해년에 좌대장으로 출전해 공을 세운 어유소를 임명했다.

그렇지만 정벌 반대 여론은 여전히 만만치 않았다. 승문원 참교 정효종은 1479년 윤10월 7일 상소문을 올려 정벌 시기가 마땅치 않은 이유를 조목조목 열거했다. 그 핵심 내용은 시기상으로 너무 추운 계절이라 출정하면 적군을 공격하지도 못하고 추위에 밀려 큰 낭패를 보고 말리라는 것이었다.

그러던 중 그해 윤10월 11일 중국에서 황제의 칙서가 도착했다. 병력을 요청하는 칙서를 가져온 명나라 사신에게 성종은 김자정과 장유성을 보내 이렇게 말하도록 했다.

"마땅히 칙서에 의거해 시행하겠습니다. 다만 겨울과 여름에 군사를 일으키는 것은 병가에서 꺼리는 바입니다. 옛날 한나라가 흉노를 정벌했을 때 군사들 가운데 겨울에 손가락이 언 자가 많았고, 마원(후한의 정치가)이 남만을 정벌했을 적엔 군사들이 여름에 역질로 죽어 거의 없어졌습니다. 지금 날씨가 추워 풀은 말라 죽고 눈은 깊이 쌓인 데다 길이 험해 군사를 내보내기가 어렵습니다."

그러자 명나라 사신이 이렇게 말했다.

"싸움터에 나가는 명의 군사와 말의 합계가 15만이나 되니 군사가 부족한 것은 아닙니다. 다만 조선에서 만약 기일에 의거해 군대를 내보내기만 한다면 저들이 몸을 피해 벗어날 수 없으므로 남김없이 죽일 수 있을 것입니다."

말인즉 군사는 부족하지 않으나 조선이 함께 나서 준다면 뿌리를 뽑을 수 있다는 것이었다. 성종은 그 말에도 겨울에 군대를 동원하기는 어렵다며 거절했다. 그러면서 중국의 계획을 물으니 윤10월 25일 군대가 출동할 거라고 했다. 이에 성종은 시간이 너무 촉박해 군사를 모을 시간도 부족하다고 했다.

그때 성종과 명나라 사신 사이에 설전이 벌어졌다. 그 내용을 옮겨본다.

사신이 말했다.

"천순 3년(1459년, 세조 5년)에 백옹이 쳐들어왔을 적에도 이번 예와 같았는데, 그때는 시기에 미쳐 군사를 내보냈으면서 지금은 이와 같으니 무슨 이유입니까?"

임금이 대답했다.

"그때는 도어사 이병이 미리 앞서 통지한 까닭으로 출병을 준비했지만 지금은 칙서를 받고서야 알게 되었으니, 창졸간에 판단하여 준비하기가 쉽지 않습니다."

"성절사聖節使의 호송군이 이 뜻을 먼저 알고 와서 보고했을 텐데 무엇이 백옹이 왔을 때와 다르겠습니까?"

"호송군은 다만 칙서가 있다는 것만 보고했을 뿐인데 어찌 칙서 내용의 말뜻을 알았겠습니까? 또 군사의 행진에는 노정이 있는데 우리나라는 건주와의 거리가 아주 머니 밤낮을 가리지 않고 이틀 걸을 길을 하루에 걸으면 사졸들이 먼저 스스로 피곤해져 죽을 것입니다. 이것은 알을 품은 닭이 살쾡이를 치고 어린 강아지가 범을 범하는 것과 같으므로 일에 이익이 없을 것입니다."

"왕 태감 등이 이번 윤10월 21일 군사를 일으켜 24일 애양보의 북쪽 아골관 등지에 도착해 25일 다섯 길로 나누어 들어가 공격할 것이니, 귀국의 군사가 건주에서 세 길로 와 군사를 합쳐 공격한다면 야인이 거처하는 각

성채를 진멸할 수 있을 것인데 중국 조정에서 어찌 무거운 상을 내리지 않 겠습니까? 만약 이 기일을 어기면 대병이 이미 가버리고 오랑캐도 멀리 도망가 잡지 못할 것이니, 외로운 군사를 내보내 적지에 깊이 들어가 한갓 피로해져 죽게 될 뿐입니다."

"군대를 내보내는 것은 즉시 명령에 응하겠지만 기일은 형세를 따르기 어 렵겠습니다."

"이 기일은 제가 감히 마음대로 앞으로 당기거나 뒤로 물릴 수 없으니, 전 하께서 정한 날짜를 듣고자 합니다."

"전쟁은 멀리서 헤아리기 어려우니 이는 장수가 형세를 살펴보고 결정하 는 데 달려 있을 뿐입니다. 또 장수가 도성 밖에 있으면 비록 왕 태감일지 라도 정한 기일에 출정하지 못할 터인데 어찌 감히 기일을 미리 정할 수 있겠습니까?"

이쯤 되자 명나라 사신은 더 이상 할 말이 없다며 알아서 하라는 식의 태도를 보였다.

"저는 이미 다 말했습니다. 다만 왕 태감이 제게 귀국의 관인 2명 을 거느리고 사전에 오도록 하였으니, 지금 만약 사람을 보내 가서 듣 게 한다면 제가 전하에게 아뢴 정녕한 뜻을 알 수 있을 것입니다."

그러자 성종이 대답했다.

"지금 대인이 말한 것과 기일에 의거해 군사를 내보내지 못하는 이유를 가지고 마땅히 사람을 시켜 대인을 따라 돌아가서 보고하도록 하겠습니다."

그렇게 사신을 돌려보냈으나 군대를 동원하지 않을 수는 없었다. 비록 명이 정한 시일에 맞출 수는 없어도 군대를 보내는 시늉이라도

하지 않으면 명과의 관계가 악화될 것이 뻔했기 때문이다.

윤필상의 건주위 정벌

결국 원군을 파병하기로 결정한 성종은 어유소에게 군대 1만을 거느리고 건주위로 출동하라고 했다. 하지만 어유소는 만포진에 진을 친채 압록강을 건너지 않았다. 압록강이 제대로 얼지 않아 건널 수 없었기 때문이다. 얼음이 얼기를 기다리던 어유소는 병사들 중에 동상 환자가 속출하자 자의적인 판단으로 군대 퇴각을 명한 후 해산해버렸다.

이 일로 대사헌 김양경이 11월 18일 경연 자리에서 성종에게 아뢰었다.

"서정대장 어유소가 1만 명의 군사로 나가 강가에 진을 치고 있으면서 적의 소혈에 들어가지 않고 말하기를, '강이 얼어붙지 않아 군사를 건너보내기가 어렵다'고 하면서 보고도 올리지 않고 제멋대로 군대를 파하였으니 그를 처벌하기를 청합니다."

성종은 어유소에게 곡절이 있을 테니 죄를 주지는 말자고 했다. 그러나 군대를 마음대로 해산한 것은 중죄에 해당한다는 주장이 강하게 올라와 어유소는 유배당하고 말았다. 이후 적어도 출병하는 척이라도 해야 한다는 한명회의 주장에 따라 좌의정 윤필상을 도원수로 삼고 절도사 김교를 부원수로 삼아 출병을 서둘렀다. 다만 군대의 수를 줄이고 병사는 날래고 뛰어난 자들만 골라 쓰도록 했다. 이에 윤필상은 병력 3천을 이끌고 건주위로 향했다.

그 무렵 명은 조선이 군대를 출동하지 않는다며 비난했다. 명의 군대를 이끌던 태감 왕황은 조선에 불만을 표시하며 조선 정조사에게 이렇게 내뱉었다.

"소자하 등지를 수색해 토벌한 후 대령에 올라가 너희 나라의 국경에 접한 길을 바라보니 군사와 말의 자취가 조금도 없었다."

이 말을 전해들은 성종은 급히 윤필상에게 조선군이 건주위에 들어간 자취를 남기도록 지시했다.

건주위로 들어간 윤필상은 12월 20일 종사관 이감을 보내 승전 소식을 알려왔다. 윤필상은 12월 9일 압록강을 건넜고 13일 건주위 중심으로 들어갔다가 16일 회군했다. 그 내용은 다음과 같다.

초9일 강을 건너 13일에 적의 소굴에 깊이 들어갔습니다. 이돈인·이숙기·조간·이흠석·이종생·홍이로는 각기 정병 100여 기를 거느리고, 부원수 김교는 유군 50기를 거느리고, 신 윤필상은 스스로 경기 300명을 거느리고 달려 나가 시기를 이용하고 기회를 살펴 길을 나누어 들어가 공격하였습니다. 그리하여 적의 머리 15급을 베고, 귀 2개를 베고, 중국 여인 7명과 야인 15명을 사로잡고, 가축을 쏘아 죽이고, 가옥을 불살라 없애고 16일 전쟁에서 한 명의 군사도 잃지 않고 돌아왔습니다.

윤필상의 승전 보고를 받고 성종이 말했다.

"내가 처음에 생각하기를 비록 한두 명만 잡아도 만족하리라 여겼는데, 지금 이와 같으니 잡은 것이 많은 편이다."

이 말을 한 후 성종은 이감에게 관군 중에 사망한 사람이 한 명도 없느냐고 물었다. 이감이 대답했다.

"한 사람은 빗나간 화살에 맞았고 두 사람은 병들어 죽었으며 나머지는 잃은 사람이 없습니다."

이번에도 건주위의 주력 부대는 요동 방면으로 나가 명나라 군대와 싸우고 있었다. 덕분에 조선군은 건주위 중심지를 마음대로 유린할 수 있었고 한 명의 전사자도 없이 승전하고 돌아왔다.

성종 시절의 이 출병 이후 조선군이 건주위를 공략하기 위해 대병을 움직인 일은 없었다. 특히 중종 이후로는 삼포왜란 등 왜구와의 전쟁이 잦아 북방에 신경 쓸 여유가 없었다. 임진왜란이 일어난 선조 대는 더 말할 것도 없다. 임진왜란 때는 명도 조선에 대군을 파병한 까닭에 여진을 누를 힘이 없었다. 그 틈을 이용해 여진 세력은 크게 성장했고 결국 건주위의 누르하치가 여진족을 통일해 후금을 건국했다. 이어 명을 무너뜨린 그들은 대제국 청淸을 세웠다.

3부

삼포왜란과
두 차례의 왜변
—
왜구가 조선을
흔들다

1
전쟁을 방불케 한 삼포왜란

—

"왜적이 크게 패하여
제포 앞 물이 다 붉게 되었습니다."

삼포왜란은 왜 일어났는가?

1419년(세종1년) 이종무의 대마도 정벌 이후 왜구의 준동은 급격히 수
그러들었다. 이후 몇 년간 대마도와 통교를 중단한 조선은 1426년 대
마도주의 요청에 따라 웅천(경남 진해)의 내이포(제포), 동래의 부산포,
울산의 염포 이 세 항구를 개항했다. 이처럼 '삼포개항'을 단행한 조선
은 왜인들을 위해 왜관을 설치하고 숙박과 무역을 허락했다. 1443년
에는 구체적인 조약까지 체결했는데 이를 계해약조癸亥約條라고 한다.
계해약조의 핵심 내용은 세견선, 즉 무역선은 50척으로 한정하고 세
견선의 체류 기간은 20일로 한다는 것이었다. 단, 상경하는 왜인의 배
를 지키는 간수인의 체류 기간은 50일까지 연장했다. 계해약조를 체
결할 때 조선은 왜인에게 몇 가지 특혜를 주었다. 왜인이 개항장에 도
착한 이후부터 본국으로 귀환할 때까지의 비용을 조선 측에서 부담했

는데, 여기에 들어가는 접대비와 세역 미두가 너무 많아 조선 조정에 큰 부담을 안겼다.

당시 왜인은 무역이 끝나면 20일 이내에 돌아가야 했으나 항거왜인이라고 하여 거류한 지 오래된 자들은 잔류를 허락했다. 항거왜인의 수는 60인으로 한정했지만 그 수가 해마다 늘어나 중종 대에 이르자 총 1천 명이 넘었다. 삼포에는 거류 왜인을 관리하는 책임자가 있었는데 대마도주는 이들을 통해 거류 왜인에게 세금을 거두기까지 했다.

1494년(성종 25년) 조선은 거류 왜인이 경작하는 밭에 세금을 매기기로 결정했다. 그러나 실제로 징수하지는 않았다. 조선 조정은 회유책의 일환으로 왜인에게 면세 혜택을 줬고 왜인은 이를 악용해 이익을 취하는 경우가 많았다. 왜관의 경계를 넘어와 상업 행위를 하는 일도 허다했고 조선인을 폭행하거나 납치하는 일도 많았으며, 심지어 조선 관아를 공격하기까지 했다. 또한 입항하는 배의 크기도 법규대로 하지 않았고 배의 승선 인원도 어겼으며 배에 싣는 양곡이나 상품의 분량도 지키지 않았다. 특히 연산군 시기를 거치면서 왜인의 불법 행위는 극에 달했다.

그러다가 중종반정이 일어나고 왜인 규제를 강화해야 한다는 목소리가 높아지자, 중종은 왜인을 법규에 따라 엄격히 통제했다. 왜인의 세견선과 관련해 승선 인원을 법대로 처결하고 선박에 실은 상품과 판매 행위도 철저히 규제했으며, 선박의 크기와 입항 선박의 숫자도 법대로 규제했던 것이다.

이로써 삼포에 드나들 수 있는 왜인의 숫자는 줄어들었고 무역량도 크게 감소했다. 항거왜인까지 압박을 받자 대마도주 종성순이 강한 불만을 드러냈다. 당시 조선 왜관에서 거둬들이는 세금과 무역으로 막대한 이익을 챙기던 대마도는 그 이익이 줄어들자 노골적으로 불평하며 조선 조정에 그 내용을 전달했다.

조선은 물러서지 않고 법대로 처결했는데 그 내용이 1509년(중종 4년) 7월 13일 예조에서 올린 다음 글에 자세히 전해온다.

예조에서 아뢰었다.

"대마도주 종성순이 변장(첨사나 만호, 권관을 통칭하는 용어)에게 서계書契를 통한 것은 변장이 선척(배 구조물)을 척량하고 상판(상업적인 판매 행위)을 금하는 일을 모두 옛 법에 의거해 조금도 가대假貸하지 않아 항거왜인이 분통을 터뜨리며 달려가 호소했기 때문입니다. 또 특별히 보내달라는 소청을 많이 들어주지 않아 불손한 말을 하는 것입니다.

저들의 성냄을 의심하고 두려워해 조금이라도 법을 굽힘이 있어서는 안 되고, 또한 이로 인해 원망을 돋워 변방의 혼란을 격화해서도 안 됩니다. 다만 변장이 이렇게 말하도록 하는 것이 우리가 편할 것 같습니다. '두곡(곡식의 분량을 헤아리는 단위)은 모두 관용官用이라 낙인하고 미두의 출납에 모두 이를 가지고 계량하거늘, 하물며 외국인에게 급료하는데 어찌 따로 새롭게 제작한 작은 말을 쓰겠는가? 만에 하나라도 이런 이치는 없다. 그리고 선척은 본래 크고 작은 것이 있어서 모두 있는 그대로 척량하는 것을 너희가 목도하는 바이니, 어찌 늘었다 줄였다 하겠는가? 상업적 판매를 금하는 것도 옛 약조(계해약조)에 있는 것이지 지금 다시 시작한 것이 아니다. 근래 변장이 배를 헤아릴 때 태만하여 그 내용을 알리지 않아 작은 것을 크다 하고, 한을 넘어 행상하는 사람도 금하지 않았으니 이는 모두 우리 관아의 허물이요, 법이 본래 그런 것이 아니었다. 지금 상께서 즉위하서서 법도가 엄명하여 종전에 폐단으로 이뤄진 일을 일체 정비하시니, 우리는 몸이 변장에 임하여 선척을 척량하고 한을 넘어 판매 행위를 금하는 데 모두 국법에 의하고 옛 약조를 따랐으니, 어찌 감히 어기고 넘고 할 것인가? 서간을 닦아 일일이 말하고자 하였으나 마침 도주가 새로 서서 일찍이 사신을 보내 조정에 보고하지 않았고, 조정에서도 일찍이 사신을 보내 도주를 위문하지 않아 우리는 의리상 사사롭게 서간을 통할 수 없다.' 다만 오랑캐를 대우하는 일은 중요하니 청컨대 의논을 모아 시행하소서."

이에 명하여 육경 이상에게 의논하게 했다. 영의정 유순이 의논을 올렸다. "이우증이 부임한 뒤 항거왜인과 사절로 오는 선척에 관련된 모든 것을 되도록 국법에 따르고자 하여, 지난날 변장이 모호하고 구차하게 하던 것과 같지 않으므로 항거왜인들이 새 도주에게 호소하여 이런 불손한 말이 나온 것입니다. 지금 대답할 바는 마땅히 예조의 아룀과 같이 하여야 합니다. 다만 답하는 글에서는 마땅히 자세한 곡절이나 사연을 알려야 합니다. 엄한 것만 위주로 하여서는 안 됩니다. 국가에서 이 오랑캐 대접을 신중히 하지 않으면 안 되니 변장에게 마땅히 이 뜻을 알게 하소서."

이에 이를 따랐다.

왜인들의 불만은 날이 갈수록 높아졌다. 모든 것을 계해약조에 따라 시행했으나 벌써 60년 이상 적용하지 않던 법을 갑자기 적용하니 왜인들의 불만이 폭주하는 것은 당연했다. 대마도주는 여러 말로 예전처럼 편안하게 거래하도록 해달라고 조선 조정에 요청했지만 조선 조정은 물러서지 않았다. 그러자 왜인이 군대를 동원해 삼포의 조선 관아와 성을 공격해 장악하는 사태가 벌어졌는데, 이를 삼포왜란 또는 경오왜변庚午倭變이라 한다.

왜란 발발

왜인들이 삼포왜란을 일으킨 것은 1510년(중종 5년) 4월 4일의 일이 었다. 이 사건은 발발한 지 나흘 후인 4월 8일 처음 조정에 보고되었는데, 이날 경상우도 병마절도사 김석철은 다음과 같이 왜란 발생 소식을 알려왔다.

금년 4월 초나흗날 고성현령 윤효빙·웅천현감 한윤·군기시직장 이해 등이 와서 고하기를, 제포 항거왜인의 우두머리 대조마도·노고수장 등이 갑주를 입고 활과 화살, 창검, 방패를 가지고 왜인 4천~5천 명과 함께 성을 포위한 채 성 밑 인가를 모조리 불 질러 연기와 불꽃이 하늘에 넘치고 장차 성을 함락하고자 하였습니다. 이에 윤효빙 등이 통사 신자강을 보내 연유를 물으니 왜적이 이렇게 대답했습니다.

"부산포첨사는 소금을 만들고 기와를 구우면서 토목(불 때는 데 쓰는 잡목을 짧게 자른 것)을 바치라 독촉하고, 웅천현감은 왜인이 이윤을 얻는 행위를 일절 금하며 왜료(왜인의 체류 비용)를 제때 주지 않고, 제포첨사는 바다에서 어로 작업을 할 때 인부를 보호할 관리를 보내지 않고 또 왜인 4명을 죽였기에 도주가 병선 수백 척을 나눠 보내 이곳과 부산포 등의 변장과 싸우는 것이다. 그래서 서기를 보는 관리와 그 휘하 세 사람을 살상했다."

이와 관련해 강중진의 군관 문개보는 다음과 같이 말했습니다.

"이달 초나흗날 왜인들이 성문을 부수고 돌입해 첨사를 쏘아 맞혀 첨사가 몸을 움직이지 못하므로, 내가 왜인 3명을 쏘아 맞혔으나 성이 함락되었습니다. 그래서 밧줄을 타고 성을 넘어 도망쳐왔습니다."

김석철에 이어 경상도 관찰사 윤금손도 이와 관련해 짧은 장계를 올렸다.

"대마도 왜인 다수가 나와 제포를 함락한 뒤 근처의 각 포를 일시에 공격해 웅천진은 지금 바야흐로 포위되어 있고, 성 밑의 민가는 모두 병화를 입었습니다. 하여 신이 지금 군사를 이끌고 달려갑니다."

보고를 접한 중종은 급히 비상회의를 소집했다. 영의정 김수동을 비롯해 좌의정 유순정과 우의정 성희안이 먼저 달려왔고 좌우찬성, 좌우참찬, 병조판서, 참판, 참의 등이 빈청에 모였다.

논의 끝에 영의정 김수동이 중종에게 아뢰었다.

"왜노가 분을 품은 지 오래인데 지금 변을 일으켰습니다. 마땅히 먼저 장수 두 사람을 택하여 좌·우도에 나누어 보내야 합니다."

중종은 곧 황형을 좌도 방어사로, 유담년을 우도 방어사로 삼아 각각 종사관 두 사람과 군관 30명을 대동하고 가게 했다. 또 전라도 관찰사와 병사, 수사에게도 경상도의 왜변 소식을 알리게 하고 비상 대기하라는 명령을 내렸다.

그때 김수동이 서울에 머무는 왜인들의 문제를 아뢰었다.

"지금 서울에 머무는 왜인이 만일 이 변을 들으면 반드시 놀라 변을 일으킬 것이니, 청컨대 수직하는 통사와 그 수하들이 서로 소식을 전하지 못하도록 하소서."

이어 서울 방비를 위해 이렇게 덧붙였다.

"외방의 한가한 무사들을 서울로 불러들여 수비하는 것이 어떠하리까? 또 야인(여진족)이 이 일로 말미암아 변을 일으킬까 염려되므로 함경도 관찰사 고형산이 북도의 사정을 잘 알고 야인도 형산을 아니 그의 직분을 더 유지하게 하는 것이 어떠하겠습니까."

당시 임기를 마친 고형산은 이임 절차만 남겨둔 상태였다. 김수동이 이렇게 요청하자 중종이 전교했다.

"아뢴 바가 모두 가하나 고형산은 북방에 오래 있었고 몸에 병이 있으며, 한 사람에게 오랫동안 한 벼슬을 맡길 수 없고 새 감사를 이미 차출하였으니 고칠 수 없다."

중종은 비록 죄를 지어 옥에 있거나 유배 중인 무사라도 능력이 있으면 빨리 차출해 죄를 면할 기회를 주라고 했다.

승정원 역시 서울에 있는 왜인들을 속히 처리해야 한다는 의견을 올렸다. 또 대마도주가 보낸 왜인 사신들도 모두 죽여야 한다고 의견을 냈다. 이와 관련해 대신들 간에 치열하게 논란이 벌어졌다. 한쪽은 속히 죽여야 후환이 없다고 했고, 다른 쪽은 손님으로 온 자들을 죽이면 나중에 문제가 더 커진다며 사태가 끝날 때까지 옥에 가둬두자고 했다. 그런 상황에서 도체찰사 유순정이 중종에게 말했다.

"동평관에 머무는 왜인을 예조에서 잔치를 베풀어준다고 유인하여 데려와 역사力士가 철퇴로 중로에서 쳐 죽이게 함이 어떠하겠습니까."

중종이 그리 하라고 했지만 병조판서 김응기와 예조판서 박열은 그들을 죽이는 것은 화를 키우는 꼴이라며 만류하였고 결국 옥에 가둬두는 것으로 결론을 냈다.

왜군 대장 종성친의 엄포

조선 조정이 왜변에 대응하고자 분주하게 움직이고 있을 때 이번 왜변을 주도한 종성친이 보낸 서찰 하나가 궁궐로 올라왔다. 대마도주를 대신한다는 종성친이 수하를 통해 동래현령 윤인복에게 보낸 엄포용 서찰이었다. 중종에게 그 글이 도착한 것은 왜변 발발 6일 후인 4월 10일이었다. 대마도주가 보낸 글의 내용은 이랬다.

조선과 일본은 입술과 이빨이 서로 맞닿은 것과 같습니다. 대명국의 선지를 받았는데 이르기를 '양국은 다를 것이 없어 아침저녁으로 통할 수 있다' 하였습니다. 특히 대마도는 서해의 변방으로 양국 왕래에서 목구멍과 같습니다.

증조부 때부터 화친 약속을 정함이 견고하였으나 근 10년 이래 매사가 변하였습니다. 특히 지난해 4월 부산포 영공(부산포첨사 이우증을 지칭)이 내려온 이래 되풀이하여 새로운 법을 세워 일본인에게 모순적인 일을 계속하고 있습니다. 사신이 탄 배를 보내도 작은 배까지 죄다 사람 수를 헤아려 기록하고 혹은 관직이 높은 관리도 서울에 올라가지 못한 채 포구에 머물다 허무하게 돌아오기도 했습니다.

또 1년 중의 양미를 그해 안에 죄다 주지 않고 2~3년분을 압류하였고, 이곳 관리의 뱃사람들을 잡아다 노욕을 시켰습니다. 여기에다 각 군의 방장들이 간사하게 영공과 마음을 같이하여 난을 부른 것입니다. 이 때문에 대마도 대주 종병부소보 성친을 대장으로 삼아 수만 병선을 타고 부산포로 건너와 영공의 부자 형제를 타살해 목을 베어 문 앞에 달아매었고, 목을 끊어버린 자도 한없이 많습니다.

영공의 목을 가지고 오늘 아침 배로 대마도로 건너갔습니다. 동래군 영공에게는 유감이 없으므로 이 뜻을 말하려고 어제 동래군으로 향하였으나, 도중에 군사가 있어 일본인을 향하여 활을 쏘기에 일본인도 성루의 문에 붙어 활을 쏘았습니다. 유감이 없으므로 이 뜻을 서울에 아뢰니 모든 일에 다시 선례를 알아서 천하에 선포하는 명령에 그 내용들이 보이면 병선을 즉시 물릴 것이며, 그런 뜻이 보이지 않으면 병합하고 차지하는 일이 곧 있을 것입니다.

제포·염포·다대포·가라(김해)·이산은 포마다 병화를 입고 배마다 불태웠으나 동래 차사원에게는 조금도 유한이 없으므로 활을 쏘지 말라고 내가 제지하였습니다. 즉시 회답을 구하거니와 오늘이라도 정지하고자 합니다.

동래현령 윤인복은 서찰을 받자마자 적진에 즉각 군대를 해산할 것을 요구했다. 한편 종성친의 서찰을 읽은 중종과 조정 대신들은 그들의 요구를 들어줄 수 없다며 왜군 진압 계획에 박차를 가했다.

왜군 격퇴에 총력을 기울인 중종

왜란의 주모자 종성친의 서찰을 받은 조선 조정은 답서를 보내지 않았다. 또한 이번에 저들의 기세를 꺾지 않으면 앞으로도 계속 왜인의 의도대로 끌려 다닐 것이라 판단해 과감한 진압으로 적의 기세를 눌러놓아야 한다는 것이 조정의 중론이었다.

그 무렵 경상도 관찰사 김석철이 왜란 상황을 적은 장계를 올렸다.

윤효빙·한윤·이해 등이 보고하길 '초나흗날 군사를 거느리고 웅천현 5리쯤에 도달해 주둔할 것을 약속한다' 하였는데, 적은 이미 웅천성 밑의 인가에 불을 지르고 영등포(거제도의 포구)도 불살랐는데 적선은 거의 100척에 이릅니다.

〔왜적이〕제포에 도달하여 군사를 합하니 세력을 크게 떨쳤습니다. 신 등이 군사를 거느리고 와서 구원하는 모양새를 보이자 적은 포위를 풀고 제포에 흩어져 둔취하였는데, 제포성은 함락되었고 첨사 김세균의 생사는 지금 정확히 알 수 없으며 병선은 적들이 모조리 불태워버렸습니다. 마침 대마도 치위관 이식과 김해부사 성수재 등이 군사를 거느리고 와서 신 등과 힘을 모아 접전하였습니다. 신과 이식은 각기 왜적 1명을 쏘았으나 미처 쫓아가 베어 죽이지는 못하였습니다.

중종이 김석철의 장계를 가져온 사람을 불러 전쟁 상황을 자세히 캐물으니 그가 세세하게 대답했다.

"초나흗날 웅천현감 한윤이 성을 버리고 절도사 영으로 왔는데 웅천이 이미 함몰되었다 합니다. 절도사가 군법을 행하고자 하였으나 그때는 아직 행하지 않았습니다. 왜적이 김세균을 생포해 군중에 두고 의약과 음식을 주었으나 세균이 말하기를 '나는 이미 패장이니 빨리 죽여라. 너희가 만일 나를 죽이지 않는다면 자진하겠다' 하니 왜적이 그가 자진할까 두려워 밤낮으로 수직하며 세균에게 이르기를 '이는 내 탓이 아니다. 부산포첨사 이우증의 죄 때문이다'라고 말했다 하며, 적이 웅천에 이르러 포장한 우증의 머리를 보여주었다 합니다. 혹자는 말하기를 '난이 일어나던 날 우증의 첩이 변란이 있을 것을 먼저 깨닫고 우증에게 알리니 우증이 속옷만 입고 성을 넘어 달아났는데, 우증의 아우 얼굴이 그 형과 비슷해 적이 그를 우증으로 알고 몸을 난도질하였고 우증은 산으로 들어가 머리를 깎고 중이 되었다'고 합니다."

김석철의 장계에 이어 도순찰사 안윤덕이 중종을 배알하고 급히 무사들을 뽑아 종군하게 해줄 것을 요청했다.

"남방의 일이 급합니다. 정은부는 무재가 있는 선비나 상을 당하여 진주에 있으니, 청컨대 기복하여 한 모퉁이를 맡도록 하시고, 도내에 효용하여 쓸 만한 자와 한직에 있는 자 중에서 쓸 만한 자는 모두 기복하여 종군하게 하소서."

중종은 안윤덕의 요청을 수락하고 급히 삼정승을 불러 지시했다.

"지금 변보를 보니 적의 형세가 크게 치성하여 비상한 계책을 속히 도모하지 않을 수 없다. 외방의 한산한 자로서 무재가 있는 자와 한량으로서 유명한 자, 무과 초시에 입격한 자는 다시 그 재주를 시험하지 말고 모두 전장으로 나갈 수 있도록 등록하고 또 장수에 합당한 자를 택하되 상중에 있는 자와 바야흐로 죄의 견책을 입은 자도 선발에 참여하는 것을 허락하라."

삼포왜란 전개 과정

왜군과의 전투 상황을 조마조마한 마음으로 기다리던 중종에게 4월 11일부터 낭보가 하나씩 날아들기 시작했다. 거제현령 오세한과 동래현령 윤인복이 각각 왜적의 머리 5급씩 베어 도성으로 올려 보낸 것이다. 조정에서는 죽은 왜인들의 머리를 한꺼번에 묻고 큰 무덤을 만들었다. 서울에 머무는 왜인들에게 두려움을 주기 위한 조치였다. 이후로도 왜인들의 수급이 도착하면 계속해서 무덤의 크기를 늘려갔다.

그 무렵 왜군을 이끌던 종성친은 자신의 서찰에 왜 답서가 오지 않느냐며 동래현령 윤인복을 압박하고 있었다. 중종은 이미 종성친에게 답서를 보내지 않기로 하고 윤인복에게 이런 글을 내려 보냈다.

"만일 적이 와서 서계의 회답 여부를 묻거든 '서계는 올려 보냈으나 내 뜻으로는 너희가 은혜를 배반하고 악함을 쌓아 흉악하고 간사함이 여기에 이르렀으니, 조정에서 너희의 서계를 봤더라도 반드시 예수禮數에 맞게 기록하지 않았을 것이다. 어찌 회답이 있겠는가. 너희가 병화를 일으킨 것을 뉘우쳐 스스로 그친다면 조정에서도 또한 개의하지 않을 것이다'라고 말하라."

그리고 이 말도 함께 덧붙였다.

"적이 동래를 재차 침범하지 않고 서계를 통해 온 것은 참으로 침범하지 않고자 하는 것이 아니라, 다만 아직은 좋은 말로 장사의 마음을 해이하게 하고 노략질한 웅천의 재물을 모두 실어간 뒤 반드시 장차 병력을 합하여 와서 침략하려는 것이다. 이 뜻을 잘 알아서 엄하게 대비하라."

그런 상황에서 경상좌도 수사 김현손의 장계가 올라왔다.

"왜적은 부산포를 깨뜨리고 곧 동래 속현 동평 땅 범전리로 향하면서 길가에 진을 쳤는데, 적의 수효는 거의 200명에 이릅니다. 적들은 네 패로 나누어 두 패는 우리 군사와 싸우고, 한 패는 서면으로 향했으며 한 패는 남면으로 나아가면서 민가에 나누어 들어가 불을 질렀습니다.

동래현령 윤인복은 군사가 적어 대적하기 어렵다 하며 싸우면서 퇴각해 본진으로 들어와 성곽 위에 군사를 늘어 세웠습니다. 합병한 왜적은 곧장 성에 다다라 다섯 패로 나눈 뒤 네 곳에 군사를 둔취하고 한 패는 성 동문으로 돌입하였는데, 우리 군사가 왜적 5~6명을 사살하고 방패와 장검 등을 빼앗았습니다. 해가 질 무렵에야 적은 비로소 퇴각하여 남쪽 3리쯤 큰 다리 갈림길에 군사를 주둔하였고 날이 어두워 향한 곳은 알지 못하였습니다. 적은 많고 우리는 적어 형세가 구원하기 어려운지라 신이 군수 문경동과 우후 이반을 거느리고 나아가 구원하였습니다."

4월 11일 김석철의 장계가 또 도착했다. 김석철은 거제도 영등포에서 적과 교전한 내용을 간략히 요약하여 보냈다.

"이달 초나흗날 오시 적선 1천여 척이 영등포로 향하다 우리 군사를 둘러싸고 한참 서로 싸우다가, 군사 반을 나누어 주물도에 주둔하고 반은 육지로 향하였습니다. 초닷샛날 밝을 녘에 왜적은 큰 배 5척을 하청리에 대었습니다. 거제현령 오세한이 군사 50여 명을 거느리고 쫓아가니 왜적 100여 명이 육지로 내려와 민가를 수색하였습니다. 왜적이 화살을 맞고 바다에 떨어졌으므로 쫓아가 목을 베지는 못하였습니다. 적선 4척은 멀리 바다 가운데로 들어갔으므로 쫓아가 잡지 못하였습니다. 적들이 버린 기물이 대단히 많았습니다."

이렇듯 김석철은 자신이 최선을 다해 용맹하게 싸우는 것처럼 보고했으나 당시 상황을 기록한 사관은 다른 말을 하고 있다.

사신은 논한다. 웅천이 포위당한 처음에 고성현령 윤효빙도 포위당한 가운데에 있었는데, 한윤은 무인이므로 모든 시책을 반드시 효빙에게 의뢰하였고 웅천 백성도 의지하여 믿었다. 효빙이 밤중에 문을 열고 먼저 달아나니 사졸들도 효빙이 달아나는 것을 보고 서로 계속하여 담을 넘어 도망쳤다. 한윤은 문졸이 굳게 지키지 못하여 사졸을 도산逃散케 했다 하여 손수 문지기의 목을 베었다. 사졸이 모두 도망쳐버렸으므로 성은 외로웠고 구원마저 끊어져 포위당한 지 3일째에 성 안의 군사라고는 겨우 두어 사람이 남았을 뿐이었다.

한윤이 김해부사 성수재에게 구원을 요청하자 수재는 군사를 거느리고 성 밖에 도착했으나 군사를 멈추고 들어오지 않았다. 절도사 김석철에게 갔으나 석철은 두려워하며 뒤로 물러나 웅크리고 곧 구원에 나서지 않았을 뿐 아니라, 한윤에게 말하기를 '네가 퇴각해 나온 것은 잘했다' 하며 구원하지 않은 죄를 벗으려 꾀하였다. 또 한윤이 성을 지키지 않았다고 무고하여 조정에 알려 한윤을 목 베어 군중에 조리돌리니, 남쪽의 선비들이 한윤의 죽음을 원통하게 여기고 석철을 원망하지 않는 사람이 없었다.

성수재·윤효빙 같은 자는 복주伏誅해야 마땅할 것인데 모두 벗어나 죄를 면하니 세상인심이 분하게 여겼다. 어떤 사람은 말하기를 '전에 윤이 이웃 고을의 비자를 첩으로 삼았는데, 이때 첩이 먼저 달아나기를 청하니 윤이 군관을 시켜 밤중에 가만히 문을 열고 데리고 도망하게 하고 윤도 뒤따라 달아났다' 했다.

사관은 동래현령 윤인복에 관해서도 이런 비판을 남겼다.

사신은 논한다. 동래현령 윤인복은 적의 포위를 당하자 두려워하여 감히 나와 응전하지 못하다가 적이 성 밑 민가에 들어와 떼 지어 마시고 취하여 거꾸러지기에 이른 것을 현의 한 병사가 취한 왜적 2명을 베었는데, 인복이 자기 공으로 속여 역마를 달려 알리니 명하여 당상 가자를 주고 그 뒤에 승지 물망에 오르니 웃는 사람이 많았다.

흉흉한 민심, 도망치는 관리

당시 삼남 지역에는 수만 명의 왜군이 쳐들어와 삼포를 장악하고 동래성을 함락했다는 소문이 무성하게 퍼졌다. 이에 이조판서 신용개가 중종에게 아뢰었다.

"국가가 태평한 지 이미 오래라 남쪽의 백성은 왜구 말만 들어도 산골짜기로 도망치니, 비록 본도의 군사를 조발하여도 저 왜적의 수에는 미치지 못할 것입니다. 도원수가 내려가야 남방 군민이 안심하도록 만들 수 있을 것입니다."

형조판서 권균도 말을 보탰다.

"왜노들이 대거 쳐들어왔으나 아군이 단약해 오래도록 서로 버티고 있는데, 여기에다 남방 인심이 흉흉하여 두려워하는 그 지역의 선비와 수령이 먼저 스스로 동요해 가족을 끌고 올라오니 백성이 놀라고 두려워합니다. 마땅히 다시 엄금하소서."

신용개와 권균의 말처럼 당시 경상도 백성은 왜군이 쳐들어왔다는 말만 들어도 산으로 숨기 바빴다. 그 지역 양반과 관리의 친척들은 보따리를 싸들고 도성으로 피난 행렬을 잇고 있었다. 그러자 도성 백성도 놀라서 피난 짐을 싸느라 분주했다.

그 분위기를 가라앉히려면 먼저 대신을 도원수로 삼아 경상도에 내려 보내야 한다는 주장이 나왔다. 호조판서 홍경주가 중종에게 아뢰었다.

"신의 뜻으로는 유순정이나 성희안을 도원수로 삼아 이 상황을 제압하고 적을 멀리 몰아 쫓게 하면 사졸들이 마음으로 의지하여 기운이 증가할 것이며, 왜구는 반드시 물러갈 것입니다."

당시 성희안은 우의정이었다. 그런데 성희안은 자신은 도원수 재목이 아니라며 발을 빼면서 도원수 자리를 유순정에게 미뤘다. 유순정도 자신은 도원수 재목이 아니라면서 성희안에게 미뤘다. 이렇게 정승들이 서로 전장에 가지 않으려고 발뺌을 하자 중종은 일단 서울의 군대 400명을 추려 먼저 내려 보내겠다고 했다. 경군이 내려가면 민심이 안정을 찾고 병졸들도 힘을 얻을 것이라는 판단에서였다.

그때 예조판서 박열이 어쨌든 대신을 전장에 파견해야 한다고 주장했다.

"비록 황형과 유담년이 제장이나 한 명의 대신만 못합니다. 대신이 내려가면 성세가 저절로 강해질 것입니다."

좌참찬 신윤무는 이렇게 말했다.

"제장들이 이미 군사 300명에서 400명을 뽑아 3등으로 나누었으므로 마땅히 군관 200명을 택하여 급한 데 대비케 하는 것이 가합니다."

말하자면 군관급 장교를 빨리 뽑아 황형과 유담년의 지휘 체계를 강화해야 한다는 주장이었다. 이에 중종이 대답했다.

"모름지기 날래고 용맹한 자를 골라 써야 한다. 정예가 아니면 아무리 많아도 무익하다."

논란 끝에 좌의정 유순정이 도원수, 우의정 성희안이 병조판서를 겸하기로 했다. 중종은 유순정을 위로하는 말을 보냈다.

"정승이 내려가면 민심을 진정할 수 있을 것이다."

그런데 당시 전장의 상황은 녹록치 않았다. 경차관으로 내려간 김안국이 급전을 보내왔다.

"초여드렛날 왜선 40여 척이 영등포를 함몰했고 만호 양지손은 간곳을 알지 못하겠습니다."

4월 17일 중종은 유순정에게 전별연을 베풀고 전장으로 떠나게 했다. 이틀 뒤인 4월 19일 경상좌도 병마절도사 황형이 왜군의 만행을 보고했다.

"왜노가 부산포첨사를 겁박하여 죽일 때 군사와 백성 100여 명을 죽였고 동평현 민가 12호, 동래현 민가 198호를 불태웠습니다."

조정 안팎에서는 왜군 우두머리 종성친의 서찰에 답서를 보내야 한다는 여론이 일어났고, 중종은 쉽게 판단을 내리지 못하고 고민에 빠졌다.

마침내 왜군을 격퇴한 조선군

그런데 사흘 뒤인 4월 22일 뜻밖에 희소식이 전해졌다. 부원수 안윤덕이 군관 최임을 보내 왜적을 격퇴했다는 승전보를 전해온 것이다.

"본월 19일 신시에 군관 강윤희, 곽한 등이 전장에서 보고하기를 좌·우도 방어사와 병마절도사 등이 군관을 보내 세 패로 나누어 적을 치고 아군 군선이 또 이르러 사면으로 협공하니 왜적이 크게 패하여 제포 앞 물이 다 붉게 되었습니다. 벤 수효는 아직 정확히 알지 못하나 40여 급은 되겠고 군사를 거느린 괴수는 거의 다 사로잡았습니다. 노획한 병장기 또한 많고 화살에 맞아 바다에 빠져 죽은 자는 얼마인지 알지 못할 정도입니다. 통째로 침몰한 배가 3척인데 우리 군사는 한 사람의 사상자도 없습니다. 그 외에 들어가 싸운 절차와 베고 빠져 죽은 수효는 뒤에 써서 아뢰겠습니다."

이 소식을 듣고 성희안이 중종에게 아뢰었다.

"사로잡힌 왜적이 많고 저희끼리 팔뚝을 찍기에 이르렀으니 어찌 통쾌하지 않습니까. 만일 이렇게 되지 않았다면 국가의 수치였을 것입니다."

그 뒤 승전의 공을 세운 군관 강윤희가 대궐에 오자 중종이 그를 사정전에 불러 교전 과정을 상세히 물었다. 강윤희가 대답했다.

"황형은 군사 1천, 유담년은 군사 1,900, 김석철은 군사 2천을 거느리고 이달 18일 일제히 웅천현 지경에 이르렀습니다. 군사와 말을 쉬게 하고 신과 황형이 곧장 동문 밖에 다다르니 적이 시체를 길옆에 많이 늘어놓았는데 우리 군사가 보고 두려워하게 한 것입니다. 그때 동문이 닫혀 들어가지 못하고 남문으로 향하여 들어가니 성 안은 이미 비었습니다. 제포성 밖으로 진을 옮긴 적은 동·남·서 세 봉우리 위에 웅거하여 안에는 포장을 치고 밖에는 방패와 창을 벌여 세워 우리 군사를 굽어보며 박은 듯이 서서 움직이지 않았는데 긴 창과 큰 칼이 햇빛에 번쩍였습니다.

신이 황형 등과 같이 먼저 나가 도전하니 동쪽 봉우리 왜적 40여 명이 용맹스럽게 달려와 칼을 휘두르며 달려들어 신 등과 버티고 섰습니다. 신과 황형이 화살을 수없이 쏘니 적이 점점 가까이 왔고 신과 황형이 달려 적진에 육박하면서 한 화살을 쏘아 맞히니 한 적이 시체를 메고 제 진으로 달아나 들어갔습니다.

이런 교전을 세 번 했는데 조금 있다가 유담년 등의 대군이 뒤따라 앞 봉우리에 이르러 왜적의 동쪽 진을 향하여 화살과 돌을 함께 날리니 왜군이 어지럽게 달아났습니다. 또 서쪽 봉우리를 향하니 왜군이 패하여 쫓기었고 남쪽 봉우리의 왜군은 바라보기만 하고도 무너져 다투어 바닷가로 향하였습니다.

우리 군사가 승승 추격하여 총과 화살을 쏘고 적이 예상치 못하는 가운데 병선 60여 척이 나타나 함께 공격했습니다. 적중에 있던 붉은 투구를 쓰고 금 갑옷에 홍색 치마를 입은 자 5인은 그들의 괴수인데, 육지에서 3인을 사로잡고 배에서 2인을 사로잡았습니다. 나머지는 계본과 같습니다."

그 말을 듣고 중종이 물었다.

"성친도 죽었는가?"

성친은 곧 적장 종성친을 지칭하는 것이었다. 강윤희가 대답했다.

"힘써 싸운 자는 모두 잡혔으니 성친이 반드시 면하지 못하였을 것입니다."

중종은 기쁨을 감추지 못하고 또 물었다.

"계본에 '우리 군사는 한 사람도 사상자가 없다' 하였는데, 참으로 그러한가?"

"그렇습니다. 다만 유담년의 군관 내금위 김양필이 왜적의 머리를 자를 때 한 왜적이 불의에 칼로 다리와 등을 찔렀으나 죽지는 않았습니다."

그 말을 듣고 중종은 흡족한 얼굴로 좋아했다.

삼포왜란 중에 조선과 왜구 양측의 피해는 만만치 않았다. 우선 조선 측은 군민 272명이 피살되고 민가 796호가 전소했으며 삼포 주변에 있던 수백 척의 함선이 모두 불타는 한편 관아는 아수라장이 되었다. 왜구의 경우 왜선 5척이 격침되고 295명의 왜군이 참수되거나 죽었다. 그리고 삼포 왜관에 머물던 거류왜인은 모두 재산을 버리고 대마도로 달아나야 했다.

조선과 왜구 양측에 엄청난 피해를 안긴 삼포왜란은 1510년 4월

4일 발발해 4월 19일 왜군이 패퇴하면서 보름 만에 끝났다. 그러나 왜군을 격퇴한 것으로 사태를 완전히 마무리한 것은 아니었다. 삼포 왜란 이후 조선은 삼포를 폐쇄하고 왜인과의 통교를 단절했다. 한데 조선은 불과 2년 뒤인 1512년 임신약조壬申約條를 체결해 다시 왜인과 통교를 허락하고 국교를 재개했다.

사관의 냉정한 평가

《중종실록》을 기록한 한 사관은 삼포왜란의 전체 내용을 다음과 같이 정리해 총평하고 있다. 그 내용이 삼포왜란의 본질과 전개 과정을 잘 정리하고 있다.

> 사신은 논한다. 삼포의 왜노가 점점 만연하여 날이 오래되자 교만하고 사나워 제어하기 어려워서 평시에 진장鎭將이 조금만 제 뜻에 거슬리면 능멸하기를 100가지로 하여, 심지어는 칼을 목에 들이대기까지 하였으니 사람마다 발칙한 환이 있을 것을 알았다.
>
> 부산포첨사 이우증은 경솔하고 무모하여 거왜를 관리하는 데 절도가 없어 한결같이 위력으로만 겁박하고자 하여, 혹 노끈으로 왜인의 머리털을 나무 끝에 매달고 활을 당기어 매단 끈을 쏘기도 하였는데 절도사 유계종이 치계하여 칭찬하니 여러 진이 다투어 본받아서 크게 오랑캐의 마음을 잃었다. 수사 이종의도 공을 바라 거왜로 바다에서 해물 채취하는 자 10여 인을 베어 원망을 돋우고 화를 청했다.
>
> 도둑이 일어나기 하루 전에 왜선이 많이 해변을 범하여 포 사람들이 탐지

하여 보고했는데도 우증이 꾸짖어 보냈고, 초나흗날 새벽에 왜적이 제포·부산포를 나누어 쳐서 적이 장막 밑에 이르러서야 주장이 바야흐로 깨달았다.

첨사 김세균은 기어서 성을 넘다가 적에게 잡혔는데 죽이지는 않았고, 우증은 스스로 몸을 초둔草屯 속에 숨겼다가 적이 찾아내 난도질하였다. 그 아우 우안도 아울러 해를 입었고 두 성의 노소와 진의 군사를 도륙하여 죽이고 드디어 전진하여 웅천·동래 두 고을을 포위했다.

적의 무리가 수천에 불과한데 틈틈이 나와 약탈하여 연기와 불길이 하늘에 넘치니 아전과 군사는 뒤질세라 도망하여 달아나고, 절도사 김석철은 군사를 거느리고 구원하려다 군사가 겨우 수백인 것을 보고 중과부적이라 하여 두려워서 전진하지 못하고 물러가 창원에 보전했다.

초이렛날 웅천현감 한윤이 성을 버리고 도망가니 성이 드디어 함락되었다. 그리하여 하루아침에 적의 차지가 되니 적이 성에 들어가 고을 사람을 겁박하여 창고에 쌓인 것을 배 위로 나르고 날마다 술자리를 크게 베풀고 다시 방비하지 않는데도, 석철은 본래 담략이 없어 난에 임하여 계책이 없고 오직 날마다 조정에 군사를 청할 뿐이었다. 조정 또한 승산이 없어 조당에서 회의할 적에 재상 중에는 화친을 청하여 적을 늦추고자 하는 자도 있었으나 마침내 정토하여 제거하자는 의논을 따라 황형·유담년을 경상 좌·우도의 제치사로 삼았다.

황형은 탐혹으로 실직하고 집에 있는데 문에 나와 팔뚝을 걷어붙이며 큰소리하기를 '나는 가물 때의 나막신 같아서 장마철이나 당해야 쓰일 뿐이다' 했다. 금군으로 정벌에 참여하는 자가 대낮에 겁탈을 행하고, 서울의 나쁜 무리가 기세를 타 간악한 짓을 하는 자가 많았으나 유사가 금하지 못했다. 또 안윤덕에게 자헌의 가자를 주어 경상도 체찰사로 삼았다. 안윤덕이 경박하고 보잘것없어 본래 장수의 재목이 아닌데 명을 듣고 놀라고 두려워하여 날짜를 끌며 출발하지 않다가, 앞에 간 군사의 상황을 기다려 10일이 지난 뒤에 출발했다.

또 유순정을 명하여 도원수로 삼아 군사를 다스리게 하니, 순정이 가기를 꺼리어 아뢰기를 '성희안이 꾀를 좋아하고 결단을 잘합니다' 하고, 희안은 말하기를 '순정이 군사 일을 잘 알고 익히어 그보다 나을 사람이 없습니다' 하니, 상이 그 일에 임하여 서로 미루는 것을 비루하게 여기어 마침내 순정을 명하여 가게 했다.

적이 깨지자 안윤덕이 그때 밀양에 있었는데 이겼다는 말을 듣고 치계하여 승첩을 고했다. 성희안이 경연청에 앉아 있다가 첩서가 마침 이르자 저도 모르게 펄쩍 뛰었다. 첩서에 적을 죽인 것이 대단히 많아 제포 앞 물이 다 붉게 되었다는 말이 있자 희안이 웃으며 '이것은 반드시 김근사가 쓴 것일 것이다' 했다. 근사가 큰소리하기를 '적을 평정하여 큰 공이 있으니 아무리 좋은 옥이라도 마땅하지 않다' 하고 또 박영문에게 비단옷을 구하며 말하기를 '아침저녁으로 이것을 입을 것이니 마땅히 일찍 준비하여야 한다' 하였지만, 조정에서 마침내 논공하여 산계(이름만 있고 직무는 없는 산관의 품계)를 주니 당시 사람들이 '김공이 장만한 옷은 다른 사람에게 주어야 하겠군' 했다.

싸움이 끝나자 왜적의 시체가 낭자했는데 혹 명이 끊어지지 않은 자도 있었다. 무장 소기파가 찬 칼을 빼어 그 가슴을 찌르고 손으로 그 쓸개를 따내어 먹고 손과 얼굴에 피를 바르고 술 마시기를 자약하게 하니 사람들이 '소야차'라 했다.

왜노의 변을 당하여 성희안이 대단히 근심하고 두려워하다가 성공한 것을 다행스럽게 여기어 김석철이 적을 피해 물러난 것과 한윤이 도망하여 패한 것 같은 일을 모두 덮어주어 지워버렸고, 이후에도 경솔히 화친을 허락하여 화근의 씨앗을 만들어놓았다. 대마도에 있는 왜노가 본래 이것을 가지고 통교하는 근거로 삼자는 것인데 조정에서 경솔히 허락한 것이다.

2
다시 시작된 왜구의 발호

—

"국조 이래 태평한 지 수백 년이 되어 백성이 전쟁을 모르다가
갑자기 왜변이 생겼으므로,
각 고을을 지키는 장수들이 풍문만 듣고 도망하여 무너졌다."

다시 문호를 개방한 임신약조

삼포왜란 이후 조선은 왜와 국교를 단절하고 대마도와 통교도 금지
했다. 그러자 물자가 궁핍해져 경제적 어려움을 겪게 된 대마도는 일
본의 아시카가 막부에 중재를 요청했다. 아시카가 막부는 조선에 통
교를 요청하기 위해 두 차례에 걸쳐 사신을 보내 조선과 강화를 시도
했다. 이때 조선 조정은 강화 찬성파와 반대파로 나뉘어 설전을 벌인
끝에 강화를 받아들이기로 했다. 조선이 일본 측의 강화 요청을 받아
들인 데는 네 가지 이유가 있었다. 첫째, 왜와 긴장 관계에 있으면 군
사 방위 시설이 늘어나 방위비 부담이 증가한다. 둘째, 북방의 여진과
대립하는 상황에서 왜와 대립을 지속할 수 없다. 셋째, 일본에서 수입
하던 후추와 구리 등의 물자 부족이 조선 경제에 악영향을 끼친다. 넷
째, 물자가 궁핍해진 대마도가 이전처럼 왜구로 돌변해 약탈을 일삼

을 수 있다.

결국 삼포왜란 발발 후 2년 만에 다시 일본과 통교를 결정한 조선은 1512년 대마도주와 무역 조약을 맺었는데, 이것이 임신약조다.

임신약조는 세종 시절에 맺은 계해약조에 비해 다소 엄격한 제한을 둔 조약이었다. 우선 삼포 중에서 제포만 개항하고 왜인의 포구 거주를 허용하지 않았다. 또 대마도주의 세견선도 종래의 50척에서 25척으로 줄였고 해마다 대마도주에게 내려주던 세사미두도 200석에서 100석으로 줄였다. 여기에다 세견선에 포함하지 않아 숫자 제한 없이 드나들던 특송선 제도도 없애버렸다. 그 밖에 대마도주나 대마도의 대관 혹은 관리에게 허용하던 세사미와 세견선도 허용하지 않았다. 그리고 도주가 보낸 선박이 아닌 배가 가덕도 부근에 정박하면 모두 적선으로 간주해 공격하는 것은 물론, 대마도에서 제포에 이르는 직선 항로 외에 다른 항로를 이용하는 배는 모두 적으로 규정하게 했다. 마지막으로 서울로 오는 왜인도 국왕의 사신 외에는 무기를 소지할 수 없도록 했다.

조약문에 굳이 가덕도를 언급한 것은 그 섬이 제포 직항로에 있고 왜인들이 선박 운항 과정에서 중간 정착지로 이용하던 곳이기 때문이다. 조선 조정의 입장에서는 삼포왜란 때 왜군이 조선의 물자를 약탈해 숨겨둔 곳이라 방비를 강화할 수밖에 없었다. 한데 가덕도의 방비를 강화한 것은 대마도 상인을 매우 불편하게 만들었다. 이처럼 가덕도 이용에 어려움을 겪게 된 왜인들이 그 불만을 표출한 무력 시위가 바로 사량진(경남 통영)왜변이다.

사량진왜변의 전말

1544년(중종 39년) 4월 12일에 발생한 사량진왜변은 《중종실록》 4월 17일 기사에 실려 있다. 이날 경상우병사 김일이 계본을 올렸는데 그 내용은 다음과 같다.

> 4월 12일 인시에 사량진 동쪽 어구에 왜선 20여 척이 돌입해 성을 포위하고 왜인 200여 명이 진의 뒤에서 성을 포위하여 한참 동안 접전했는데, 남쪽 모퉁이 옹성이 무너졌습니다. 이때 만호 유택이 군관을 거느리고 왜인 1명을 쏘아 죽여 머리를 베자 사시에 적 왜들이 후퇴해 도망갔는데 바다가 어두워져 망을 보지 못하여 간 곳을 알 수 없습니다. 수군 1명이 칼에 맞아 죽고 10명은 화살을 맞아 상처를 입었으나 생존했습니다. 왜인들이 버리고 간 것은 활 18, 도자 3, 화살집 10, 갑옷 5, 장창 7, 대환도 1입니다.

이렇게 6시간 동안 벌어진 전투가 사량진왜변의 전말이다. 사량진은 경남 고성 앞바다에 있는 쌍둥이 섬 사량도에 있는 진이었다. 당시 고성에는 사량진과 함께 육지 쪽에 소을비포진, 당포진, 남촌진, 삼천진이 있었다. 이 다섯 개의 수군 진 중에서 사량진만 섬에 있었기에 왜인들이 노린 것이다. 사량진과 소을비포진은 좁은 바다를 사이에 두고 마주 보고 있는데, 이곳을 지나면 창선도의 적량진 수군 진지가 있고 적량진을 지나면 남해도로 이어진다. 사량진은 부산포나 염포, 제포 같은 삼포에 비해 소규모 진채로 왜인들이 이곳을 공격한 것은 삼포 공격에 비하면 작은 소란에 불과했다. 그래서 이 사건을 왜란이 아닌 왜변이라 정의한 것이다.

그렇지만 조선 조정은 사량진왜변에 민감하게 반응했다. 당시 일본은 막부들 간에 일대 내전이 벌어져 전국시대가 이어지면서 대마도와 해안 지역 관리가 제대로 이뤄지지 않았고, 그 탓에 예전처럼 왜구가 발호했기 때문이다. 조선 조정은 이것이 왜구 발호의 신호탄이 될지도 모른다고 판단했다.

김일의 계본을 본 중종은 이런 명을 내렸다.

"요사이 태평한 지 오래인데 서쪽 지방 일은 허술해지지 않았지만 남쪽 지방은 방비가 없으므로 내가 일찍이 근심하였다. 이번 왜적의 기세는 장차 동쪽을 공격하다가 서쪽을 친다 할 것이어서 매우 우려된다. 김일은 마땅히 먼저 벤 왜적의 머리와 노획한 활, 칼 등의 물건을 보내고 사상한 군사의 수효와 교전 상황은 수사 허연과 상세히 치계하는 것이 합당한데, 지금 계본은 단지 이렇게만 되었으니 역시 잘못이다. 또한 사상한 수효가 매우 적으니 이것만이 아닌데도 숨기고 계문하지 않은 것인지 어찌 알겠는가? 이 계본을 시급히 해당 관아에 내려 공사公事로 만들게 하라."

중종의 말인즉 김일의 보고서는 사건의 전후 사정과 군사 관계가 명확하지 않으니 자세히 알아보라는 것이었다. 이에 따라 사량진만호 유택에게 자초지종을 물었는데, 유택이 이렇게 대답했다.

"이달 12일 왜선 20여 척이 동쪽 어구로 갑자기 들어와 성을 포위하였는데, 궁시와 성에 올라가는 기구를 가지고 빙 둘러섰습니다. 이때 군관과 군졸이 포를 쏘고 활도 어지러이 쏘았습니다. 그렇게 인시부터 사시까지 서로 싸웠습니다. 화살을 맞고 죽은 왜인이 20여 인이었는데 모두 끌고 배로 올라갔기 때문에 목을 베지 못하고 단지 한 사람의 목만 베었습니다. 낭자하게 자빠진 왜인은 수를 알 수 없었고 이어 패하여 도망갔으나 바다가 어두워 추격하지 못했습니다. 우리 군사는 죽은 자가 1인이고 부상한 자가 8~9인이었습니다. 성이 포위당했을 때 이웃 진에 위급함을 알렸는데 적량만호 김희장과 소비포권관 금팽조 등이 이날 유시에 늦게 왔습니다. 가배권관 남자용, 당포만호 김준, 고성현령 봉귀달 등은 13일 대낮이 되어서야 왔습니다."

유택의 말을 듣고 그를 심문한 위관들은 유택에게 왜적이 성을 포위하도록 방치한 잘못이 있다며 즉시 직임에서 해임할 것을 요청했다. 중종이 의정부와 육조 대신에게 이 문제를 의논하게 하자 대신들은 논의 끝에 이런 의견을 올렸다.

"왜구들이 갑주나 궁시와 성을 오르는 기구까지 갖췄으니 성을 함락하고 사람을 마구 죽여 크게 독기를 부리려는 뜻이 있었던 것인데, 유택이 갑자기 적변을 만나서도 오히려 능히 성을 굳게 지켜 패배하지 않았습니다. 적을 대비하는 방략은 극진하지 못했던 듯합니다. 그러나 직무를 잘못 수행하지는 않았으니 체직하지 말고 잉임(임기가 다 된 벼슬아치를 그 자리에 그대로 둠)해 남은 군력을 수습하게 하는 것이 군정에 해가 되지 않을 것입니다."

사헌부는 유택이 아닌 그의 상관들의 잘못을 지적하며 사안을 심각하게 몰아갔다.

"요사이 태평한 지 오래라 방비가 허술한데 남쪽 지방이 더욱 심합니다. 이번의 사량진왜변을 보건대 마치 아무도 없는 지경에 들어가듯 성을 포위하였으니 군사들의 실정이 해이해졌음을 알 수 있습니다. 만일 평소에 정탐과 후망 등의 일을 미리 조처했다면 어찌 이런 변이 있겠습니까. 이는 병사와 수사가 군령을 엄히 하지 않은 소치이니 병사 김일과 수사 허연을 추고하여 죄를 다스리소서."

또한 사헌부는 왜구가 나타났으니 요충지인 김해 지역의 역할이 중요하다며 김해부사 남치욱을 다른 사람으로 교체해야 한다고 주장했다. 남치욱은 왜구를 물리칠 만한 무재가 없고 역량도 부족하다는 이유에서였다.

중종은 사헌부의 요청을 받아들여 아뢴 대로 행하라고 지시했다가 김일과 허연의 죄를 다스리는 문제는 일단 사태를 해결한 뒤로 미뤘다. 그리고 혹시 있을지도 모를 왜구의 침입에 대비해 파견할 장수를 뽑고 군사도 조련하라고 덧붙이며 이렇게 말했다.

"대마도주에게 이번에 사량진에서 변방을 침범한 왜인을 잡아 보내도록 하면 거짓으로 꾸미는 짓이 없지 않을 테고 혹은 공로를 내세울 수도 있다. 다만 대마도주는 우리나라에 귀순한 사람이니 이번에 마땅히 서계를 만들어 깨우치기를 '이번에 왜인들이 크게 군사를 일으켜 성을 함락하려는 술책을 부렸는데 네가 도주이면서 어찌 알지 못했겠는가' 하여 엄중한 말로 책한다면 어떻겠는가?"

조정의 중론은 대마도주에게 사태의 책임을 물어 다시 왜인들의 출입을 막자는 것이었다. 조정이 이런 강경론을 내세운 이유는 당시 동지사를 맡고 있던 유인숙의 말에서 엿볼 수 있다.

"요사이 대마도주가 청구하는 모든 것을 여러 차례 물리치고 허락하지 않고 있는데, 신의 생각에는 그들이 필시 먼저 위협적인 행동으로 조정을 위협한 다음 다시 청구하여 기필코 들어주게 하려는 것입니다. 요즘 후하게 접대했는데도 거만하게 국가의 은혜를 이처럼 저버렸으니 신의 생각에는 이 기회에 단호히 거절하면 말이 순탄해지고 왜노들도 자연히 오만한 짓을 못할 것으로 여겨집니다."

조정 대신의 중론은 이번 사건을 빌미로 일단 통교를 단절하고,

대마도주와 왜인의 오만한 태도를 꺾어놓아야 한다는 것이었다. 중종의 생각은 좀 달랐다.

"교린交隣은 한 가지 잘못 때문에 경솔하게 거절할 수 없는 일이다. 내 생각에는 먼저 엄중한 말로 도주에게 타이르기를 '만일 또다시 그 같은 짓을 하면 반드시 용서하지 않고 끊어버리겠다' 하고 서서히 그들이 답하는 것을 보는 것이 어떨까 한다."

결국 중종과 조정 대신이 접점을 찾아 내린 결론은 일본과 통교는 유지하되, 대마도와 통교는 단절한다는 것이었다. 즉, 일본 국왕의 사신이 왕래하는 것은 허락해도 대마도주의 사신은 허용하지 않기로 한 것이다. 대마도와 통교를 중단하는 사유는 대마도주가 왜구의 움직임을 알면서도 침략을 방임했다는 것이다.

을묘왜변을 일으킨 왜구

사량진왜변 이후 조선은 가덕도에 진을 설치해 왜인의 출입을 철저히 통제했다. 대마도주는 사량진왜변을 사죄하며 통교 허용을 간청했고 결국 1544년(중종 39년) 정미약조丁未約條를 맺고 대마도와 통교를 재개했다. 당시 조선과 일본 사이에는 영봉선迎逢船 무역이란 형태의 통교가 이뤄지고 있었다. 영봉선이란 우리나라에 온 일본 국왕의 사신이 돌아갈 때 이를 마중하러 오는 선박을 말하는데, 영봉선을 통한 무역량이 만만치 않았다. 영봉선 무역은 대개 대마도주 휘하의 상인들이 도맡고 있었다. 형식적으로는 대마도와 무역을 하지 않겠다고 천명했으나 실제로 자유롭게 무역이 이뤄지고 있었던 셈이다. 조선은 이러한 현실을 감안해 정미약조를 맺고 다시 왜의 무역을 허용한 것이다.

정미약조에는 몇 가지 측면에서 임신약조보다 더 까다로운 규정이 있었다. 세견선 수를 25척으로 하는 것은 같았지만 세견선 규모는 제한했다. 구체적으로 말하면 25척 중 대선은 9척으로 제한하고 중선과 소선은 각각 8척으로 명문화했다. 그 외에 각 선박의 인원수를 정해놓고 이를 초과하면 거래량을 절반으로 줄이게 했다. 특히 밤에 일반 백성과 접촉하는 것을 금지했다.

물론 이 규정들이 철저하게 지켜진 것은 아니었다. 다만 규정이 생기자 조선 관리들에게 거만하게 굴던 왜인들의 행동이 다소 수그러드는 효과는 있었다.

그 무렵 일본은 커다란 내전을 겪으며 전국시대를 이어갔고 도서 지역까지 관리하기에는 무리가 따랐다. 이로 인해 도서 지역 왜인들은 왜구로 변해 명나라 연안과 조선의 도서 지역을 노략질하기 시작했다. 그 규모는 조선 초에 비해 적은 편이었으나 해가 갈수록 날로 성장해 왜구가 50척이 넘는 선단을 구성해 약탈을 일삼는 지경에 이르렀다. 급기야 그들은 조선의 군대를 공격할 정도로 막강한 힘을 보유했고, 그 대표적인 사건이 1555년 5월 11일에 일어난 을묘왜변乙卯倭變이다.

명종이 을묘왜변을 보고받은 것은 사태 발발 닷새 후인 5월 16일이었다. 이날 전라도 관찰사 김주가 급보를 올렸다.

"5월 11일 왜선 70여 척이 달량포 밖에 정박했다가 이진포와 달량포에서 동쪽과 서쪽으로 나뉘어 육지로 상륙했고 성 아래 민가를 불태운 뒤 드디어 성을 포위했습니다."

달량포는 전남 해남군 북평면에 있는 포구로 왜구는 처음에 달량포 앞바다에 11척의 배를 몰고 와 육지로 상륙했다. 가리포첨사 이세린은 즉각 전라병사 원적에게 이 사실을 알렸고, 원적은 장흥부사 한온과 영암군수 이덕견을 거느리고 달량포로 달려갔다. 그런데 예상보다 적군이 훨씬 많아 순식간에 포위되고 만 것이다. 원적과 한온은 왜구에게 항복해 붙잡혔고 영암군수 이덕견은 풀려났다.

실록은 당시 상황을 이렇게 전하고 있다.

당초 왜선 60여 척이 전라도 달량진 해구에 정박하자 절도사 원적이 군사 200여 명을 거느리고 장흥부사 한온, 영암군수 이덕견과 함께 구원하러 들어갔는데 왜적들이 거짓으로 피해 도망치자 원적이 드디어 성으로 들어가 지키며 방어했다.

적의 무리가 크게 몰려와 성을 포위한 지 3일이 되니 원적은 구원할 군사는 오지 않고 양식도 장차 다 떨어져가므로 군사를 시켜 성에 올라가 화친을 청하게 했다. 이에 적들이 사세가 약함을 알아차리고 더욱 급박하게 포위해 드디어 성이 함락되었다. 왜적은 원적의 머리를 베고 군사들도 남김없이 살해했으며 한온 또한 죽었다. 이덕견은 애걸해서 살아 돌아왔는데 도적들이 그 편에 글을 부쳐 '바로 서울을 범하겠다'는 모욕적인 말까지 했다.

전라도 병마절도사 휘하의 군대가 완전히 붕괴되자 왜구는 어란포와 장흥, 강진, 진도 등지로 이동하며 약탈과 살인을 자행했다. 이에 조정은 형조판서 이준경을 전라도 도순찰사로 파견하고, 김경석과 남치훈을 좌·우도 방어사로 임명해 왜구 토벌전에 나섰다.

가까스로 격퇴에 성공한 조선군

이준경은 전라도 도순찰사로 파견을 나가면서 명종에게 이런 말을 올렸다.

"신이 지금 전라도 도순찰사가 되었습니다만 신은 일찍이 그 도에 가보지 않아 지형이 험한지 평탄한지, 도로가 넓은지 좁은지 하나도 알지 못합니다. 더욱이 해마다 흉년이 들어 창고가 비었을 것이므로 군량이 모자라지는 않을지 걱정스럽습니다. 또 군관에 합당한 사람이 부족하니 상중에 있는 사람도 스스로 가려서 데려가고, 무신 중에서도 충군充軍으로 다시 쓸 수 있도록 해주소서. 예전에도 기복하여 종군하는 예가 있었으니 결점을 탓하지 않고 허물을 씻게 하는 길이 오늘날에도 있어야 합니다. 다만 아래서 함부로 할 수 없기에 감히 아룁니다."

명종이 대답했다.

"무릇 조치의 합당함이 오로지 경에게 달렸으니 경이 요량해서 처리하라. 죄를 지은 사람들은 이미 징계했을 것이니 경이 병조와 함께 의논하여 서계하는 것이 좋겠다."

떠나기 전에 이준경은 이렇게 덧붙였다.

"비록 원적이 이미 포위되긴 했습니다만 만일 성을 의지해 굳게 지키면 쉽사리 함락되지는 않을 것입니다. 다만 침범한 왜선이 70여 척에 이르는데도 끝내 알지 못하고 있다가 포위당하였으니 이는 조심해서 망보지 않은 탓으로 한심스러운 일입니다."

이준경은 전라도로 떠났고 이후 왜구의 약탈이 이어지는 가운데 5월 29일 그나마 낭보가 하나 날아들었다. 전주부윤 이윤경과 우도 방어사 김경석 휘하 부대원들이 영암에서 왜구와 접전을 벌여 100여 명의 목을 베었다는 보고였다. 다음 날 명종은 김경석이 보낸 군관 남정을 불러 교전 상황을 상세히 보고하라고 했다. 이에 남정이 그 내용을 세세하게 아뢰었다.

남정의 말을 모두 듣고 명종이 말했다.

"왜구는 날로 번성하는데 싸움에 이겼다는 소식은 들을 수가 없었다. 비록 이번에 참획한 것이 조금 있긴 하다만 국가의 수치는 조금도 씻지 못했으니 순찰사와 방어사, 병사에게 말해 다시 더욱더 잘 조치하여 기어코 모두 섬멸하도록 하라."

그 말을 듣고 있던 좌승지 이탁이 아뢰었다.

"신이 그곳의 지형은 알지 못합니다. 그러나 지금 남정의 말을 듣고 병가의 일로 헤아려보면 왜적들이 후퇴하여 돌아가는 참이 기회를 탈 순간이니 만일 우리 군사들이 힘을 합쳐 공격한다면 섬멸할 수 있을 것입니다. 우리 군사들이 바야흐로 작천에 진을 치고 있다고 하니, 만일 왜적들이 내지로 들어와 배로 돌아가지 못하게 한다면 모조리 잡을 수 있을 것입니다."

이탁은 이렇게 덧붙였다.

"왜놈들이 달량을 함락한 뒤부터 우리나라를 만만하게 여겨 사방으로 분산하여 들어왔습니다. 영암에서 이긴 것을 기회로 삼아야 할 터인데, 돌아가는 길을 끊어버리지 못하면 잡지 못할 수도 있습니다."

이탁의 예상이 맞았다. 왜구들은 조선이 병력을 증원하고 있음을 눈치 채고 이내 선단을 이끌고 달아나버렸다. 이와 관련해 당시 사관은 비판의 글을 남기고 있다.

사신은 논한다. 국조 이래 태평한 지 수백 년이 되어 백성이 전쟁을 모르다가 갑자기 이번의 달량왜변이 생겼으므로 각 고을을 지키는 장수들이 풍문만 듣고 도망쳐 무너지니, 적들의 기세가 날로 치열해지면서 중외가 크게 진동했다. 조정이 형조판서 이준경을 전라도 도순찰사로 삼아 시위병과 도성에서 뽑은 용맹스럽고 힘 있는 군사를 모두 거느리고 가게 했다. 그러나 나주에 진을 치고 있으면서 왜적의 무리가 나주 지경까지 마구 들어와도 오히려 두려워하여 움츠리고 나가지 않았다. 이준경은 평소 명망이 있었으므로 조정이 그를 믿어 중시하는 바이었는데 갑자기 소소한 도적을 만나자 조처가 이러하였으므로 사민들이 실망하지 않는 이가 없었다.

나중에 사헌부에서 이준경을 탄핵해 관작 삭탈을 건의했으나 명종은 이렇게 답했다.

"왜구들이 멋대로 도적질한 지 한 달이 되어가도 이준경이 방략을 세워 조치하는 것이 없었으니 대간이 아뢴 바가 마땅하다. 그러나 자급을 삭탈하는 것은 지나치니 준엄한 말로 문책하는 것이 옳겠다."

곧 명종은 을묘왜변의 책임을 물어 대마도와 통교를 끊으려 했다. 그러나 대마도주 종의주가 달량진을 공격한 왜구의 목을 바치며 통교를 풀어줄 것을 요청하자 마지못해 물러섰다.

이후로도 왜구의 준동은 이어졌다. 비록 을묘왜변 같은 대대적인 침탈은 없었으나 임진왜란 때까지 해안 지대 약탈이 끊이지 않았다.

4부

일본의
조선 침략
–
임진왜란

1
도요토미 히데요시
—

"내가 직접 군대를 이끌고 조선에 들어가 명의 북경을 점령하려 한다.
명의 땅을 나눠 공이 있는 그대들에게 나눠줄 것이니,
좋은 일이 아닌가? 협조하겠는가?"

귀족의 시대에서 무사의 시대로

일본은 국호를 왜에서 일본으로 변경한 670년 이후 천황의 중앙집
권적 권력 구조를 유지하고 있었다. 하지만 이른바 쇼군으로 통칭하
는 무사 미나모토노 요리토모가 권력을 장악하면서 천황은 유명무실
한 존재로 전락했다. 요리토모는 가마쿠라에 막부를 설치해 군사, 행
정, 사법 기능을 장악함으로써 막부를 국정의 최고기관으로 만들었다.
당시 막부는 각 지역의 구니國에 일종의 총독 역할을 하는 슈고守護들
을 파견하는 한편, 지역 분할에 따른 영지를 관리하기 위해 지토地頭
를 임명해 전국적인 지배 조직을 확립했다. 다시 말해 일본 조정은 막
부 휘하로 들어가고 막부의 우두머리 쇼군이 각 지역에 슈고와 지토
를 임명해 중앙집권적 권력 체제를 만든 것이다. 그 후로 일본은 쇼군
의 지배 아래 놓였다.

막부의 최고 권력자 쇼군은 원래 정이대장군에서 유래했다. 정이
대장군은 동쪽 오랑캐 정벌을 위한 대장군이라는 뜻인데, 이는 일본
조정이 8세기경 동북부의 아이누족을 정벌하고자 만든 직책이었다.
초기에 정이대장군은 천황 휘하의 대장군 중 하나에 불과했으나 점차
군벌의 힘이 강해지면서 유일한 쇼군으로 부상했고 결국 권력을 모두
장악하기에 이르렀다.

쇼군이 권력의 중심이 된 계기는 12세기 중반에 일어난 천황 계
승권 다툼에 있다. 당시 일본은 자리에서 물러난 천황은 상황이 되고,
상황이 불교에 귀의할 경우 법황이 되는 구조였다. 그런데 천황에서
물러난 도바 법황이 그의 장남 스토쿠 상황과 황태자 책봉을 둘러싸
고 심한 갈등을 겪었다. 스토쿠 상황은 천황 시절 자신의 아들을 황태
자로 세우려 하였으나, 도바 법황은 스토쿠의 동생을 황태자로 삼고
스토쿠 상황을 물러나게 한 뒤 그를 천황으로 세웠다. 그가 곧 고시라
카와 천황이다. 이 사건 이후 스토쿠는 아버지 도바 법황에게 심한 적
대감을 품었다. 그러다가 도바 법황이 죽자 스토쿠 상황은 군대를 일
으켜 동생 고시라카와의 황궁을 무너뜨리려 했다. 이를 눈치 챈 고시
라카와 천황은 선제공격을 감행해 스토쿠 상황이 머물던 시라카와 궁
을 불사르고 스토쿠 상황을 체포해 유배를 보냈다.

1156년 7월 11일 교토 헤이안에서 일어난 이 사건을 '호겐의 난保
元の乱'이라 하는데, 이후 조정은 순식간에 고시라카와 천황 휘하의 무
장들이 장악했다. 이때 그 무장들을 이끌던 장수 중 하나가 가마쿠라
막부를 연 요리토모의 아버지 요시토모였다.

호겐의 난을 진압하는 데 가장 공이 컸던 요시토모는 논공행상 과
정에서 함께 진압에 가담한 다이라 기요모리에 비해 형편없는 포상을

받았고, 이에 불만을 품은 요시토모는 또 다른 무장 세력인 노부요리와 함께 기회를 엿보다 기요모리가 궁궐을 비운 틈을 타 난을 일으켰다. 이때 그는 스토쿠 상황과 니조 천황을 모두 궁궐에 유폐했다. 이 소식을 들은 기요모리는 군대를 이끌고 공격해 궁성을 되찾은 뒤 요시토모를 죽였다. 죽음을 면한 요시토모의 아들 요리토모는 13세의 어린 나이에 유배를 떠나야 했다.

이 사건을 '헤이지의 난平治の亂'이라 하는데 그 후 무장의 힘은 더욱 강해졌다. 특히 기요모리를 중심으로 한 다이라 가문의 힘이 막강해졌고 이들은 황실을 능가하는 세력을 기반으로 횡포를 일삼았다. 그 가문을 무너뜨린 존재가 바로 13세에 유배되어 재기를 엿보던 요시토모의 아들 요리토모다. 아버지의 원한을 갚고 쇼군이 된 요리토모는 1185년 가마쿠라 막부 시대를 열었다.

이로써 귀족 시대의 막이 내린 일본은 무사 시대로 전환했고, 1868년 메이지 유신이 일어날 때까지 무려 700년 가까이 무사 시대를 이어갔다.

군웅할거의 전국시대

가마쿠라 막부가 들어선 뒤 막부는 미나모토노 가문이 쇼군의 자리를 차지해 권력을 유지했으나, 그것은 불과 3대에 그쳤고 쇼군의 자리는 후지와라 가문과 황족이 차지했다. 또한 비록 쇼군의 자리에 오르지는 못했으나 호조 가문이 실권을 쥐기도 했다. 그 과정에서 몽골군의 침입을 받아 막부의 위상이 크게 흔들리기도 했고 반대로 막부 휘하에 있던 지방의 총독 격인 슈고와 지토의 힘이 강화되었다. 그리고 1333년 4월 가마쿠라 막부를 타도하려는 세력이 일어나 그해 6월 초 결국 가마쿠라 막부를 무너뜨렸다.

가마쿠라 막부가 무너진 뒤 새로운 막부를 구성한 인물이 아시카가 다다요시다. 그는 무로마치 막부로 새로운 시대를 열었는데 1336년부터 1573년까지 약 240년간 이어졌다. 무로마치 시대에는 일본이 남과 북으로 나뉘어 천황이 둘이나 존재하는 남북조 시대가 등장하기도 했다. 그러나 무로마치 막부는 약 60년 만에 남조를 무너뜨려(1392년) 남북조 시대를 마감하고 일본을 다시 통일했다. 남조를 무너뜨리고 남북조 시대를 끝낸 인물은 제3대 쇼군 아시카가 요시미츠다. 그 후 무로마치 막부는 약 50년간 전성기를 누렸으나 1467년 '오닌의 난應仁の亂'이 일어나면서 내리막길을 걷기 시작했다.

오닌의 난은 이른바 다이묘大名(영주)들의 급격한 성장을 유발했다. 쇼군 아시카가 재임기에 일어난 오닌의 난은 쇼군의 보좌역인 간레이管領 호소카와 가쓰모토와 혼슈 서부의 막강한 영주 야마나 모치토요의 대립에서 비롯되었다. 두 가문의 대립으로 교토의 무로마치 막부의 위상은 땅에 떨어졌고 다이묘로 불리는 지방 영주들이 서로 이권을 다투며 엄청난 피바람을 일으켰다. 결국 일본 전역은 군웅이 할거하는 전국시대로 돌입했고 그 과정에서 다이묘들의 힘이 막강해졌다.

다이묘란 막부 성립 당시 일본 국토를 여러 사유지로 분할하는 과정에서 지역의 지배권을 행사하던 무사의 우두머리를 지칭한다. 다이묘라는 용어 자체는 지방 영주들이 큰大 땅을 소유하고 그 소유지에 자신의 이름名을 붙인 데서 유래했다.

초창기에 다이묘는 주로 슈고를 부르는 명칭이었다. 슈고는 지방 관할을 위해 중앙에서 파견한 관리였으나 이들이 점차 지방에 영지를 확보하면서 '슈고 다이묘'라 부르기 시작했다. 그러다 무로마치 막부가 힘을 잃고 쇼군이 유명무실한 존재로 전락하자 각지의 무사 세력이 영토 싸움을 벌여 영지를 확대했고, 그 결과 전국시대의 다이묘들이 등장했다. 이들을 '센고쿠戰國 다이묘'라 일컫는데 흔히 다이묘라 하면 센고쿠 다이묘를 말한다.

오닌의 난 이후 센고쿠 다이묘들이 영지 확대 전쟁을 벌인 시기가 약 100년간 이어졌고 이것이 곧 일본의 전국시대다.

일본의 전국시대에 이른바 '조총'으로 불리는 철포가 전해졌다. 1543년 포르투갈 상인들이 탄 배가 난파되어 표류하다가 규슈 남쪽 다네가섬에 정박했는데, 그들이 그곳 도주 도키타카에게 철포 두 자루를 전해준 것이다. 시간이 흐르면서 철포는 일본 열도 전체에 퍼져갔고 이는 일본의 전쟁 양상을 크게 바꿔놓았다. 각 지역 영주들은 앞다퉈 철포 부대를 창설했는데 철포 부대의 수와 질에 따라 전쟁의 승패가 갈렸다. 일본의 전국시대는 철포 전쟁의 시대였다고 할 수 있다.

일본 다이묘들이 철포 부대를 확대한 배경에는 목면 수입이 있었다. 철포의 점화용 심지로 쓰이는 목면은 철포와 불가분의 관계에 있다. 일본에 목면이 전래된 것은 15세기였고 특히 조선에서 수입한 무명이 목면 열풍을 일으켰다. 목면으로 만든 무명이 군복용으로 크게 각광을 받으면서 일본은 1492년부터 목면을 재배하기 시작했다. 이어 조총이 등장하자 목면은 조총의 점화용 심지로 쓰였다.

철포 전쟁이나 다름없는 일본의 전국시대를 종식한 인물은 당시 가장 강력한 세력을 이룬 오다 노부나가의 수하 도요토미 히데요시다.

일본 열도 통일

약 100년간 이어진 일본의 전국시대를 종식하고 일본 열도를 통일할 야망을 품은 대표적인 다이묘는 오다 노부나가였다. 노부나가는 슈고인 시바 가문의 가신 출신으로 아버지 오다 노부히데 시절부터 슈고 대리인 역할을 하다가 오하리국 남부의 기요스성을 지배하는 성주가 되었다. 노부나가는 이미 2세 때 기요스성의 성주 자리를 물려받았고 늘 전국 통일의 야망을 품고 있다가 34세가 된 1568년 교토에 입성해 전국 통일의 기반을 닦았다. 이후 10여 년 동안 통일 작업을 지속한 노부나가는 그것을 거의 마무리할 즈음인 1582년 6월 2일 믿고 의지하던 가신 아케치 미쓰히데의 습격을 받았다. 결국 미쓰히데의 군대를 물리치지 못한 그는 자결로 생을 마감했다.

그때 오다 노부나가의 수하 장수 도요토미 히데요시는 다카마쓰성을 공략하고 있었다. 노부나가에게 원군을 요청해둔 상황에서 갑자기 주군의 부고가 전해지자, 히데요시는 일단 다카마쓰성에 화의를 요청한 뒤 군대를 이끌고 교토로 향했다. 그리고 11일 만에 미쓰히데의 군대를 물리치고 교토를 장악함으로써 그는 교토의 새로운 권력자로 부상했다.

히데요시는 노부나가를 이어 일본 열도 통일 작업에 박차를 가했다. 그는 노부나가의 어린 장손 산보시를 오다 가문의 후계자로 추대하고 자신의 권력을 확대해갔다. 그러자 노부나가의 3남 노부타카를 비롯한 시바타 가쓰이에 등이 히데요시의 야망을 눈치 채고 그와 대치했다. 결국 히데요시와 가쓰이에는 건곤일척의 싸움을 벌였고 비와호 북쪽의 시즈가타케에서 대혈투를 벌인 끝에 히데요시가 승리했다.

숙적 가쓰이에를 제거한 히데요시는 노부타카에게 자결을 명했다.

그 후 그는 전략 요충지인 오사카성을 쌓아 주변 세력을 무너뜨리고 전국을 호령했다. 또한 그는 내대신과 관백을 거쳐 1586년 태정대신이 되어 명실공히 최고의 권력자로 올라섰다.

교토의 최고 권력자가 된 히데요시는 계속해서 통일 작업에 몰두했다. 1587년 직접 20만 대군을 이끌고 규슈를 정벌한 그는 1589년 21만 대군을 동원해 간토의 고호조 가문을 제압했다. 이로써 히데요시는 마침내 통일 작업을 완수했는데 당시 나이가 53세였다.

100여 년간 이어진 전국시대를 종식한 히데요시는 원래 평민 출신이었다. 그의 아버지 기노시타 야에몬은 나카무라(지금의 나고야)의 가난한 농민이었지만, 히데요시는 농민의 삶을 거부하고 소년 시절에 오다 노부나가의 심부름꾼으로 들어가 성실성을 인정받으면서 무사로 발탁되었다. 이후 여러 전쟁에서 공을 세운 그는 노부나가의 신임을 얻었고 노부나가가 사망할 무렵에는 오다 가문의 장수들 중 가장 유력한 인물이 되었다. 그러다가 우여곡절 끝에 노부나가의 권력을 이어받아 통일 대업을 완수한 것이다.

통일 이후 히데요시는 토지 조사 사업을 실시하고 무기 소유를 금지해 경제력과 군사력을 강화했다. 또한 화폐를 금은으로 제조해 상업 발전의 기반을 조성했으며 무사와 농민을 엄격히 구분해서 지배력을 강화하는 한편, 규슈 지역에 널리 퍼져 있던 천주교를 금지하고 봉건질서를 구축했다.

이 일련의 정책은 병농분리로 봉건질서를 강화하는 데 목표가 있었다. 그 과정에서 수많은 사람이 토지를 몰수당하는 바람에 불만을 품은 다이묘들이 늘어났다. 히데요시는 불만을 잠재우기 위해 해외 원정으로 영지 확대를 꾀했는데 이는 곧 조선 침략으로 이어졌다.

히데요시의 조선 침략 배경

비록 전국시대를 종식하고 일본을 통일했지만 히데요시의 통일에는 다소 불안한 면이 있었다. 도쿠가와 이에야스 같은 거대 다이묘들은 겉으로는 히데요시에게 충성했으나 실제로는 독자적인 세력을 형성하고 있었다. 각 지역의 중소 다이묘 역시 틈만 나면 세력을 확대할 기회를 엿보고 있었다. 그들은 단지 두려움 때문에 복종하는 것이었고 진정 수하가 되고자 하는 게 아니었다. 이런 상황을 잘 알고 있던 히데요시는 통일 후 곧바로 새로운 기치를 내걸었다. 통일의 기세를 주변으로 확대해 대만과 조선, 중국은 물론 세계를 정벌하겠다는 다소 허황된 계획을 선포한 것이다.

히데요시 휘하의 다이묘들은 그가 실제로 주변 국가를 정벌할 것이라고 생각하지 않았다. 단지 다이묘의 힘을 하나로 모아 그들의 군사력을 빼앗고 중앙집권적 체제를 형성하기 위한 하나의 방편으로 보았을 뿐이다.

히데요시의 생각은 달랐다. 그는 단순히 엄포용으로 외국 정벌을 운운한 게 아니었다. 1591년 8월 그는 실제로 조선 정벌을 결정하고 군대를 개편했다. 이때 다이묘들은 히데요시가 이상하다는 말을 하면서도 반대하면 혹시 목숨이 달아날까 두려워 아무도 반대 의견을 제기하지 않았다. 다이묘들 중에는 출병을 꺼려 반란을 일으키려 한 자들도 있었지만 서로가 믿지 못하는 상황이라 실행하지는 않았다는 후

문도 있다.

　대다수 백성도 히데요시의 조선 정벌에 찬성하지 않았다. 100여 년의 전국시대를 이제 막 끝냈는데 또다시 전쟁을 치르는 것을 좋아할 백성은 없었다. 특히 일본의 부녀자들은 전장으로 떠난 남편이 돌아오지 못할 것을 원망하며 히데요시가 미쳤다고 말할 정도였다. 심지어 조선 정벌 중에 구마모토에서 반란이 일어나 전국에서 히데요시를 타도하기 위한 전쟁이 일어났다는 소문이 돌았을 때 백성들은 기뻐 날뛰었다. 하지만 평민은 속마음을 노골적으로 드러낼 만큼 용기를 낼 처지가 아니었다. 다이묘조차 목숨이 달아날까 두려워하며 히데요시에게 직언하지 못하는 상황에서 어찌 감히 평민이 그런 말을 입 밖에 낼 수 있겠는가.

　일본의 대다수 다이묘와 평민이 전쟁에 반대했으나 노골적으로 반대 의사를 드러내는 세력은 없었다. 반면 히데요시에게 전쟁을 부추기는 자들이 있었다. 특히 삼포왜란 이후 조선과 무역에서 크게 이권이 줄어든 대마도주와 규슈 지역 무역상들은 히데요시를 이용해 조선을 압박함으로써 잃은 이권을 되찾으려는 열망이 강했다.

　당시 대마도주는 소 요시토시로 그는 상인 출신의 무장이자, 임진 왜란 때 침략군의 제1군 선봉장을 맡은 고니시 유키나가의 사위였다. 히데요시가 고니시에게 제1군을 맡긴 것만 봐도 소 요시토시가 히데요시에게 조선 침략을 충동질했다는 설은 설득력이 있다.

　사실 소 요시토시나 그의 장인 고니시는 조선을 잘 알고 있었다. 이들은 전국시대를 끝낸 일본의 군대라면 조선은 물론 명까지 정벌할 수 있을 것으로 판단했을 것이다. 이들은 고려 말 이후 왜구들을 파견해 조선과 명의 전쟁 수행 능력을 충분히 간파해둔 상태였다. 조선은 내전으로 단련된 일본의 20만 병력을 상대할 만한 여력이 없는 나라고, 명도 신무기 조총으로 무장한 일본군을 쉽게 막아낼 수 없으리라는 게 이들의 판단이었다. 설령 명을 정벌하지는 못해도 일본의 군력이라면 조선을 정벌하거나 조선의 일부를 차지할 수 있으리라고 보았을 것이다.

일설에는 고니시가 조선과 무역을 고려해 히데요시에게 조선을 침략하지 말라고 설득했다는 주장도 있으나 이는 당시의 현실에 맞지 않는 내용이다. 그 시절 일본 정가의 분위기는 히데요시의 말에 토를 달거나 반대 의사를 표시하는 것만으로도 목이 달아나는 상황이었다. 심지어 도쿠가와 이에야스 같이 힘이 있는 다이묘조차 히데요시의 조선 침략 계획에 토를 달지 못했다. 그런 분위기 속에서 고니시처럼 힘 없는 다이묘가 히데요시에게 조선 침략을 만류하는 말을 했을 가능성은 없다. 오히려 고니시는 히데요시에게 충성하는 모습을 보이기 위해 조선 침략을 권유하거나 자신이 앞장서겠다고 말했을 가능성이 크다. 실제로 고니시는 조선 침략군의 제1군 장수였다.

많은 일본 학자가 왜 히데요시가 조선 정벌을 감행했는지 이해가 가지 않는다고 하지만 이는 어디까지나 조선 정벌 전쟁이 실패로 돌아갔기에 나온 말이다. 만약 히데요시가 조선을 정벌하고 명의 일부 땅까지 장악했다면 그들은 히데요시의 과단성과 야망에 칭찬 일색의 말을 늘어놓았을 것이다.

사실 히데요시의 입장에서 조선 정벌은 손해 볼 것이 없는 장사였다. 그는 어떻게 해서든 전국시대를 거치며 갖춰진 다이묘들의 군사력과 패권 의식을 소진해야 한다고 판단했다. 100년 이상 전국시대를 거친 그 시절의 일본은 정국을 주도하는 권력에 조금이라도 균열이 생기면 어제의 상관도 가차 없이 공격해 죽이는 의리 없고 냉정한 사회였다. 만약 다이묘들의 패권 의식과 관성적인 전쟁 욕구를 소진하지 않으면 어느 순간 히데요시의 목이 수하의 칼날에 날아갈지 모를 일이었다.

오다 노부나가의 죽음을 통해 히데요시는 그 점을 잘 알고 있었다. 히데요시가 다이묘들의 패권 의식과 전쟁 욕구를 잠재우려 선택한 가장 현실적이고 효과적인 수단이 조선 정벌 전쟁이다. 전쟁의 승패와 상관없이 전쟁이 끝나면 다이묘에 대한 지배력 강화라는 소기의 목적을 달성할 수 있었기 때문이다. 조선을 정벌해 비옥한 농토를 늘리면 줄어든 농토 때문에 불만을 보이는 휘하의 다이묘들을 제어하고 충성심을 높일 수 있다는 판단도 한몫했을 것이다. 나아가 히데요시는 조선을 제압하고 요동으로 진출해 중국 대륙의 일부를 장악할 경우 세계를 지배하는 대제국을 건설할 수 있다는 헛된 꿈까지 꾸고 있었다.

그러니 그가 조선 정벌을 감행하지 않을 이유가 없었다. 정리하자면 히데요시는 조선 침략으로 다이묘들의 전력을 하나로 모아 중앙집권력을 강화하는 한편, 조선의 영토를 차지해 농토를 확대하고 명을 발판으로 세계를 지배하는 대업을 이룰 꿈을 꾸었다. 그의 머릿속에서 조선 정벌이야말로 일석삼조의 전략이라는 생각이 떠났을 리가 없다. 결국 히데요시는 대다수가 미친 짓이라고 생각하던 조선 정벌을 실행에 옮겼다.

실제로 히데요시의 판단 중 적어도 하나는 적중했다. 조선 침략으로 다이묘들의 전력을 하나로 모아 중앙집권력을 강화하면 그것이 정국 안정으로 이어질 거라는 예측만큼은 정확했다. 히데요시의 계산대로 일본은 조선 정벌 전쟁 이후 250년 이상 안정적인 막부 정치를 구가했다. 다만 그 막부의 수장이 도요토미 가문이 아니라 도쿠가와 가문이라는 것은 히데요시도 예측하지 못했을 가능성이 크다.

정벌에 나서는 일본군

1591년 8월 히데요시는 오사카성에 수하들을 모아놓고 말했다.

"그대들의 노고 덕분에 나라를 통일했다. 그러나 아직 부끄럽게도 우리는 명을 정복하지 못했다. 국내 정치는 히데쓰구(히데요시의 조카)에게 맡기고 내가 직접 군대를 이끌고 조선에 들어가 일본군의 향도를 앞세워 명의 북경으로 들어가 점령하려 한다. 명의 땅을 나눠 공이 있는 그대들에게 나눠줄 것이니 좋은 일이 아닌가? 협조하겠는가?"

히데요시의 이 말에 반대할 다이묘는 없었다. 9월 15일 대대적인 출병식을 거행하고 축하연까지 이어졌다. 그런 다음 나고야에 조선 정벌을 위한 대본영을 마련했다.

히데요시는 각 지역 다이묘에게 조선 정벌에 쓸 선박 건조를 명령했고 영주들은 할당받은 선박을 건조하느라 수하들을 재촉했다. 영주별로 동원할 군사 수도 배정했다. 그리고 개인마다 자신이 먹을 미곡을 30킬로그램씩 준비하게 했다. 나머지 군량은 조선의 곡창 지대를 차지해 마련한다는 전략이었다.

한데 수천 척의 선박을 급조하다 보니 질이 떨어졌고 강한 파도가 덮치면 그대로 부서지기 일쑤였다. 그래도 정벌 준비는 신속하게 이뤄졌다.

여기에 동원한 총 병력은 30만 7천 명으로 그중 예비병 13만 9,750명을 뺀 나머지 16만 7,250명이 조선으로 출병했다. 구키 요시타카가 지휘한 수군 8,450명을 제외하면 육군은 15만 8,800명이었다. 이들 외에 병력을 지원하는 목수, 미장이, 대장장이, 사공, 깃대잡이 같은 민간인이 더해졌다.

15만 8,800명의 육군은 제9군으로 편성했다. 제1군은 고니시 유키나가가 이끄는 병력 1만 8,700명으로 선봉 부대였고, 제2군은 가토 기요마사가 이끄는 병력 2만 800명으로 역시 선봉 부대였다. 히데요시는 두 부대를 모두 선봉 부대로 삼으면서 선봉장은 고니시와 가토가 하루씩 번갈아가면서 하라는 이상한 명령을 내렸다. 고니시와 가토가 서로 사이가 좋지 않아 선봉장을 양보하지 않자 히데요시가 절충안을 내놓은 것이다. 사실 이들의 공격 행로가 서로 달라 선봉 부대 개념은 그다지 의미가 없었다. 히데요시도 이 점을 간파하고 두 장수 모두에게 선봉장의 임무를 맡기는 형식을 취한 것으로 보인다.

제3군은 구로다 나가마사의 군대로 병력은 1만 2천 명이었고, 제4군은 시마즈 요시히로의 군대로 1만 5천 명이었다. 제5군은 후쿠시마 마사노리의 부대로 병력 2만 4,700명이었고, 제6군은 고바야카와 다카카게의 병력 1만 5,700명이었다. 제7군은 모리 데루모토의 군대로 3만 명이었다. 제8군은 우키타 히데이에의 군대로 1만 명이었으며 제9군은 하시바 히데카쓰가 이끄는 병력 1만 1,500명이었다.

노골적인 침략 야욕

—

"조선의 창 자루는 아주 짧구나!"

조선에 통신사를 요구하는 히데요시

조선 침략에 앞서 히데요시는 1586년(선조 19년) 조선에 사신을 보냈다. 조선에 사신으로 온 자는 다치바나 야스히로로 그는 히데요시의 편지를 가져왔는데 태도가 몹시 거만했다. 유성룡은《징비록》에 이런 기록을 남겼다.

사신으로 온 야스히로는 믿는 구석이 있는지 거만하기 이를 데 없었다. 그는 오랫동안 대마도에 있으면서 우리나라에 드나들던 자였다. 나이는 쉰 살이 넘었고 덩치가 크며 수염과 머리가 희끗희끗했다. 그는 다른 일본인과 달리 늘 가장 좋아하는 객사에서 가장 좋아하는 방에 묵으며 거드름을 피워대 사람들이 이상하게 생각했다.

당시 야스히로는 일본의 군사력을 믿고 매우 거만하게 행동했다. 심지어 그는 길가에 늘어선 조선 병사들을 흘겨보며 이렇게 말하기도 했다.

"조선의 창 자루는 아주 짧군."

이는 창 자루가 긴 일본 창에 비해 조선 창이 형편없다는 뜻이었다. 또한 그는 경상도 상주에서 상주목사 송응형과 연회를 즐겼는데, 송응형의 늙은 모습과 흰머리를 보고 무안을 주었다.

"나는 오랫동안 전쟁을 하느라 머리와 수염이 다 희어졌소이다. 사또께서는 어여쁜 기생 틈에서 놀며 걱정 없이 지냈을 텐데 나보다 머리가 더 희니 어찌된 일입니까?"

서울로 올라온 야스히로는 예조에서 열어준 환영 연회에 참석했는데, 그 자리에서 술에 취한 척하며 주머니를 풀어 후추를 바닥에 떨어뜨렸다. 조선에서 후추는 값비싼 향료였기에 노래하던 기생과 연주를 맡은 악공들이 서로 후추를 차지하려 다투느라 연회장이 난장판이 되었다. 그 모습을 보고 야스히로가 비아냥거렸다.

"너희 나라는 이제 망했다. 나라의 질서와 사람들의 태도가 이리 엉망이니 어찌 망하지 않겠는가?"

야스히로는 일본에 통신사를 보내달라는 내용을 담은 히데요시의 서찰을 조선 조정에 전하고 돌아갔다. 조선 조정은 통신사를 보내지 않았고 바닷길을 잘 몰라 일본으로 통신사를 보낼 수 없다는 핑계를 대는 글을 보냈다. 야스히로가 아무런 성과 없이 빈손으로 돌아오자 몹시 분개한 히데요시는 야스히로는 물론 그의 가족까지 죽여버렸다.

1588년 히데요시는 다시 사신을 보냈다. 이번에 사신으로 온 자는 대마도주 소 요시토시였다. 그가 가져온 히데요시의 편지에는 이런 말이 있었다.

"요시토시는 쓰시마 도주의 아들로 바닷길을 잘 아니 그를 따라오시오."

바닷길을 잘 몰라 갈 수 없다는 조선의 핑계를 미연에 방지하기 위한 대목이었다. 여기에다 소 요시토시는 통신사를 파견하지 않으면 자신도 돌아갈 수 없다며 완강하게 버텼다. 조선 조정은 이렇게 핑계를 대며 통신사 파견을 거부했다.

"지난번에 왜구들이 손죽도를 침범해 우리 백성을 약탈한 적 있는데, 이때 왜구와 한패가 된 조선인들이 있었다. 그들이 일본으로 달아났는데 만약 그들을 잡아 보내주면 통신사를 파견하겠다."

소 요시토시는 즉각 수하들에게 명령해 그들을 잡아오게 했고 두 달쯤 뒤 그들이 잡혀왔다. 선조는 그들을 처형하고도 쉽사리 통신사 파견을 허락하지 않았다. 조정 내부에서 여전히 통신사 파견 문제를 두고 갑론을박이 심해 결론을 내리지 못했기 때문이다. 결국 유성룡, 변협 등이 나서서 통신사를 파견해야 한다고 선조를 설득한 끝에 통신사를 파견하기로 결정했다.

1589년(선조 22년) 11월 18일 선조는 일본에 파견할 통신사를 결정하고 정사에 황윤길, 부사에 김성일, 서장관에 허성을 차출했다. 정사 황윤길은 홍문관 관원 출신으로 황주목사로 있다가 백성을 가혹하게 대해 파직당한 경험이 있는 인물로 당시 중추원 첨지(정3품) 벼슬에 있던 서인이었다. 김성일은 사헌부 장령 출신으로 나주목사를 지냈으며 당시 성균관 사성(종3품) 벼슬에 있던 동인이었다. 비록 황윤길이 품계는 하나 높았으나 중추원 첨지라는 한직에 있었던 터라 발언권이 약했다. 김성일은 품계는 황윤길보다 하나 아래였지만 성균관

사성이라는 요직에 있었고 더구나 홍문관과 사헌부를 거친 촉망받는 인물이었다. 따라서 비록 부사이긴 해도 정사 황윤길보다 발언권이 훨씬 강한 위치에 있었다. 더구나 당시 조정은 서인보다 동인의 입김이 강한 상황이었다. 이 역학 관계는 그들이 일본에서 돌아온 뒤 조정에 큰 영향을 끼쳤다. 서장관으로 간 허성은 성균관 전적(정6품) 벼슬에 있던 동인이었다.

황윤길과 김성일의 엇갈린 평가

통신사 일행이 한성을 떠난 것은 1590년 3월 6일이고 바다를 건넌 것은 4월이었다. 그리고 돌아온 것은 떠난 지 1년 뒤인 1591년 2월이었다. 관련 기록은 《선조실록》에는 없고 《선조수정실록》에만 나온다. 《선조실록》은 광해군 시절 집권 세력인 동인계의 북인이 편찬하고 《선조수정실록》은 인조반정 이후 서인 세력이 편찬했다. 북인이 이 내용을 실록에 싣지 않은 것은 동인인 김성일이 일본의 침략 가능성이 없다고 한 말을 싣지 않기 위함이었다. 결과적으로 임진왜란을 방비하지 못하게 했으니 말이다. 그래서 서인은 《선조수정실록》을 편찬해 김성일이 주장한 내용을 실었다. 그 내용을 옮기자면 이렇다.

통신사 황윤길 등이 일본에서 돌아왔는데 왜사 평조신 등과 함께 왔다. 당초 윤길 등이 지난해 4월 바다를 건너 대마도에 도착했는데 일본은 당연히 영접사를 파견해 사신 일행을 인도해야 했으나 그렇게 하지 않았다. 이에 김성일은 그들의 거만함을 받아들일 수 없다고 의논하고 1개월을 지체한 뒤에야 출발했다. 일기도와 박다주, 장문주, 낭고야를 거쳐 계빈주에 당도했을 때에야 도왜의 영접을 받았다. 왜인은 일부러 길을 돌아 몇 달을 지체하고서야 국도에 도착했다.

사신 일행이 대마도에 있을 때 도주 평의지(종의지, 히데요시에게 평 씨를 받음)가 국본사에서 사신들에게 연회를 베풀고자 하였는데, 국본사는 산 위에 있었다. 사신들이 먼저 가 있을 때 평의지가 가마를 탄 채 문을 들어와 뜰아래까지 와서 내리자 성일이 그의 무례함에 노하여 즉시 일어나 방으로 들어가니, 허성 이하도 따라 일어났으나 윤길은 그대로 앉아 잔치에 임했다. 성일이 병을 핑계로 나오지 않자 다음 날 평의지가 그 까닭을 듣고 미리 알리지 않았다고 하여 시중을 든 왜인의 머리를 베어 가지고 와서 사죄했다. 이 일이 있고 나서 왜인들이 성일의 성품을 존경하고 탄복해 보이기만 하면 말에서 내려 더욱더 깍듯이 예를 지켜 대접했다.

그들의 국도 대판성에 도착해서는 큰 절에 숙소를 정하였는데, 마침 평수길(히데요시)이 산동으로 출병했다가 몇 달 만에 돌아온 데다 궁실을 수리한다는 핑계로 즉시 국서를 받지 않아 5개월을 지체한 뒤에야 명을 전했다(《징비록》은 통신사 일행이 히데요시를 만난 날짜를 1590년 11월 7일로 기록하고 있다).

그들 나라에서는 천황이 제일 높아 수길 이하가 모두 신하로서 섬기지만, 국사는 모두 관백이 통괄했고 천황은 형식적인 지위만 누렸다. 그러나 깍듯한 예절로 받들고 의장도 특별하여 부처를 받들 듯이 했다. 관백이라고 하는 것은 《곽광전》에 '모든 일을 먼저 보고받는다'고 한 말에서 인용한 것이다. 따라서 수길을 대장군이라 부르고 왕이라 부르지 못하는데(후일 대군大君이라 칭했다), 이는 본래 천황을 국왕전이라 하였기 때문이다.

우리의 사신을 접대할 때 가마를 타고 궁문을 들어가도록 허락하고 가각(갈

대로 만든 피리)을 울려 선도하였으며 당 위에 올라가 예를 행하도록 했다. 수길의 용모는 왜소하고 못생겼으며 얼굴은 검고 주름져 원숭이 형상이었다. 눈은 쑥 들어갔으나 동자가 빛나 사람을 쏘아보았는데 사모와 흑포 차림으로 방석을 포개 앉고 신하 몇 명이 배열해 모시었다. 사신이 좌석으로 나아가니 연회 도구는 배설하지 않고 앞에 탁자 하나를 놓고 그 위에 떡 한 접시를 놓았으며 옹기사발로 술을 치는데 술도 탁주였다. 세 순배를 돌리고 끝내었는데 수작하고 읍배하는 예는 없었다. 얼마 후 수길은 안으로 들어갔고 자리에 있는 자들은 움직이지 않았다. 잠시 후 편복차림으로 어린 아기를 안고 나와 당상에서 서성거리더니 밖으로 나가 우리나라의 악공을 불러 여러 음악을 성대하게 연주하도록 하여 듣는데, 어린 아기가 옷에다 오줌을 누었다. 수길이 웃으면서 시자를 부르니 왜녀 한 명이 대답하며 나와 그 아이를 받았고 수길은 다른 옷으로 갈아입었다. 모두 태연자약하고 방약무인한 행동이었으며 사신 일행이 사례하고 나온 뒤에는 다시 만나지 못했다.

상사(황윤길)와 부사(김성일)에게 각기 은 400냥을 주고 서장관 이하는 차등을 두어 주었다. 사신이 돌아가게 해줄 것을 재촉하자 수길은 답서를 즉시 재결하지 않고 먼저 가도록 요구했다. 이에 성일이 '우리는 사신으로서 국서를 받들고 왔는데 만일 답서가 없다면 이는 왕명을 천하게 버린 것과 마찬가지다' 하고 물러나오려 하지 않자, 윤길 등이 붙들려 있게 될까 두려워하여 마침내 나와 계빈에서 기다리고 있으니 비로소 답서가 왔다. 그런데 말투가 거칠고 거만해서 우리 측이 바라는 내용이 아니었다. 성일은 그 답서를 받지 않고 여러 차례 고치도록 요구한 뒤에야 받았다. 지나오는 길목의 여러 왜진에서 왜장들이 주는 물건들을 성일만 물리치고 받지 않았다.

부산으로 돌아와 정박하자 윤길은 그간의 실정과 형세를 치계하면서 '필시 병화가 있을 것이다'라고 했다. 복명한 뒤 상이 인견하고 하문하니 윤길은 전일의 치계 내용과 같은 의견을 아뢰었고, 성일은 이렇게 아뢰었다.

"그러한 정상은 발견하지 못하였는데 윤길이 장황하게 아뢰어 인심이 동요하게 하니 사의에 매우 어긋납니다."

상이 하문했다.

"수길이 어떻게 생겼던가?"

윤길이 대답했다.

"눈빛이 반짝반짝하여 담과 지략이 있는 사람인 듯하였습니다."

이에 성일이 아뢰었다.

"그의 눈은 쥐와 같으니 족히 두려워할 위인이 못됩니다."

이는 성일이 일본에 갔을 때 윤길 등이 겁에 질려 체모를 잃은 것에 분개하여 말마다 서로 다르게 한 것이었다. 당시 조헌이 화의를 극력 공격하며 왜적이 기필코 나올 것이라고 주장하였기에 대체로 윤길의 말을 주장하는 이들에 대해 모두가 '서인들이 세력을 잃어 인심을 요란하는 것이다'라고 하면서 구별하여 배척하였으므로 조정에서 감히 말하지 못했다.

유성룡이 성일에게 물었다.

"그대가 황의 말과 고의로 다르게 말하는데 만일 병화가 있게 되면 어떻게 하려고 그러시오?"

성일이 대답했다.

"나도 어찌 왜적이 나오지 않을 것이라고 단정하겠습니까. 다만 온 나라가 놀라고 의혹을 품을까 두려워 그것을 풀어주려 그런 것입니다."

《선조수정실록》에 실린 이 내용은 유성룡의 《징비록》과 일치한다. 이는《선조수정실록》의 내용이 서인의 의견을 일방적으로 반영한 게 아니라는 것을 말해준다. 유성룡은 동인 계열의 남인이었다. 따라서《선조수정실록》의 이 기록은 객관적인 내용으로 봐도 무방하다.

《선조수정실록》의 내용을 따르자면 황윤길은 일본이 침략할 것이라 예측했고 김성일은 그 반대의 입장이었다. 이는 두 사람이 히데요시라는 인물을 평가한 차이에서 비롯된 결과였다. 황윤길은 히데요시를 지략과 야망이 있는 인물로 판단한 반면, 김성일은 히데요시가 외관상 다른 나라를 침입할 만한 담력이 있는 인물은 아니라고 보았다.

당시 조선 조정은 동인과 서인이 왕세자 책봉 문제로 분쟁한 건저의 사건 여파로 서인이 밀려나고 동인이 세를 확장하던 중이라 김성일의 의견을 더 중시했다. 그렇다고 조선이 일본 침략에 전혀 대비하지 않은 것은 아니었다. 히데요시는 국서에 노골적으로 명을 칠 것이니 길을 빌려달라고 했고, 일본 침략을 기정사실화한 조선은 방어 전략을 세우기 위해 분주하게 움직였다.

우리가 흔히 알고 있듯 김성일의 주장 때문에 조선이 아무런 대비 없이 임진왜란을 맞았다는 얘기는 잘못 알려진 것이다. 사실 김성일의 주장은 일본의 침략에 대비하는 일에 큰 영향을 끼치지 않았다. 김성일은 히데요시가 조선을 침략하지 않을 것이라고 했으나 조선 조정은 일본 침략에 대비해 전국 각지에 장수를 파견하고 성을 쌓고 배를 건조했다. 그럼에도 불구하고 일본의 침략에 속수무책으로 당한 이유는 따로 있었다.

오만한 국서에 분개한 김성일

히데요시가 조선에 보낸 국서의 내용은 오만하기 짝이 없는 표현으로 가득 차 있었다. 그 내용을 옮겨보면 이렇다.

일본국 관백이 조선 국왕 합하에게 바칩니다. 보내신 글은 향불을 피우고 재삼 되풀이하여 읽었습니다.

우리나라 60여 주는 근래 제국諸國이 분리되어 나라의 기강을 어지럽히고 대대로 내려오는 예의를 저버린 채 조정의 정사를 따르지 않기에 내가 분격을 견디지 못하여 3~4년간 반신과 적도를 토벌하여 먼 섬들까지 모두 장악하였습니다.

삼가 내 사적을 살펴보건대 비루한 소신이지만 일찍이 나를 잉태할 때 자모가 품속으로 해가 들어오는 꿈을 꾸어 상사가 '햇빛은 비치지 않는 데가 없으니 커서 필시 팔방에 어진 명성을 드날리고 사해에 용맹스런 이름을 떨칠 것이 분명하다' 하였는데, 이토록 기이한 징조로 인하여 내게 적심을 가진 자는 자연 기세가 꺾여 멸망하는지라 싸움엔 반드시 이기고 공격하면 반드시 빼앗았습니다. 이제 천하를 평정한 뒤 백성을 어루만져 기르고 외로운 자들을 불쌍히 여겨 위로하여 백성이 부유하고 재물이 풍족하므로 토공이 전보다 만 배 늘었으니, 본조가 개벽한 이래 조정의 성대함과 수도의 장관이 오늘날보다 더한 적이 없었습니다.

사람의 한평생이 100년을 넘지 못하는데 어찌 답답하게 이곳에만 오래도록 있을 수 있겠습니까. 국가가 멀고 산하가 막혀 있음에 관계없이 한 번 뛰어 곧바로 대명국에 들어가 우리나라의 풍속을 400여 주에 바꾸어놓고 제도 정화를 억만년토록 시행하고자 하는 것이 내 마음입니다. 귀국이 선구가 되어 입조한다면 원려가 있음으로 해서 근우가 없어지는 것이 아니 겠습니까. 먼 지방 작은 섬도 늦게 입조하는 무리는 허용하지 않을 것입니 다. 내가 대명에 들어가는 날 사졸을 거느리고 군영에 임한다면 이웃으로 서의 맹약을 더욱 굳게 할 것입니다.

내 소원은 삼국에 아름다운 명성을 떨치고자 하는 것뿐입니다. 방물은 목 록대로 받았습니다. 그리고 국정을 관장하는 무리는 전일의 사람들을 다 바꾸었으니 불러서 나누어주겠습니다. 나머지는 별지에 있습니다. 몸을 진중히 하고 아끼십시오. 이만 줄입니다.

히데요시가 보낸 서찰의 내용을 간단히 줄이면 일본이 명을 칠 테 니 조선은 길을 인도하는 앞잡이가 되라는 것이다. 김성일은 히데요 시의 이 오만불손한 국서에 강하게 반발했는데 그 내용이 《선조수정 실록》에 전한다.

김성일은 답서 내용이 거칠고 거만하여 전에는 전하라고 하던 것을 합하 라 하고, 보내는 예폐도 '방물은 받았다' 하였으며, '한 번 뛰어 곧바로 대 명국으로 들어간다'느니 '귀국이 선구가 되라'는 등의 말이 있음을 보고 "이는 대명을 빼앗고자 우리나라를 선구로 삼으려 하는 것이다" 하고는 현소에게 바로 서신을 보내 대의를 들어 깨우치고 "만일 이 글을 고치지 않으면 우리는 죽음이 있을 뿐 가져갈 수는 없다"라고 했다.

이에 현소가 서신을 보내 사과하면서 글을 짓는 자가 말을 잘못 만든 것이 라 핑계를 댔다. 그러나 전하와 예폐 등의 글자만 고쳤을 뿐 기타 거만하 고 협박하는 식의 말은 '이는 대명에 입조한다는 뜻'이라고 핑계를 대면서 고치려 하지 않았다. 성일이 두세 차례 서신을 보내 고칠 것을 청하였으나 따르지 않았다. 황윤길과 허성 등이 "현소가 그 뜻을 스스로 이렇게 해석하는데 군이 서로 버티면서 오래 지체할 것이 없다"고 하여 성일이 논쟁하였으나 관철하지 못하고 마침내 돌아왔다.

이 기록에 등장하는 현소라는 인물은 대마도 출신의 승려 겐소다. 그는 히데요시 휘하에 있던 자로 임진왜란 전후에 조선과 일본 사이를 오가며 외교관 역할을 했고, 임진왜란 이후 조선과 일본의 국교 회복에 기여한 인물이다. 김성일은 현소를 압박해 히데요시의 오만한 답서 내용을 변경하려 노력했으나 현소에게도 한계는 있었다. 당시 히데요시는 일본에 전 세계를 지배할 힘이 있다는 망상에 사로잡혀 있었고, 그런 그에게 현소가 감히 김성일의 요구 사항을 전달할 수는 없었을 것이다.

파다하게 퍼진 소문

일본에 통신사로 간 황윤길과 김성일이 돌아온 1591년 3월부터 전국 각지에 일본이 쳐들어올 것이라는 소문이 파다하게 퍼졌다. 더구나 일본이 국서에 '명을 치려 하는데 조선에서 길을 인도해달라'고 했다는 것이 알려지자 조정이 발칵 뒤집혔다. 이 말을 조정에 가장 먼저 전한 인물은 홍문관 전한 오억령이었다. 오억령은 일본 사신으로 온 승려 현소를 접대하는 선위사 임무를 맡고 있었다. 현소를 만난 오억령은 현소가 "내년에 길을 빌려 상국을 침범할 것"이라고 확언했다는 내용의 사연을 갖춰 선조에게 장계를 올렸다. 조정은 이 말에 크게 술렁거렸고 일단 오억령을 체직해 선위사에서 물러나게 하고 응교 심희수를 새로운 선위사로 임명했다. 그런데 막상 히데요시의 국서가 당도하자 그 속에는 오억령이 말한 내용이 그대로 들어 있었다.

조정 대신들은 이 내용을 명에 알려야 하는지를 놓고 의견이 분분했다. 결론은 명에 알려야 한다는 것이었다. 선조는 성절사로 떠나는 김응남 편에 명나라 예부에 이를 알렸다. 이때 김응남은 표류한 사람이 와서 전한 말이라고만 했다. 조선이 일본에 통신사를 파견한 사실은 숨긴 것이다. 그 뒤 왜인들이 유구(오키나와)에 일본이 명을 침범할 것이고 이미 일본에 항복한 조선인 300명이 길을 안내할 것이라는 말을 퍼뜨렸다. 유구에서 그 말을 명에 알리자 명은 조선에 요동의 관리를 파견해 사실인지 물어왔다. 조선 조정은 별 수 없이 모든 사실을 명에 알리기로 하고 1591년 10월 24일 한응인을 주청사로 삼아 서장관 신경진, 질정관 오억령 등을 명에 보내 그간의 일을 알렸다. 사안을 해명할 질정관으로 오억령을 보낸 것은 그가 일본의 침략 의도를 현소에게 가장 먼저 들었고 그 내용도 잘 알고 있었기 때문이다.

유성룡은 《징비록》에 김응남이 중국에 일본의 침략 의도를 알린 사실을 기록으로 남겼다.

통신사가 가져온 일본 왕의 답장에는 전쟁을 하겠다는 말이 들어 있었다. 그런데 조정에서는 어떻게 전쟁에 대비할 것인지를 의논하지 않고 이 일을 명에 알릴지 말지를 두고 시끄럽게 다퉜다.

나는 명에 알려야 한다고 주장했으나 영의정 이산해는 이렇게 말했다.

"명에서 우리가 통신사를 보내 일본과 연락했다고 잘못을 따질까 염려됩니다. 그러니 알리지 말고 숨기는 게 좋겠습니다."

내가 말했다.

"일이 있어 이웃나라와 서로 소식을 주고받는 일은 어쩔 수 없는 것입니다. 우리가 이 일을 숨기고 명에 알리지 않는 것은 마땅히 지켜야 할 도리에도 맞지 않습니다. 만일 일본이 쳐들어가려 한다는 것을 명이 다른 곳에서 알게 되면 명은 우리가 일본과 짜고 이 사실을 숨겼다고 생각할 것입니다. 그렇게 되면 정말 큰일이 아니겠습니까?"

여러 신하가 내 말이 옳다고 여겼다. 그래서 김응남을 명에 보내 이 사실을 알리게 했다.

그때 일본에 잡혀간 명나라 사람이 일본에서 일어난 일을 명에 알렸다. 일본 남쪽의 섬나라 유구국 왕자도 명에 사신을 보내 이 소식을 전했다. 그런데 우리나라만 이 사실을 알리지 않아 명에서는 우리가 일본과 어울려 무슨 일을 꾸미는 것은 아닌지 의심하고 있었다. 그러나 조선에 다녀간 적 있는 명나라 재상 허국은 우리나라를 잘 알고 있었으므로 명의 신하들에게 말했다.

"조선은 정성을 다해 우리나라를 섬기고 있으니 일본과 일을 꾸며 우리나라를 배신하는 일은 절대 없을 것입니다. 좀 더 기다려봅시다."

마침 사신 김응남이 이 사실을 알리는 글을 가지고 명에 가니 허국은 크게 기뻐했고 명의 의심도 풀렸다.

이처럼 조선 조정은 명에 일본의 침략 의도를 알리는 한편 일본의 침략 전쟁에 대비하기 시작했다. 물론 일본의 침략 여부는 여전히 판단하기가 쉽지 않았다. 대마도주 종의지는 이미 부산포를 맡고 있던 만호에게 일본의 침략을 시사하는 말을 했고 부산포만호는 그 사실을 조정에 알렸다. 1591년(선조 24년) 5월 1일 《선조수정실록》의 기록은 그 내용을 이렇게 남겨놓았다.

평의지가 부산포에 와서 배에서 내리지 않고 변장을 불러 말하기를 "일본이 대명과 통호하려 한다. 조선에서 이 사실을 중국에 주문해주면 매우 다행이겠으나 그렇지 않으면 일본과 조선의 관계가 좋지 않아질 것이다. 이것은 중대한 일이므로 와서 알려주는 것이다"라고 했다. 변장이 이 사실을 조정에 아뢰었으나 조정에서 아무런 답을 하지 않자 평의지가 일본으로 되돌아갔다. 이후로 해마다 조공 오던 왜선이 오지 않았고 관에 머물던 왜인이 항상 수십 명이었는데 점차 일본으로 돌아가 임진년 봄에는 온 왜관이 텅 비었다.

전쟁 대비에 분주한 조선

부산포만호의 보고를 받은 조정은 별다른 반응을 보이지 않았다. 이미 오억령에게 들은 내용이라 별스러울 것도 없었다. 그런데 갑자기 일본인이 왜관에서 떠나기 시작하자 조선 조정도 일본이 침략해올 것임을 확신했다.

사실 조선 조정은 오억령의 보고가 있기 전부터 전쟁에 대비하고 있었다. 이를 지나치게 드러내면 백성의 동요가 있을까 염려하여 되도록 조심스럽게 전쟁 준비에 들어간 것이다. 유성룡은 《징비록》에 이런 내용을 남겼다.

전쟁이 없을 거라고는 했지만 우리나라는 일본이 어떻게 움직일지 걱정하지 않을 수 없었다. 그래서 왜구나 오랑캐를 지키는 일에 경험이 많은 장수들을 뽑아 여러 지방에 내려 보내 무기를 갖추고 성을 쌓게 했다. 특히 영천, 청도, 삼가, 대구, 성주, 부산, 동래, 진주, 안주, 상주 등 경상도 지방은 성을 쌓는 일이 급해 여러 마을에서 성을 새로 쌓거나 더 늘려서 쌓았다.

유성룡의 이 기록은 사실이었다. 조선 조정은 일본에 통신사를 보낼 때부터 혹여 일본이 전쟁을 벌일지도 모른다는 불안감을 안고 있었다. 그래서 통신사를 보낸 직후부터 전쟁에 대비했다. 이는 이순신을 전라좌수사에 임명한 사실로 확인할 수 있다.

임진왜란 최고의 영웅 이순신은 일본군의 침입에 대비해 급작스럽게 전라좌수사로 발령을 낸 특별한 인사였다. 1591년 2월 13일 선조는 이순신을 전라좌수사에 임명하면서 이런 명령을 내렸다.

"전라감사 이광은 지금 자헌대부에 가자加資하고 윤두수는 호조판서에, 이증은 대사헌에, 진도군수 이순신은 초자超資하여 전라좌수사에 제수하라."

선조의 명령을 보면 '초자하여 전라좌수사에 제수하라'고 되어 있다. 초자란 한꺼번에 여러 단계의 품계를 뛰어넘어 승진하는 것으로 말하자면 특별 승진이다. 그때 이순신은 종6품 현감으로 있다가 종4품 진도군수로 발령이 났는데, 미처 부임하기도 전에 특별 승진해 정3품 좌수사에 제수했으니 간관들이 반발하는 것은 당연했다. 이에 선조는 이렇게 반발을 무마했다.

"이순신의 일이 그러한 것은 나도 안다. 다만 지금은 상규에 구애받을 수 없다. 인재가 모자라 그렇게 하지 않을 수 없다. 그 사람이면 충분히 감당할 터이니 관작의 고하를 따질 필요가 없다. 다시 논하여 그의 마음을 동요케 하지 말라."

선조가 특진임을 알면서도 1591년 2월 이순신을 갑자기 전라좌수사로 임명한 것은 중요한 사실이다. 그때는 일본으로 떠난 황윤길과 김성일이 돌아오기 전이다. 즉, 일본이 명을 칠 테니 조선은 길을 비켜달라는 히데요시의 국서가 도착하기 이전이다. 또 부산포만호가 대마도주에게 일본이 명을 공격할 것이라는 말을 듣기 전이자 오억령이 현소에게 같은 내용의 말을 듣기 전이다. 선조는 이때 이미 전쟁에 대비해 이순신을 전라좌수사로 임명하는 특진을 시행했다.

유성룡은 당시 이순신을 선조에게 추천한 인물이 자신이라는 것을 《징비록》에 밝혔다.

일본군이 쳐들어온다는 목소리가 나날이 높아지면서 그것이 임금의 귀에도 들려왔다. 임금께서는 비변사에 명령해 뛰어난 장수를 찾아서 뽑아 올리라고 했다. 내가 이순신을 뽑아 올려 정읍현감에서 수군절도사로 벼슬이 크게 올랐다. 이순신의 벼슬이 갑자기 높아지고 요직을 얻자 사람들은 이상하게 생각했다.

이 글로 알 수 있는 사실은 익히 알려진 것처럼 조선이 일본의 침략을 전혀 예측하지 못하고 아무런 준비 없이 임진왜란을 치른 게 아니란 점이다. 사실 조선은 일본의 침략에 대비해 그 나름대로 전쟁 준비를 했다. 유성룡의 기록처럼 경상도 일대의 성을 수리하고 각 수군이 전선을 정비하며 침략에 대비한 것이다.

또한 지략 있는 무관과 담력 있는 문관을 경상도 일대에 배치했다.

일본군에 가장 먼저 무너진 부산진성의 수군첨절제사 정발도 북방 전선과 훈련원에서 벼슬을 지낸 유능한 장수이고, 동래부사 송상현도 비록 문관 출신이지만 대담하고 지략이 있는 관리였기에 임진왜란 1년 전인 1591년 4월 동래부사로 임명받은 인물이다. 1591년 2월 4일 전라좌수사로 특진 임명된 원균은 자질이 모자란다고 하여 이순신에게 자리를 내주고 1592년 1월 경상우수사가 되었다. 그 역시 북방 전선에서 여진족과 전쟁한 경험이 있는 장수였다. 경상좌수사 박홍도 전투 경험이 있는 무관이고, 전라우수사 이억기도 경흥부사와 온성부사를 지내며 여진족과의 전쟁 경험이 풍부한 인물이었다.

원래 조선의 군대는 남쪽 전선에서는 수군을 중시하고 북쪽 전선에서는 육군을 중시하는 정책을 썼다. 남쪽에 수군을 육성한 것은 고려 말 이래 왜구들이 끊임없이 침입한 탓이고, 북쪽에 육군을 육성한 것은 여진족과 지속적으로 전쟁을 치러왔기 때문이다. 따라서 일본군이 쳐들어온다는 말을 듣고 조선 조정이 주력한 것은 경상도와 전라도의 수군을 강화하는 일이었다. 어차피 일본은 배를 타고 쳐들어올 것이므로 수군만 강하면 물리칠 수 있으리라는 판단이었다. 비록 일본군이 상륙해도 성곽에 기대 수성전을 펼치면 물리칠 수 있을 거라는 생각에 성곽 보수와 축성에도 힘을 쏟았다.

조선 조정의 전쟁 대비 전략은 어느 정도 성공적인 면이 있었다. 그 대표적인 사례가 수군 장수 이순신의 연전연승과 김시민의 진주대첩, 권율의 행주대첩 등이다. 조선 수군은 일본 수군에 비해 훨씬 강했고 산성에 의지한 수성전은 일본군을 몹시 곤혹스럽게 했다.

조선이 놓친 것

전쟁을 대비하면서 조선 조정은 아쉽게도 몇 가지를 놓치는 실수를 범했다. 첫째, 일본군의 전쟁 능력을 과소평가했다. 둘째, 일본군의 병력 규모와 무기에 관한 정보가 없었다. 셋째, 일본군의 강점과 약점을 파악하지 못했다.

당시 조선은 일본군의 전쟁 수행 능력에 완전히 무지했다. 조선이 접한 일본군은 왜구뿐이었고 왜구라면 웬만큼 자신감이 있었다. 태조 이래 여러 차례에 걸쳐 대마도 정벌을 감행한 데다 삼포왜란 등에서 익히 왜구를 물리친 경험이 있었기 때문이다. 그러나 왜구와 히데요시의 군대는 차원이 달랐다. 왜구는 노략질을 일삼던 해적으로 보통 게릴라 전술을 폈지만 최신식 무기인 조총으로 무장한 일본군은 무려 100여 년간 풍부한 전쟁 경험을 쌓은 노련하고 무시무시한 전투력을 갖춘 병력이었다. 그것도 무려 16만이 넘는 대군이었다. 그 정도면 조선은 물론 명도 상대하기 버거울 만큼 엄청난 화력을 갖춘 셈이었다.

조선 조정은 일본 군대의 위력을 전혀 알지 못했다. 더구나 그들은 성을 무너뜨리는 공성전에 능했다. 성을 공격하는 일본군의 전술은 신속 정확하고 체계적이었다. 그들은 성을 무너뜨리기 위한 사다리 전술에 능했고 창도 조선의 창보다 훨씬 길었다. 일본의 성은 조선의 성에 비해 견고하고 방어에 유리하도록 축성했기에 그들에게 조선의 성을 무너뜨리는 것은 손쉬운 일이었다.

다만 그들이 공격한 성은 모두 도시 중심에 있는 성곽이었다. 다시 말해 그들은 산성 공략에는 취약했다. 또한 그들은 해전에 약했다.

그들이 100여 년간 지속한 전투는 대부분 육상전이었다. 일본의 전국 시대에 벌어진 수백 차례의 전투 중에 해전은 거의 없었다. 그들의 수군은 약했고 수군을 태운 배도 급조한 것이라 견고하지 못하고 파도에 약했다. 더구나 그들은 암초투성이인 조선 해안의 어떤 길로 다녀야 하는지 제대로 파악하지 못했다. 결정적으로 그들은 조선 수군의 장점을 몰랐다. 조선 수군은 원거리 사격이 가능한 함포를 보유했고 함선의 규모가 컸으며 배도 튼튼했다. 일본군은 이 사실을 제대로 파악하지 못하고 있었다.

조선 군대가 초기에 속수무책으로 일본군에 패배한 원인은 따로 있었다. 가장 큰 문제는 너무 오랫동안 지속되어온 평화에 있었다. 무려 200년 가까이 큰 전쟁을 치르지 않아 조선 조정과 백성은 안이했다. 국방의 가장 기본은 항상 철저히 준비해야 뒤탈이 없다는 것인데 당시 조선은 대충주의에 빠져 있었다. 이러한 현상은 왕부터 일반 백성에 이르기까지 큰 차이가 없었다.

유성룡은《징비록》에서 이렇게 한탄하고 있다.

우리나라는 거의 200년 동안 전쟁 없이 평화롭게 지낸 까닭에 서울에서나 지방에서나 사람들이 다 편한 일만 찾았다. 백성은 어떻게 하면 성 쌓는 일을 피할까만 생각했고 너도 나도 힘든 일을 시킨다고 불평했다.

나와 나이가 같고 성균관에서 같은 일을 했던 합천 사람 이로는 내게 이런 편지를 보냈다.

"성을 쌓는 것은 좋은 방법이 아닙니다. 합천은 정암진(의령과 함안 사이를 흐르는 남강의 나루터)이 가로막고 있는데 일본군이 날아서 건너오겠습니까? 성을 쌓는 것은 쓸데없는 일에 힘쓰는 것입니다."

이로만 이렇게 생각한 것은 아니었다. 성곽 수리와 축성에 동원된 백성의 불만이 이만저만이 아니었다. 농사지을 시간에 성곽을 쌓는 데 힘을 쏟아야 한다며 불만이 터져나오는 것도 당연한 일이었다. 그렇다고 일본군이 쳐들어올 것이니 전쟁에 대비해야 한다고 말할 수도 없었다. 일본군이 쳐들어온다고 하면 성곽을 쌓던 백성이 죄다 산으로 도망가기 바빴던 시절이었으니 말이다.

이로가 남강 하나를 믿고 일본군을 막아낼 수 있다고 말하자 유성룡은 한탄을 늘어놓았다.

우리나라와 일본 사이에 큰 바다가 가로막고 있어도 일본군을 막을 수 없는데, 조그만 강물이 하나 있다고 일본군이 못 건너리라고 생각하니 참으로 어처구니가 없는 일이다. 이때는 여러 사람의 생각이 이와 같았다.

유성룡은 성을 쌓는 과정에도 여러 가지 문제가 있다며 이렇게 지적했다.

경상도와 전라도에 많은 성을 쌓았지만 험한 산과 강의 모양을 잘 살펴 적이 공격하기 어렵게 쌓지 않고, 많은 백성이 들어올 수 있도록 넓고 평평한 들판에 쌓는 데만 힘썼다. 진주성은 본래 험한 산에 자리 잡아 적이 공격하기는 어렵고 우리가 지키기는 쉬운 성이었다. 그러나 이때는 성이 작다면서 동쪽 평평한 들판으로 내려와 다시 쌓았다. 나중에 일본군이 쳐들어왔을 때 성 안으로 들어오는 것을 막기가 어려워 지켜내지 못했다.
튼튼하고 작은 성이 좋은 성인데 사람들은 오히려 넓지 않다고 걱정하여 크게만 지으려 했다. 더군다나 군사를 다스리는 중요한 문제는 더욱 형편

없었다. 예를 들면 장수를 어떻게 뽑을지를 놓고 제대로 할 수 있는 것이
하나도 없었다. 이런 형편이니 어떻게 전쟁에서 이길 수 있겠는가?

제승방략 체제의 한계

유성룡의 말은 모두 일리 있는 지적이다. 그런데 임진왜란을 치르는
과정에서 가장 큰 문제점으로 드러난 것은 조선의 병력 운영 체제였
다. 당시 조선은 제승방략制勝方略 체제라는 군사 진법을 사용했다. 제
승방략이란 '승리할 수 있는 방략'이라는 의미로, 전쟁 등 유사시에
각 지방의 군사를 미리 정해진 방어 지역으로 집결토록 하고 중앙에
서 파견한 지휘관이 이들을 지휘해 그 지역을 방어하는 전술이다.

원래 제승방략은 북방 6진에서 여진족의 침입에 대비해 만든 군
사 동원 체제였다. 남방 지역은 대개 진관鎭管 체제를 유지했다. 진관
체제는 세종 이후 유지하던 군사 운영 체제로 바닷가나 국경 등 요새
지에 영과 진을 설치하고 적의 침입 시 영과 진의 지휘관이 곧바로 대
응할 수 있는 체제다.

제승방략과 진관 체제는 각각 장단점이 있었다. 진관 체제는 적이
공격해오면 곧바로 요새에서 대응하는 장점이 있는 대신 내지의 주
와 현의 방어는 소홀해질 수밖에 없었다. 제승방략은 이 문제점을 보
완한 정책이었다. 실제로 북방에서 여진이 침입할 경우 병마절도사를
중심으로 병력을 집중해 적을 막아내고 다시 반격을 가하는 전술로
주현의 백성을 보호하는 동시에 요새의 군대를 원활하게 운영하는 효
과를 거뒀다. 이에 따라 1555년 을묘왜변 이후 삼남 지방까지 확대해

서 실시되었다. 한데 제승방략은 적의 공격이 있어도 중앙에서 지휘관이 올 때까지 제대로 대응하지 못한다는 문제가 있었다. 설령 지휘관이 도착해도 수하 병졸의 상황을 정확히 알지 못해 병력을 제대로 운영하기 어려웠다. 임진왜란은 제승방략의 단점이 가장 적나라하게 드러난 전쟁이었다.

사실 북방에서 제승방략 전술이 효과를 본 이유는 여진의 군대보다 조선의 군대가 훨씬 더 강했기 때문이다. 그러나 임진왜란 당시 일본군은 조선의 군대를 크게 압도하는 병력이었다. 이럴 경우에는 별 수 없이 요새지를 중심으로 수성전을 펼치며 침략군의 힘을 빼는 전략을 구사해야 하는데, 여기에는 진관 체제가 더 효과적이었다. 제승방략은 군대를 한곳으로 집결해 대군으로 싸우는 전략인데, 상대의 전력이 압도적으로 강해 한곳에 집중한 군대가 무너지면 이후에는 속수무책으로 당할 수밖에 없다.

더구나 일본군을 상대할 지략을 갖춘 장수가 변변치 못해 제승방략의 문제점은 더욱 두드러졌다. 임진왜란 때 신립의 군대가 충주의 탄금대에서 궤멸되자 일본군이 순식간에 충청도를 넘어 도성까지 진출하는 사태가 벌어진 것은 제승방략의 한계와 병법에 뛰어난 장수의 부재 탓이었다.

당시 조선의 병력이나 군대 운영 체제로는 일본군을 맞상대할 수 없었던 것이 분명하다. 이 경우 관이나 산성에 의지해 지구전을 펼치면서 적의 힘을 뺀 뒤 후면에서 아군이 게릴라식 공격을 가하는 전술을 구사해야 하지만 일본군을 상대한 삼도순변사 신립에게는 그만한 전술 전략이 없었다. 임진왜란 당시 명나라 군대를 이끌고 온 이여송은 문경새재를 넘으며 이렇게 한탄했다고 한다.

"이렇게 험한 요새가 있는데도 지킬 줄을 몰랐으니 신립은 머리가 아주 모자라는 사람이었구나!"

이여송의 한탄처럼 조선에는 병법에 밝고 일본군을 상대할 지략을 갖춘 장수가 가장 절실했는지도 모른다.

3

쑥대밭이 된 조선 땅

—

"나라님이 우리를 버리고 가시면
우리는 누구를 믿고 삽니까!"

속절없이 적의 수중에 떨어진 경상좌도

1592년 4월 13일 고니시 유키나가가 지휘하는 일본군 제1군이 절영도(지금의 부산시 영도구)를 침략했다. 이 지역을 방어한 조선군은 경상좌수사 박홍 휘하의 수군이었다. 한데 일본군의 위세에 눌린 박홍은 싸워보지도 않고 달아나버렸다. 그 바람에 일본은 아무런 저항도 받지 않고 서평포와 다대포를 차지했다. 만약 박홍의 수군이 함포 공격을 하며 결사 항전했다면 고니시 부대는 크게 곤란했을 것이다. 고니시 부대가 타고 있던 배는 전함이 아니라 일본군 군마, 병기 등을 조선 땅에 내려놓고 돌아가야 하는 수송선이었기 때문이다. 따라서 박홍이 함선을 이끌고 나가 고니시의 병력이 탄 배에 원거리 함포 사격만 했어도 고니시 부대는 상륙하기도 전에 엄청난 병력 손실을 입었으리라. 지레 겁을 먹은 박홍은 전함 40척에 구멍을 내 침몰시키고 식량 창고에 불을 지른 뒤 달아나버렸다. 박홍의 도주는 임진왜란 초기를 일본군의 일방적인 승리로 이어지게 만든 주된 요인이었다. 그만큼 박홍의 도주는 일본군에 결정적 호기를 안겨준 셈이었다(도주한 박홍은 평양으로 피난을 간 선조를 찾아가 좌위대장에 임명되었고 임진강 전투에서 다시 패배했다. 이어 성천에서 우위대장과 의용도대장에 임명되었고 1593년 1월 평양을 탈환하자 김명원을 따라 파주로 가던 중에 지병이 재발해 사망했다).

박홍이 달아나자 고니시는 4월 14일 곧장 부산진성을 공략해 함락했다. 그때 부산진성은 경상좌도 수군첨절제사 정발이 지키고 있었다. 그는 사냥터에 있다가 침략 소식을 듣고 성으로 돌아와 휘하 병력과 함께 분전했지만 중과부적으로 한나절도 지나지 않아 패배했다. 고니시는 윤흥신이 지키고 있던 다대포진도 순식간에 함락했다.

그 여세를 몰아 고니시는 동래성을 공격했다. 경상좌도 병사 이각은 울산 북쪽 병영에 주둔하고 있다가 일본군이 쳐들어왔다는 보고를 접하고, 좌위장을 맡은 울산군수 이언성과 그 예하 병력을 이끌고 부산진으로 달려갔다. 그러나 부산진이 이미 함락되었다는 사실을 알고 동래성으로 들어갔다. 이각을 맞이한 동래부사 송상현은 이각에게 함께 싸우자고 했지만 이각은 핑계를 대며 동래성을 빠져나가려 했다.

"나는 절제사이니 본영을 지켜야지 여기 있을 게 아니다."

송상현이 큰 소리로 외치며 사정했다.

"고립된 성이 함락되려 하는데 주장이 구원해주러 왔다가 어찌 버리고 간단 말이오?"

이각은 들은 척도 하지 않고 아군 20여 명만 남겨두고 성을 빠져나갔다(한 달 뒤인 5월 14일 이각은 도원수 김명원의 진중으로 도주하다 체포되어 참수당했다).

이각이 떠난 뒤 송상현 휘하 병력과 동래 백성 2천여 명이 함께 성을 지키다가 결국 패했고 적군의 손에 죽고 말았다. 송상현 휘하의 군사와 백성은 활과 칼, 돌멩이로 싸웠으나 중과부적이었다. 송상현이 패배한 뒤 항복하지 않고 죽음을 택하자 일본군은 그 절개를 높이 평가해 그의 시체를 관에 넣고 묻은 다음 말뚝을 세워주었다. 송상현과 함께 동래성에서 전사한 인물로는 조방장 홍윤관, 중위장 양산군수 조영규, 대장 송봉수, 동래교수 노개방 등이 있다.

부산진성과 동래성이 함락된 후 일본군은 파죽지세로 진군했다. 이때 낙동강 동쪽 지역인 경상좌도는 순식간에 적의 수중에 떨어지고 말았다.

4월 16일에 양산이, 17일에 밀양이 함락되었다. 밀양부사 박진은 동래성에서 양산을 거쳐 밀양으로 쫓겨오다 황산의 좁은 길목에 복병을 배치하고 일본군을 공격했다. 박진은 휘하 군을 거느리고 이대수, 김효우와 함께 사력을 다해 싸웠지만 일본군이 산 뒤로 돌아가 산 위에서 개미떼처럼 밀고 내려오는 바람에 패배하여 도주할 수밖에 없었다. 박진은 급히 밀양성으로 돌아와 성에 불을 지르고 무기를 모두 태운 뒤 성을 버리고 나왔는데 성 밖에는 일본군이 가득했다. 박진이 단기로 적진을 뚫고 들어가 왜적의 목 두 급을 베고 산으로 들어가니 세간에 박진의 용맹이 알려졌다.

18일에 김해가 함락되었다. 김해부사 서예원은 성문을 닫고 싸웠으나 휘하 장수 중위장 이유검이 서문을 지키다가 문지기를 찍어 죽이고 달아나자 서예원은 이유검을 추격한다는 핑계를 대고 달아났다.

19일에 일본군이 영산과 청도를 공격해 화염에 휩싸였고 경상감사 김수는 합천에 머물며 전라도에 구원을 요청했다. 김수의 구원병

요청서의 내용을 옮겨보면 이렇다.

> 경상감사가 전달하는 일임. 흉악한 왜적은 어제 밀양에서 성을 함락한 다
> 음 또 영산을 침범하고 곧장 성주 길로 향했는데, 이어 대구 길로 올라갈
> 지는 미리 알 수 없음. 현풍, 창녕 등지의 공사 집들은 다 비어 있고 본도
> 의 각 병영에서는 모두 우관 운봉현에 달려가 보고했음.

김수는 경상우도 합천에서 전라도 구례로 도주했다.

21일에 일본군이 창녕과 현풍 등을 지나 청도·경산·대구를 함락
하고 23일에는 안동·성주·영천을 함락했다. 이 과정에서 조선의 장
수들은 싸워보지도 않고 달아나기에 여념이 없었다. 특히 경상병사
이각은 가는 곳마다 자기 살 도리만 추구하고 성을 지킬 생각은 하지
않아 부하 관리들의 원성이 자자했다.

24일에 선산이 함락되었다. 이때 이일이 순변사가 되어 상주로 오
고 있었는데 그가 도착했을 때는 이미 많은 군사가 해산한 뒤였다. 이
일은 상주판관 권길에게 군사를 모으게 해서 겨우 수백 명을 모았는
데, 이일은 그들마저 제대로 지휘하지 못해 패전했다. 상주가 함락되
자 25일에 함창과 문경이 함락되어 결국 전쟁 발발 13일 만에 경상좌
도가 모두 일본군의 수중에 떨어졌다.

탄금대 전투와 신립의 죽음

선조가 일본군의 침략 소식을 처음 접한 것은 전쟁 발발 5일째인 4월

17일 아침 박홍의 장계를 받고서였다. 배를 버리고 도주한 경상좌수사 박홍은 전황을 제대로 전하지도 않고 이런 글을 올렸다.

"높이 올라가 보니 부산성 안에 붉은 기가 가득합니다."

조정에서는 일본군이 부산을 함락했음을 알았다. 선조는 일본군이 침략했다는 장계를 받고 이일을 순변사(왕명으로 지방을 순찰하는 특사)로 삼아 경상도에 파견했다. 이일은 경상도로 떠나면서 날랜 병사 300명을 뽑아 데려가겠다고 했다. 병조에서 명단을 뽑아 보냈는데 그들 중 제대로 싸움을 할 줄 아는 무장은 거의 없었다. 이일은 별 수 없이 휘하 장병 하나 없이 홀로 경상도로 떠났다. 이일이 먼저 떠난 뒤 군대를 뽑아 보내기로 했지만 기대할 수 없는 일이었다.

며칠 후 밀양과 대구가 적의 수중에 떨어졌다는 보고가 있자 신립이 군대를 이끌고 내려가겠다고 자청했다. 선조는 신립을 삼도순변사로 삼아 내려 보냈는데 그의 휘하 군관은 고작 80여 명이었다. 그것도 모두 겁에 질린 표정이 역력했고 그나마 김여물이 지략을 겸비했다.

신립이 충주에 도착하자 각 지역에서 모인 군사가 8천 정도였다. 신립은 그들을 이끌고 문경의 조령(새재)을 지키고자 했다. 일본군이 새재를 넘지 못하면 도성 함락을 걱정할 필요가 없다는 계산이었다. 한데 신립은 이일이 상주에서 일본군에게 패해 도주해오자 겁먹은 얼굴로 다시 충주로 돌아왔다. 김여물이 산길을 굳게 지킬 것을 요청했지만 신립은 그 요청을 받아들이지 않고 탄금대에 진을 쳤다. 김여물은 아군 병력이 열세인 만큼 새재의 협곡에 의지해 싸우는 편이 현실적이라 했고, 신립은 일본군은 보병 중심이고 아군은 기병이 많은 만큼 기병을 활용할 수 있는 평지에서 싸우는 것이 유리하다고 판단한 것이다.

당시 상황을 유성룡은《징비록》에 이렇게 기록하고 있다.

신립은 탄금대 앞의 두 강 사이에 진을 쳤다. 신립이 진을 친 곳은 왼쪽과 오른쪽에 발이 푹푹 빠지고 물풀이 뒤엉킨 습지가 있어서 말이 달릴 수 없었다.

얼마 뒤 일본군이 충주 남쪽의 단월역에서 길을 나누어 쳐들어왔다. 한 패는 산을 따라 동쪽으로 오고, 다른 패는 강을 따라 서쪽으로 내려오는데 조총을 쏘는 소리가 땅과 하늘을 뒤흔들었다.

뒤쪽은 강이요 옆쪽은 질척한 습지라 말을 탄 신립의 군대는 오직 앞으로 나아갈 수밖에 없었다. 그런데 적이 앞에서 조총을 쏘며 달려오니 신립은 어찌해볼 도리가 없었다. 별 수 없이 말을 채찍질하여 직접 적진으로 돌격하려 두 번이나 애썼으나 들어갈 수 없었다. 결국 말머리를 돌려 퇴각할 수밖에 없었는데 돌아서면 강이 가로막고 있어서 신립은 제대로 싸워보지도 못하고 빠져 죽었다. 뒤이어 군사들이 다 강으로 뛰어들어 죽어서 강물이 시체로 가득 덮였다. 옆으로 도망가려 한 군사들은 말과 함께 습지에 빠져 허우적거렸고, 적군은 힘들이지 않고 이들을 조총으로 쏘아 죽였다. 신립을 따라온 김여물도 이 싸움에서 죽고 말았다. 이일은 동쪽 산골짜기로 겨우 몸을 빼내 도주했다.

뒤에 들은 이야기에 따르면 일본군은 상주로 들어왔으나 앞에 험한 지형이 가로막고 있어서 그곳을 지나가는 것을 몹시 두려워했다고 한다. 문경에서 남쪽으로 10리가 조금 넘는 곳에 고모성이 있었는데, 그곳은 경상좌도와 경상우도의 경계다. 양쪽 산골짜기는 묶어놓은 듯하고 가운데 큰 시냇물이 흐르며 길은 그 아래로 나 있었다. 적군은 틀림없이 여기에 우리군사들이 지키고 있을 것으로 생각하고 크게 두려워했다. 그래서 두 번,

세 번 사람을 보내 살펴보게 했는데 지키는 군사가 아무도 없어 어찌나 좋던지 춤을 추고 노래를 부르며 이곳을 지나왔다고 한다.

그 뒤 명나라 장수 이여송이 일본군을 쫓아 조령을 넘어갔는데, 그때 이렇게 탄식했다고 한다.

"이렇게 험한 요새가 있는데도 지킬 줄을 몰랐으니 신립은 머리가 아주 모자라는 사람이었구나."

이곳에서 적을 막았다면 아무리 일본군이 강하다 해도 조령을 넘기가 만만치 않았을 텐데, 뒤와 옆이 모두 막힌 탄금대를 전장으로 정해 싸웠으니 참으로 안타까울 뿐이다. 신립은 날쌔 여러 싸움에서 전공을 세워 명성을 날리기는 했으나 지략을 써서 싸움을 승리로 이끄는 일엔 능하지 않았다.

신립이 탄금대 전투에서 패전한 날은 4월 28일이었다. 신립의 패배로 졸지에 충청도는 일본군의 수중에 떨어졌고 도성도 위험한 상황에 놓였다.

궁궐을 버리고 몽진 길에 오른 선조

이일이 상주에서 패했을 때 도성에서는 선조의 몽진(임금이 피난하는 것) 여부를 두고 대신들 간에 의견이 분분했다. 선조는 우의정 이양원을 수성대장으로 삼고 이진과 변언수를 경성 좌위장과 우이장, 상산군 박충간을 경성 순검사에 임명해 도성을 방비하게 했다. 또 상중이던 김명원을 도원수로 임명해 한강을 지키게 했다.

그런데 4월 29일 저녁 벙거지를 쓴 세 명의 남자가 도성으로 들어오면서 성 안은 혼돈의 소용돌이에 빠져들었다. 그들은 신립 휘하의 군관으로 전장에서 가까스로 목숨을 구해 달려온 것이었다. 신립의 패전 소식을 알린 그들은 집안사람들을 급히 피난시키려 했다. 이 소문이 퍼지자 도성 백성은 피난 짐을 꾸리느라 난리법석이었다.

선조도 이 소문을 전해 듣고 도성을 떠나려 했다. 영의정 이산해와 긴밀히 협의한 선조는 파천하여 서쪽으로 몽진을 가자고 제의했다. 영중추부사 김귀영은 종묘와 능과 원이 모두 이곳에 있는데 어떻게 떠나느냐며 도성을 고수해 지방의 원군을 기다려야 한다고 극력 주장했다. 우부승지 신잡은 이렇게 말했다.

"전하께서 만일 신의 말을 따르지 않고 끝내 파천하신다면 신의 집엔 팔십 노모가 계시니 신은 종묘의 대문 밖에서 스스로 자결할지언정 감히 전하의 뒤를 따르지 못하겠습니다."

수찬 박동현도 파천을 반대하며 아뢰었다.

"전하께서 일단 도성을 나가시면 인심을 보장할 수 없습니다. 전하의 연輦을 멘 인부도 길모퉁이에 연을 버려둔 채 달아날 것입니다."

그 말을 듣고 선조는 얼굴빛이 변해 내전으로 가버렸다. 실록은 당시 상황을 이렇게 기록하고 있다.

이때 대신 이하 모두가 입시할 적마다 파천의 부당함을 아뢰었으나 오직 영의정 이산해만은 그저 울기만 하다가 나와 승지 신잡에게 옛날에도 피난한 사례가 있다고 말했으므로 모두가 웅성거리며 그 죄를 산해에게 돌렸다. 양사가 합계해 파면을 청했으나 상이 윤허하지 않았다. 이때 도성의 백성은 모두 뿔뿔이 흩어졌으므로 도성을 고수하고 싶어도 그럴 형편이 못되었다.

결국 선조는 파천하여 북쪽 평양성으로 피난하기로 결정하고 징병 체찰사로 삼은 이원익을 불러 전교를 내렸다.

"경이 해서 지방을 잘 다스린 까닭에 지금까지 경을 흠모한다고한다. 지금 인심이 흉흉하여 땅이 솟고 기와가 무너질 지경에 이르렀으므로 윗사람을 위해 죽는 의리가 없어졌으니, 경은 황해도로 가 부로들을 모아 선왕의 깊은 사랑과 두터웠던 은혜를 일깨워줌으로써 그들의 마음을 모으는 한편 군사들을 소집하여 혹시라도 이반자가 생기지 않도록 단속하여 거가를 영접하라."

이원익이 선조의 명을 받들어 그날로 길을 떠났다. 그때 우부승지 신잡이 요청했다.

"사람들이 의심하여 불안해하고 있으니 세자를 책봉하지 않고는 이를 진정시킬 수 없습니다. 일찍 대계를 정하시어 사직의 먼 장래를 도모하소서."

그 자리에 함께 있던 신하들도 공히 세자를 세워 인심을 안정시켜야 한다고 했다. 그러자 선조는 빈청에 모여 있던 영의정 이산해와 좌의정 유성룡을 불러들여 세자 책봉 문제를 의논했다.

"나라의 위태로움이 이와 같아 세자를 세우려 하니 경들은 누구를 세울 만하다고 생각하는가?"

선조의 물음에 두 대신이 공히 대답했다.

"이것은 사신들이 감히 아뢸 바가 아니고 마땅히 성상께서 스스로 결정하실 일입니다."

선조는 쉽게 세자를 결정하지 못하고 계속해서 두 대신에게 세자로 누가 마땅한지 물었다. 여러 차례 같은 말을 반복해도 대신들은 똑같은 대답만 했다. 영의정 이산해가 자리를 피하려고 물러서자 우부승지 신잡이 이산해를 붙잡으며 말했다.

"오늘은 기필코 결정을 내려야 물러갈 수 있습니다."

그쯤 되자 마침내 선조는 결심이 선 듯 웃으며 말했다.

"광해군이 총명하고 학문을 좋아하여 그를 세워 세자로 삼고 싶은데 경들의 뜻은 어떠한가?"

그 말에 이산해와 유성룡이 대답했다.

"종묘사직과 생민들의 복입니다."

결국 광해군이 세자로 세워졌다. 이때 광해군을 세자로 책봉한 것은 전란 중에 혹 분조할 일이 있을 것을 염려한 조치였다.

광해군을 세자로 결정한 선조는 곧바로 몽진 길에 올랐다. 세자 광해군은 선조를 따르고 다른 왕자들은 여러 지방으로 피란하기로 했다.

그때 이일이 충주에서 빠져나와 궁궐로 들어왔다. 그가 궁궐에 들어왔을 때 여전히 많은 신하가 선조의 몽진을 반대하고 있었다. 그러나 이일이 오늘내일 사이에 일본군이 도성에 도착할 것 같다고 하자 선조는 몽진을 서둘렀다.

선조의 어가가 대궐을 나가자 궐에서 일하던 자들까지 모두 달아나 시간을 알리는 종소리조차 들리지 않았다. 궐을 호위하는 군사들도 모두 달아나고 없었다. 선조의 행차가 경복궁을 지나자 백성이 나와 통곡하기 시작했다. 선조가 서대문을 빠져나갔을 때 뒤쪽 도성에서 불이 나 연기가 하늘로 치솟았다. 성난 백성이 궁궐을 불태웠던 것이다.

선조의 행차가 석교를 지날 때부터 비가 내리기 시작하더니 벽제역에 다다르자 빗줄기가 더욱 굵어졌다. 이때 선조를 따르는 사람은 불과 몇십 명뿐이었다. 선조의 어가가 파주 마산역을 지나는데 밭에서 어떤 사람이 고함쳤다.

"나라님이 우리를 버리고 가시면 우리는 누구를 믿고 삽니까!"

선조는 귀를 막고 임진강을 건넜다. 강을 건너니 날이 이미 어두워져 한 치 앞도 보이지 않았다. 그렇게 동파역에 이르니 파주목사 허진과 장단부사 구효연이 음식을 가지고 선조를 찾아왔다. 하지만 그 음식은 선조를 호위하던 사람들이 낚아채 순식간에 먹어치웠다. 그 바람에 선조와 세자, 대신들은 모두 굶어야 했다. 선조는 그렇게 개성을 지나고 황해도를 거쳐 5월 7일 평양성으로 들어갔다.

선조의 몽진은 비굴한 행동이었을까?

선조가 궁궐을 버리고 평양성으로 몽진한 것을 두고 당시 백성은 물론 오늘날도 비난 일색이다. 왕이 백성을 버리고 도주한 것은 비굴하고 비겁한 짓이라는 얘기다. 그러나 냉정하게 생각해보면 당시 선조의 피란은 불가피한 선택이었다. 만약 선조가 몽진을 택하지 않고 도성을 지키려 했다면 어떻게 되었을까? 사실 조선의 군대로는 일본 정예군 16만을 당해낼 재간이 없었다. 신립 같은 용장이 이미 탄금대 전투에서 패배한 상황이었고, 전장에서 잔뼈가 굵어 이름이 난 장수 이일도 패전을 거듭하며 목숨을 부지하기에 바빴다. 조선의 내로라하는 장수들이 힘 한번 제대로 쓰지 못하고 패전해 도주하는 마당에 전쟁을 구경한 적도 없는 왕이 도성을 수성하며 일본군과 맞상대했다면 어떤 결과를 초래했을까?

단적으로 말해 선조가 한성을 고수하며 결사 항전을 택했다면 병자호란 때의 인조 꼴이 났을 터다. 전력이 현격히 떨어지는 장수가 전장에서 물러날 때 흔히 '작전상 일시후퇴'라는 말을 하는데, 선조의 몽진은 '작전상 도주'라는 말이 적합하다. 언뜻 왕이 직접 나서서 전장을 호령하며 맹렬히 저항하는 결기를 보여야 하는 것 아니냐고 생각할 수도 있지만, 그러다 패전해서 선조가 포로로 잡히면 순식간에 항복할 수밖에 없다. 결국 선조가 도성을 버리고 북쪽으로 달아난 것은 현명한 선택이었다.

고려 공민왕도 홍건적 20만이 개성으로 들이치자 몽진하여 안동으로 몸을 피했다. 이후 개성을 회복하고 궁궐로 돌아와 도성을 복구한 뒤 홍건적을 몰아내고 영토를 확장했다. 만약 이때 공민왕이 개성을 지키기 위해 홍건적과 싸웠다면 어떻게 되었을까?

백제 개로왕은 고구려 장수왕이 대군을 이끌고 공격해왔을 때 도성을 사수하며 직접 전쟁을 챙겼다. 그때 백제는 처참한 패배와 개로왕의 죽음 그리고 한성 주변 영토를 고구려에 빼앗기는 결과를 초래했다. 개로왕도 일단 몸을 남쪽으로 피해 훗날을 기약하는 것이 옳았다.

임진왜란 당시 일본군은 공민왕 시절의 홍건적보다 훨씬 더 전쟁 경험이 풍부하고 명령 체계가 확실한 강력한 부대였다. 반면 조선 군대는 오랫동안 전쟁 경험이 없던 탓에 오합지졸에 불과했다. 기껏해야 여진족과 국지전을 벌인 경험이 전부였으니 말이다. 그나마 여진족과 전투를 경험한 군인도 얼마 되지 않았고, 그 전투를 승전으로 이끈 이일이나 신립 같은 장수가 손 한번 제대로 쓰지 못하고 패전하던 마당이었다. 그런 상황에서 선조가 도성을 지키겠다고 깃발을 들고 나선들 일본군의 상대가 될 리 없었다.

조선이 의존할 군대는 수군과 명나라 원군밖에 없었다. 일본은 상대적으로 수군이 약했고 조선은 왜구의 빈번한 출몰로 수군이 상대적으로 강한 상태였다. 그러나 보병은 형편없는 수준이었다. 병력을 지휘하던 일부 군관을 제외한 병사들은 칼 한번 제대로 휘둘러보지 못한 수준이라 농부와 크게 차이가 없었다. 그중 실제로 전쟁터에서 적병을 죽여본 병사는 만 명당 하나쯤 될까 말까 한 수준이었다. 병력 자체도 조선은 모두 합해 봐야 5만 이하였고 그나마 전국에 흩어져 있었다. 신립이 일본군과 싸울 때 안간힘을 써서 모은 병력이 불과 8천 명이었다는 사실만 봐도 이를 확연히 증명하고도 남는다.

이에 비해 일본군은 전쟁 경험이 풍부했고 당시 가장 발달한 무기인 조총까지 갖추고 있었다. 제대로 훈련을 받은 16만의 병력이 쳐들어왔는데 조선의 오합지졸이 무슨 수로 당해낼 수 있겠는가? 더구나 전쟁을 구경조차 해본 적 없는 선조가 무슨 수로 도성을 사수하겠는가? 만약 선조가 도성을 사수하겠다고 나섰다면 결국 조선은 일본의 속국이 되었을지도 모른다. 선조가 궁궐을 버리고 몽진을 선택한 것은 현명한 판단이었다.

한성 함락과 임진강 전투

충청도가 무너지자 일본군은 빠른 속도로 한양으로 진군했다. 당시 일본군은 한양만 빼앗으면 전쟁은 끝난다고 생각했기 때문이다.

한강 방어선을 지킨 병력은 도원수 김명원을 비롯해 부원수 신각, 도검찰사 이양원 등이 이끄는 1천여 명이었다. 그런데 한양으로 치고 들던 일본군은 선봉대만 무려 4만여 명이었다. 김명원이 일본의 대군을 막는 것은 불가능했다. 김명원의 임무는 궁궐을 떠난 임금이 무사히 임진강을 건널 때까지 한강 전선을 사수하는 것이었다. 만약 한강을 사수하지 못하면 다시 임진강을 지키며 시간을 끄는 것이 그의 유일한 목표였다. 김명원은 비록 문관이었으나 그 나름대로 지략을 발휘해 임무를 충실히 수행했다. 그사이 일본군은 유유히 한강을 건너 5월 2일 한성을 장악하고 승리의 풍악을 울렸다. 일본군이 한성에 입성했다는 소식을 들은 히데요시는 춤을 추며 좋아했다. 그는 5월 18일 관백을 맡고 있던 조카 도요토미 히데쓰구에게 이런 서신을 보냈다.

일본 천황을 중국 북경으로 옮기고 일본의 천황은 요시히토 친왕 또는 도모히토 친왕으로 한다. 일본의 관백 도요토미 히데쓰구는 중국의 관백이 되고, 일본의 관백은 하시바 히데스케 또는 우키타 히데이에를 임명한다. 조선은 하시바 히데카쓰나 우키타 히데이에에게 준다.

한성을 함락한 뒤 승리의 기쁨에 들뜬 고니시 유키나가는 다시 조선군을 쫓으며 공격을 지속했고, 김명원은 한강에서 임진강으로 물러나 선조의 평양 입성을 위해 5월 17일까지 시간을 끌었다. 그는 시간을 벌기 위해 임진강 북쪽에 군대를 배치하고 강 가운데에 있는 배는 모조리 북쪽 언덕에 매어두게 했다. 그때 임진강 남쪽에 진을 친 고니시는 발을 동동 구르고 있었다. 선조가 임진강을 넘어 달아났는데 무려 10일 동안이나 임진강에 막혀 북진하지 못했기 때문이다.

김명원이 임진강을 막고 있는 동안 선조는 평양에서 병력 3천을 모았고 한응인이 그들을 거느렸다. 한응인은 그 병력을 믿고 임진강을 건너 일본군을 공격하려 했다. 그런데 한응인 휘하의 평양 병력 중에는 전투 경험이 있는 자들이 많았다. 그들은 한결같이 일본군이 우리 군대를 꾀어내려 한다고 생각하고 임진강 도하를 반대했다.

임진강 건너편에는 고니시와 가토의 군대 4만이 버티고 있었다. 아쉽게도 한응인은 전쟁 경험이 없는 문관이었다. 그는 수하들이 겁을 먹은 채 싸울 생각은 하지 않고 피하려 한다고 판단해 임진강 도하에 반대하는 자들 중 몇 명을 죽였다. 도원수 김명원도 임진강을 건너 적을 공격하는 것은 옳지 않다고 판단했으나 한응인을 말리지 못했다. 비록 자신이 도원수이지만 한응인의 지휘를 받아야 하는 처지였던 탓이다.

한응인의 결기는 대단했지만 그의 판단은 오판이었다. 불과 3천의 군대로 강을 건너봤자 4만 대군을 상대하는 것은 무리였다. 차라리 임진강을 튼튼히 지키고 시간을 끌면서 북쪽과 전라도 쪽 군대가 전열을 가다듬도록 하는 편이 나았다.

한응인의 출격 명령을 받은 장수 신할이 별장 유극량과 함께 임진강을 건너 적을 쫓으려 했을 때 유극량은 임진강 도하를 반대했다. 신할이 유극량을 죽이려 하자 유극량은 죽는 것이 두려운 게 아니라 대사를 그르칠까 봐 염려되어 반대하는 것이라며 화를 냈다. 그리고는 수하들을 이끌고 제일 먼저 임진강을 건넜다. 그러나 신할의 부대가 임진강을 건너자마자 매복하고 있던 일본군이 급습했다.

결국 일본군의 공격에 밀린 신할과 유극량은 휘하 병사들과 함께 전사했고 한응인과 김명원은 강 건너에서 아군이 살육당하는 모습을 지켜볼 수밖에 없었다. 그런 상황에서 박충간이 말을 타고 달아나버렸다. 그때 사람들이 박충간을 김명원으로 오인해 도원수가 달아났다고 소리치는 바람에 군사들이 크게 술렁거리더니 뿔뿔이 달아났다.

그로 인해 일본군은 유유히 강을 건너기 시작했고 김명원과 한응인도 도주할 수밖에 없었다. 이후 그들은 평양성으로 갔다.

일본군의 호령에 뭉그러진 삼남 군대

서울이 함락되고 선조가 도성을 버리고 평양으로 떠났다는 소식이 들리자, 전라도 관찰사 이광이 전라도 군대를 결집하여 도성을 수복하기 위해 북상했다. 이광이 군대를 이끌고 전라도 감영 전주를 출발한 것이 5월 19일이었다. 출발하기 전날 경상도 관찰사 김수가 남원을 거쳐 전주에 도착한 뒤 이광의 군대에 합류한 상태였다.

이광 휘하에는 전주부윤과 나주목사 등 수령 20여 명이 포진했고 군대는 약 5만이었다. 이광의 전라도 군대는 전주를 떠나 익산을 거쳐 충청도 내포를 지나면서 진군했고, 선봉 부대를 맡은 방어사 곽영은 4만 8천의 군대를 거느리고 여산을 거쳐 충청도로 진군하고 있었다.

5월 24일 이광의 군대는 충청도 온양에 도착했고 충청 순찰사 윤선각과 방어사 이옥, 병사 신익이 그곳에 주둔하며 이광을 기다리고 있었다. 그들을 하삼도 13만 대군이라 칭했는데 그 대열이 100여 리에 늘어섰다. 그러나 그 병력은 수만 많을 뿐 전쟁 경험도 없고 제대로 싸울 줄도 모르는 오합지졸이었다. 더구나 병력 내부에서 이탈자가 속출했으며 심지어 반란을 일으키는 경우도 있었다.

삼도 대군은 6월 3일 수원에 도착했고 주력군인 이광의 병력은 독성에 진을 쳤다. 그러자 수원부에 있던 일본군이 대군의 위용에 밀려 용인으로 달아나 본대와 합세했다. 6월 5일 이광은 용인으로 밀고 올라가 백광언을 선봉장으로 내세우고 적진을 탐색했다. 당시 일본군은 북쪽 북두문이라는 작은 산에 진을 쳤는데 군사가 얼마 되지 않고 기세도 약해 보였다. 백광언은 곧바로 이광에게 달려가 이렇게 보고했다.

"적은 영세한 왜적이니 때를 놓치지 말고 급히 공격해야 합니다."

그 말을 듣고 방어사를 맡고 있던 광주목사 권율이 백광언의 의견에 반대했다.

"서울이 멀지 않고 큰 왜적이 앞을 막고 있는데 작은 적과 다투어 교전해서 군사의 위세를 꺾어서는 안 됩니다."

이광은 권율의 말을 듣지 않고 즉시 백광언에게 북두문의 적을 치라고 했다. 그때 백광언이 군대를 이끌고 가 적진을 두들겼으나 일본군은 방어전만 펼치고 산에서 나오지 않았다. 그 바람에 조선 병력이 적군을 얕보아 마음이 해이해지자 일본군은 그 틈을 노려 조선군에 급습을 가했다. 결국 조선군은 대열이 일시에 무너지면서 많은 사상자를 냈고 권율의 말대로 아군의 기세는 꺾이고 말았다.

이광은 군대를 독려해 더욱더 적진을 향해 나아갔다. 그런데 6월 6일 아침 광교산 근처에서 밥을 지어 먹고 있는데 일본군 기병이 급습해왔다. 일본군 기병의 선봉에 선 5명의 장수는 금으로 만든 가면을 쓰고 흰말을 탄 채 검을 휘두르며 곧장 달려왔다. 선봉에 있던 충청병사 신익은 그들을 저지하는 것이 아니라 그 위세에 밀려 달아났고 10만의 병력은 일시에 뭉그러져 흩어져버렸다. 일본군 5명은 그 사이를 뚫고 10리나 쫓으며 이리저리 휘저었고 혼비백산한 조선군은 달아나기에 바빴다. 이광 휘하 여러 장수는 싸워볼 생각도 하지 않고 군수 물자와 군량은 물론 심지어 교서와 인신, 깃발까지 버리고 도주했다. 그야말로 한심하기 짝이 없는 일이었다.

평양성에 무혈 입성한 고니시 부대

그때 임진강 전투에서 패한 김명원과 한응인이 평양성에 도착했는데 그곳도 백성의 원성으로 술렁대고 있었다. 선조가 평양성을 버리고 다시 북쪽으로 피란하려 했기 때문이다. 그 소문이 돌자 평양성 백성은 뿔뿔이 흩어져 산으로 숨어들었고 평양성은 텅 비어버렸다. 선조는 세자 광해군에게 성 안의 노인들을 모아놓고 평양성을 굳게 지킬 테니 걱정하지 말라고 타이르게 했다. 한데 세자의 말을 들은 노인들은 이렇게 말했다.

"저희는 세자의 말만 듣고는 믿을 수가 없습니다. 임금께서 직접 나오셔서 말씀해주십시오."

선조는 자신이 직접 나가 승지를 시켜 세자가 한 말을 다시 하게 했다. 그제야 평양의 노인들은 산골짜기로 피해 간 사람들을 불러냈고 덕분에 성 안에 다시 사람들이 가득 찼다.

그 무렵 일본군이 대동강에 모습을 드러내기 시작했다. 그러자 몇몇 신하가 신주를 받들고 궁녀들과 함께 평양성을 나왔다. 임금이 떠나는 것을 눈치 챈 성 안의 백성은 길을 막고 비켜주지 않았다. 심지어 칼을 휘둘러 신주가 땅에 떨어지기도 했다. 성난 군중은 신주를 받든 신하들을 무섭게 몰아세웠다.

"너희는 나라의 녹을 훔쳐 먹으면서 왜 이제 와 나랏일을 망치고 백성을 속이느냐?"

군중 속에는 여자와 어린아이도 있었다. 그들은 몽둥이와 농기구 같은 무기를 들고 있었고 관복을 입은 사람을 마구 두들겨 팼다. 대신들은 얼굴이 하얗게 질렸으나 선조는 이미 평양성을 떠나기로 결정한 상태였다. 평양감사 송언신은 군대를 풀어 폭동을 일으킨 백성 중 일부를 잡아와 목을 베어버렸다. 그 바람에 거리를 가득 메웠던 사람들은 흩어져 달아났다. 선조는 함경도로 가려 했지만 그곳은 이미 일본군에 점령당했다는 전언이 있었다. 유성룡은 함경도로 가는 것은 평양성에 남는 것보다 더 위험하다며 선조를 만류했다.

그때 일본의 승려 겐소가 대동강으로 배를 타고 와 조선의 예조판서 이덕형과 회담하고 싶다는 말을 전해왔다. 이덕형은 나룻배를 타고 대동강 한가운데서 겐소와 야나가와 시게노부를 만났다. 이덕형을 만난 겐소는 이렇게 말했다.

"일본이 조선의 길을 빌려 명에 조공을 바치려고 하는데, 조선이 이를 허락하지 않아 이렇게 전쟁까지 하게 된 것 아닙니까? 지금이라도 길 하나를 빌려주면 일본은 명으로 가고 조선은 아무 일도 없을 것이오."

이덕형은 일본이 약속을 어긴 것을 나무란 뒤 군사부터 물리고 강화 이야기를 하자고 했다. 그러나 일본군은 그럴 의향이 전혀 없었다.

일본의 침략이 더욱 가속화할 것을 확인한 선조는 6월 11일 평양성을 윤두수에게 맡기고 영변으로 떠났다. 이후 대동강을 사이에 두고 일본군과 조선군이 대치했다. 당시까지만 해도 일본군은 대동강 상류에 얕은 물길이 있는 줄 몰랐다. 그런데 가뭄이 이어지면서 수심이 점점 얕아졌고 일본군은 상류의 얕은 곳을 물색해 침략로를 찾기 시작했다. 그 무렵 모래사장에 군막을 친 일본군은 점점 지쳐가고 있었다. 도원수 김명원은 그들의 허술한 경계를 틈타 야밤에 적을 쳤고 일본군은 갑작스런 조선군의 기습에 당황해 우왕좌왕했으나 오래지 않아 전열을 정비하고 조선군을 역공했다. 그 바람에 퇴각하던 조선군의 상당수가 물에 빠져 죽었다. 헤엄쳐서 얕은 곳으로 빠져나온 군사들이 대동강 지류인 왕성탄을 건너 돌아오자 일본군은 그제야 그곳의 수심이 얕은 것을 알았다. 곧이어 일본의 대군이 왕성탄을 건너 들이치자 그곳을 지키던 조선 병사들은 적의 숫자가 너무 많은 것에 겁을 먹고 모두 달아나버렸다.

그쯤 되자 윤두수는 평양성을 지킬 수 없다고 판단해 성문을 열어 백성을 나가게 한 뒤 무기를 모두 연못에 빠뜨린 다음 성을 비우고 북쪽의 선조에게로 갔다. 다음 날 성 안에 아무도 없음을 확인한 일본군은 피 한 방울 흘리지 않고 평양성을 접수했다. 당시 평양성에는 창고마다 곡식이 가득했는데 그것은 고스란히 일본군이 차지했다.

요동으로 가려는 선조와 반대하는 대신들

영변에 있던 선조는 그곳 사정이 여의치 않음을 보고 세자 광해군을 영변에 머물게 하고 자신은 박천을 거쳐 가산을 지나 정주(지금의 평안북도의 군)로 가겠다고 했다. 대신들의 생각은 달랐다. 영의정 최흥원이 먼저 선조의 정주행을 만류했다.

"상께서 정주로 이주하고 싶으시더라도 우선은 여기에 머무르소서."

선조는 무조건 정주로 가야 한다고 우겼다.

"내 생각은 정해졌다. 세자는 여기에 머물 것이니 여러 신하 중에 따라오고 싶지 않은 사람은 오지 않아도 좋다."

정철이 선조에게 물었다.

"세자가 지금은 여기에 머물지만 결국 정주로 갈 것입니까?"

선조는 광해군을 대동할 생각이 없었다.

"구성이나 강변 등지로 가야 할 것이다."

정철이 세자를 두고 가는 것을 반대하며 아뢰었다.

"세자가 여기에 머물면 힘이 분산되어 조정이 모양을 이루지 못할 성싶고 인심도 요동할 것입니다."

그러나 선조는 자신의 안위만 걱정할 뿐이었다.

"호종하는 관원을 여기에 많이 머물게 하고 나는 가벼운 행장으로 옮겨갈 것이다."

대신들은 선조가 정주로 가는 것을 계속 반대했다. 그러자 선조는 짜증을 냈다.

"일이 이 지경에 이르렀는데 다시 갈 만한 곳이 있겠는가. 말하여 보라. 만약 있다면 내가 따를 것이다."

그 말에 대신들이 왜적의 기세가 꺾이면 북도로 갈 수 있다고 했지만 선조는 여전히 정주로 갈 생각을 접지 않았다. 마침 행재소에 가산군수 심신겸이 와 있다는 소리를 들은 선조는 내관을 시켜 가산까지의 거리를 물었다. 심신겸은 가산까지 90리이고 큰 강이 둘 있다고 했다. 또 가산에서 의주까지는 촌락이 모두 비어 있어 연기도 나지 않는다고 했다.

그즈음 정철은 자신이 머무는 강계는 사람들이 모두 방어할 수 있으니 그곳으로 가자고 했다. 그러자 신하들 사이에 정철이 왕을 강계로 데려가려 하는 것은 자신이 고생한 것을 되갚으려는 짓이라는 말이 돌았다. 강계는 정철이 귀양살이를 하던 곳이었다.

선조는 여전히 정주를 고집했다.

"아랫사람들은 어느 곳이든 갈 수 있겠지만 나는 정주로 피해야겠다. 평양이 함락당하면 함경도도 온전치 못할 것이다."

그때 영의정 최흥원이 말했다.

"우리나라에는 피할 만한 곳이 없습니다. 현재 요동으로 들어갈 것을 의논하고 있는데 일단 요동으로 들어가면 조종의 종묘와 사직을 장차 누구에게 부탁하시겠습니까?"

최흥원은 이렇게 덧붙였다.

"중국이 우리를 받아주지 않고 왜적이 뒤에서 핍박하면 어떻게 하시겠습니까? 지금 정주로 이주한다는 분부가 있자 인심이 동요하고 있으니 잘 생각하여 처리하는 것이 좋겠습니다."

그때 신하 하나가 이런 말을 보탰다.

"이 지경에 이르러 어찌할 수 없습니다만 전일 왜적과 통신한 일이 있으니 중국에서 그다지 믿어주지 않을 성싶습니다."

그 말에 선조는 절망적으로 말했다.

"그렇다면 요동에 들어갈 수 없단 말인가. 왜적의 문서에 그들의 장수를 8도에 나누어 보내겠다고 하였으니 우리나라 지방에서는 피할 만한 곳이 없을 성싶다."

사간원과 사헌부 관원들이 합계해 왜적의 형세를 먼저 살피고 피하기를 청했으나 선조는 무작정 영변을 떠나 북쪽으로 가야 한다고 우겼다. 대신들은 정주로 가는 것이 마땅치 않다며 움직이지 않았다. 신하들은 정철의 의견에 따라 강계로 갈 생각으로 말했다.

"지금 여기에 들어온 대신들이 밖에 있을 적에 모두들 강계로 가려면 운산이 좋다고 하였습니다. 오늘 밤새도록 가면 운산에 도착할 수 있을 것입니다."

당시 중전과 후궁들은 운산에 머물고 있었으나 선조는 강계로 가고 싶어 하지 않았다.

"여러 신하의 뜻은 모두 나를 인도하여 강계로 가려는 것인가?"

선조는 이렇게 덧붙였다.

"당초에 일찍이 요동으로 갔었다면 좋았을 것인데 의논이 일치하지 않아 이 같은 지경에 이르렀다. 나는 처음부터 항상 왜적이 앞에 나타난 뒤에는 피해가기 어렵다는 일로 말하곤 했다."

일본군이 당장 평양을 무너뜨리고 들이칠 상황에서 그런 한탄은 소용없었다. 선조가 행재소에 와 있던 운산군수 성대업을 불러 길을 묻자 성대업이 대답했다.

"강계는 서쪽으로는 의주로 가는 길이 있고 동쪽으로는 적유령이 있는데, 길이 좀 넓어 적을 방어하기가 어렵습니다. 따로 매우 험준한 한 곳이 있습니다."

그 말을 듣고 선조는 요동으로 가자고 했다. 최흥원이 요동의 인심이 매우 사납다고 하자 선조는 이런 말을 했다.

"그렇다면 어찌 갈 만한 지역을 말하지 않는가. 내가 천자의 나라에서 죽는 것은 괜찮지만 왜적의 손에 죽을 수는 없다."

이 일로 의견이 분분하자 선조는 요동을 고집했다.

"의논이 많은 것은 좋지 않다. 지금 백방으로 생각해봐도 내가 가는 곳에는 왜적도 갈 수 있으므로 본국에 있으면 발붙일 땅이 없을 것이다."

최흥원이 요동으로 가는 것을 반대하자 선조는 무슨 일이 있어도 압록강을 건널 것이라고 고집했다. 그러나 신하들은 여전히 요동으로 가는 것은 무리라고 했다.

그날 밤 선조는 세자에게 임시로 국사를 맡기겠다고 전교했다. 대신들이 반대했으나 선조는 끝까지 세자에게 국사를 맡기겠다고 고집했고 결국 세자가 임시로 국사를 대신한다는 결정이 났다. 다음 날 선조는 세자 광해군을 정주로 보내라 하고는 자신은 요동으로 들어가기 위해 박천으로 향했다.

그 무렵 명에서 원군이 온다는 말이 전해졌다. 또 명 황제의 허락 없이 요동으로 가는 것은 불가능하다고 하자 선조도 정주로 갔다. 그때 중국에 갔던 이덕형이 6월 17일 의주로 돌아와 명나라 군대가 6월 20일경 도착할 것이라고 전했다.

6월 18일 명나라 선봉대 기병 1천 명이 압록강을 건너 의주에 도착했다. 당시 명에는 가짜 왕을 앞세운 조선이 일본군을 인도해 명을 치려 한다는 말이 돌았다. 그러자 명나라 사신으로 온 적 있던 송국신이 자신이 조선 왕의 얼굴을 알고 있으니 만나보고 오겠다고 했다. 실제로 조선 왕을 확인한 그는 조선이 일본군의 길잡이 노릇을 한다는 말이 헛소문임을 확신하고 돌아갔다.

명나라 부대가 하나둘 도착하자 윤두수는 임금이 요동으로 가지 않는다는 것을 백성에게 알려야 한다고 주장했다. 선조는 용천을 거쳐 의주로 향했다.

6월 22일 선조가 의주로 갔을 때, 명나라 군사들이 먼저 들어와 민가를 약탈하는 바람에 백성들이 산으로 달아나 의주성이 텅 비어 있었다. 이때까지만 해도 선조는 요동으로 들어가는 것을 포기하지 않았다. 윤근수와 유성룡이 강력하게 요동행을 반대했으나 선조는 여전히 미련을 버리지 않았다. 선조가 요동행을 빨리 의논해 결정하라고 성화를 부리자 대신들은 강경하게 버티며 반대했다.

"당초에 요동으로 가자는 계책이 어디에서 나왔는지 모르겠습니다. 이 의논을 들은 뒤로 신민들이 경악하였으나 달려가 하소연할 곳도 없었으니 그 안타깝고 절박한 실정이 난리를 만난 초기보다 심하여 허둥지둥 마음이 안정되지 않고 있습니다. 비록 지금 왜적들이 가까이 닥쳐왔지만 하삼도가 모두 완전하고 강원·함경 등도 역시 병화를 입지 않았는데, 전하께서는 수많은 신민을 어디에 맡기시고 굳이 필부의 행동을 하려고 하십니까. 그리고 명에서 대접하여 허락할지도 예측할 수 없고 일행 사이에 비빈도 뒤떨어져 가지 못하는데, 요동 사람들은 대부분 무식하여 복색도 다르고 말소리도 전혀 다르니 비웃고 업신여기며 무례하게 굴면 어떻게 저지하겠습니까. 비록 요동에 도착한다 해도 그곳 풍토와 음식을 어떻게 견디시렵니까. 생각이 이에 이르자 눈물이 절로 흐릅니다. 요동으로 가는 문제는 신들은 결코 다시 의논할 수 없습니다."

유성룡, 윤두수, 정철 등이 강경하게 반대하자 선조는 결국 요동행을 포기했다. 선조는 속내를 드러내지는 않았지만 그들을 좋게 여기지 않았다. 마침 중국에서 참장 곽몽징을 보내 은 2만 냥을 보내오자 선조는 그것을 신하들에게 나눠주었다.

요동행이 불가능하다고 판단한 선조는 이번에는 배를 타고 남쪽으로 가겠다고 했다. 전라도 지역에 아직 일본군이 들어가지 못했으니 그곳으로 가자는 말이었다. 그때 윤두수가 평양에 왜적이 있어 바닷가로 가면 필시 왜적의 공격을 받을 수 있다며 황해감사에게 먼저 바닷길을 정탐하게 하는 것이 좋겠다고 했다. 선조는 그러면 너무 더뎌서 안 된다며 우선 준비라도 하자고 했다.

그러자 윤두수는 선천과 곽산의 바닷길을 경유해 남쪽으로 가자고 했다. 선조는 선천이나 곽산을 경유하지 않고 수로를 따라 가고 싶다고 했다. 배를 이용해 의주에서 곧장 남도로 가자는 말이었다. 충청도나 전라도에 정박하면 군사들을 모집할 수 있을 것이라는 말도 덧붙였다. 그 말에 윤두수는 장산곶 근처의 뱃길이 너무 험해 평소에도 그 근처에서 배들이 파손된다고 했다. 그러니 용천을 경유해 안악에 정박했다가 육로로 올라가 해주를 지나 아산에 도착하는 것이 좋겠다고 했다. 선조는 그 의견에 따르기로 하고 속히 떠날 준비를 하라고 했다. 그런데 명에서 군대를 의주 근처에 두려 한다는 소식을 듣고 선조는 의주에 계속 머물겠다고 했다. 마침내 선조는 요동으로 피난하는 것을 중단하고 명나라 군대를 믿고 의주에서 전쟁을 지휘하기로 결정한 것이다. 요동으로 몸을 피하는 것을 두고 벌어진 선조와 대신들의 대립은 이렇게 끝이 났다.

4

군관민의 처절한 전투

—

"경성이 함락되고 8도가 붕괴되었는데
새장 같은 진주성을 네가 어찌 지키랴."

일본군의 사기를 꺾어버린 옥포해전과 사천해전

임진왜란 발발 이후 조선의 육군은 파죽지세로 치고 올라오는 일본군
에 패전을 거듭하며 북쪽으로 내몰렸지만, 수군의 전세는 완전 딴판
이었다. 비록 경상좌수사 박홍이 싸우지도 않고 도망쳐버리고 경상우
수사 원균도 간신히 배 몇 척만 건진 채 전라좌수영으로 피신했지만
전라좌수사 이순신은 전혀 달랐다. 1년 이상 일본군 침략에 대비해
충분히 훈련한 이순신은 일본군의 침략 사실을 전해 듣고도 전혀 두
려워하거나 당황하지 않았다.

　이순신이 일본의 침략 소식을 들은 날은 전쟁 발발 사흘째인 4월
15일이었다. 이날은 성종의 첫 번째 왕비 공혜왕후 한씨의 제삿날이
라 이순신은 공무를 보지 않았다. 그런데 경상우수사 원균과 경상좌
수사 박홍이 공문을 보내와 일본군의 침입 사실을 알렸다. 16일에는

부산 함락 소식이 왔고 18일에는 동래, 양산, 울산이 함락되었다는 공문이 날아왔다.

이순신은 곧 전라도로 닥칠 일본군에 대비해 각 진영의 장수들을 불러 모았다. 5월 1일에는 모든 수군을 좌수영으로 끌어 모아 결의를 다졌다. 진해루에 모여 앉은 방답첨사(이순신), 흥양현감(배흥립), 녹도만호(정운) 등의 수군은 모두 격분해 제 한 몸을 생각하지 않고 전의를 불살랐다.

그런데 다음 날 남해현령 기효근과 미조항첨사 김응룡이 왜적이 쳐들어왔다는 소식만 듣고 달아났고 남아 있는 병기와 물자가 없다는 보고가 들어왔다. 좌수영 휘하의 낙안군수 신호가 우선 몸을 피하자고 하자 이순신은 군법을 앞세워 도망치지 못하도록 막았다. 또한 전라우수사 이억기에게 사람을 보내 병력을 합쳐 함께 대비할 것을 제의했지만 이억기는 대답이 없었다. 이순신 휘하의 부하 중에도 탈영병이 생기자 이순신은 탈영한 수군 황옥천을 잡아와 목을 베고 군중 앞에 내다 걸며 군율의 위엄을 보였다.

5월 7일 이순신은 더 이상 이억기의 부대를 기다리지 않고 전라좌수영 군대를 이끌고 왜선이 정박한 거제도 옥포항을 들이쳤다. 이순신이 거느린 함대는 전선(판옥선) 24척, 협선 15척, 포작선 46척을 합쳐 도합 85척이었다. 이순신의 함대가 옥포에 도착했을 때 일본군은 배를 정박해놓고 거제도 백성을 상대로 노략질을 하고 있었다. 그러다 순식간에 급습을 당한 일본군은 당황하여 달아나기에 바빴다. 이 싸움에서 30여 척의 왜선 중 26척이 격파되고 일본군에게 붙잡혀 있던 조선군 3명을 구출함으로써 임진왜란 발발 이래 첫 승전을 거뒀다. 그날 오후에는 웅천현의 합포 앞바다에서 대형 전선 한 척을 만나

격침하고, 이튿날에도 적진포에서 왜선 13척을 격침하는 개가를 올렸다. 이것이 이른바 이순신에게 첫 승리를 안겨준 옥포해전이다.

옥포해전에서 승리한 이순신은 5월 29일 다시 사천으로 향했다. 이날까지도 전라우수사 이억기는 합류하지 않았다. 대신 원균의 경상우수영군이 합류했는데 원균의 부대는 전선 3척이 전부였다. 이순신 부대는 전선 23척을 갖췄고 그중에는 거북선도 있었다. 조선 함대는 사천으로 가던 중 왜선 하나를 발견하고 격침했다. 그들이 사천에 이르렀을 때 일본군은 사천 선창에 12척의 전선을 정박해두고 산봉우리에 진을 치고 있었다. 일본군의 방비가 삼엄하고 조수로 인해 바다 상황도 공격에 여의치 않자, 이순신은 적을 유인하기 위해 퇴각하는 모양새를 취했다. 일본군은 함대를 이끌고 뒤쫓아왔고 뱃머리를 돌린 이순신은 거북선을 앞세워 적진으로 돌진했다. 그리고 나머지 전선이 거북선을 따라 공격을 감행한 끝에 12척 전부를 격침했다. 거북선을 실전에 처음 투입해 완벽한 승리를 낚은 것이다.

이 전투에서 이순신은 조총 탄환이 어깨를 관통하는 부상을 입었다. 그럼에도 사천 전투는 6월 8일까지 이어졌다. 그런 상황에서 6월 4일 이억기의 부대가 합류하자 병사들의 사기가 하늘을 찔렀다. 이후 적선 33척과 전투를 벌여 일본군 장수 7명의 머리를 베고 3척의 적선을 사로잡는 개가를 올렸다.

이렇듯 사천해전과 옥포해전에 승리한 조선 수군은 바다에서 일본군의 기세를 완전히 꺾어놓았다.

남해의 제해권을 장악한 한산도대첩

이순신의 승리는 여기서 멈추지 않았고 한산도대첩으로 남해의 제해권을 완전히 장악했다. 한산도대첩은 진주대첩, 행주대첩과 더불어 임진왜란 3대 대첩 중 하나이지만 불행히도 이순신의 《난중일기》에는 그 기록이 없다. 이순신은 사천해전 이후 6월 11일부터 8월 23일까지 2개월 이상 일기를 쓰지 못했는데, 그 기간에 한산도대첩이 있었기 때문이다.

한산도대첩은 1592년 7월 8일부터 7월 10일 사이에 벌어졌다. 우선 7월 5일 연합한 이순신 함대와 이억기 함대가 좌수영 본영인 여수 앞바다에 전선 48척을 집결해 합동 훈련을 실시했고, 6일에는 노량 앞바다에서 원균의 전선 7척과 합세해 모두 55척이 되었다. 당시 일본군은 와키자카 야스하루가 이끄는 함대로 대선 36척, 중선 24척, 소선 13척으로 구성된 73척이었다. 와키자카는 견내량(거제시 사등면 덕호리)에 함대를 정박했는데 견내량은 주변에 암초가 많고 폭이 좁아 함부로 공격할 수 없는 곳이었다. 조선 함대는 전선 5, 6척을 내보내 일본군을 공격하는 척하다가 반격을 가해오면 한산도 쪽으로 유인해 역공을 가할 계획을 세웠다. 다행히 유인책에 말려든 와키자카는 모든 함대를 동원해 기세 좋게 조선 함대를 뒤쫓았다. 그러다 한순간에 이순신이 펼친 학익진 속으로 들어왔다. 순식간에 조선 함대에 둘러싸인 와키자카 함대는 각종 포탄에 시달리며 퇴각하기 바빴지만 이미 함정에 빠진 터라 쉽게 빠져나가지 못했다. 그때 조선 수군은 왜선 12척을 나포하고 47척을 격침했다. 와키자카는 남은 14척을 이끌고 김해 쪽으로 달아나 가까스로 목숨을 구했다. 전투 중에 조선 전함은 한 척도 잃지 않았고 그야말로 완벽한 승리였다.

한산도대첩 이후 남해안 일대의 제해권은 조선 수군이 완전히 장악했다. 이후 일본 수군은 몸을 사리며 싸움에 나서지 않았다. 비록 육지에서는 일본군이 한성을 함락한 후 고니시가 평양성을, 가토가 함경도를 장악하고 구로다가 황해도를 거의 차지했지만 바다에서만큼은 이순신 앞에서 겁먹은 생쥐 꼴이 되어 포구에 숨어 나오지 않았다. 그런 연유로 바닷길을 이용해 군량과 보급품을 조달하려던 일본군의 계획은 완전히 수포로 돌아갔다. 고니시 부대가 평양성을 차지하고도 더 이상 진격하지 못한 것도 결국엔 이순신이 해로를 차단한 덕분이었다. 당시 일본군은 수군의 패배로 전라도와 충청도로 진출하지 못했고 고니시 부대는 다른 부대와 너무 멀리 떨어지고 말았다. 고니시는 평양성에 머물며 사태를 지켜보는 수밖에 없었다.

원균과 이순신의 갈등

이순신은 옥포해전부터 한산도대첩까지 연전연승을 거듭했지만 전쟁이 이어지자 병사들은 지칠 대로 지쳤다. 1593년(계사년)에는 노를 젓는 격군들이 대거 달아나는 사태가 벌어졌다. 그해 2월 3일에는 격군 80여 명이 도망갔다는 보고가 올라왔다. 그런데도 뇌물을 받아 챙긴 나장들은 격군들을 잡아오지 않았다. 이순신은 군관 이봉수와 정사립에게 도주한 격군 70여 명을 잡아오도록 하고 그들에게 뇌물을 받은 김호걸과 김수남을 처형했다. 며칠 뒤 이순신은 이억기, 원균의 부대와 함께 다시 출병했고 18일에 웅천까지 진출해 수일 동안 적진을 휘저었다.

　이 무렵부터 이순신과 경상우수사 원균 사이에 심한 갈등이 일어났다. 1540년에 태어난 원균은 이순신에 비해 나이가 5세 많았고 무과도 이순신보다 9년 빠른 1567년에 급제했다. 말하자면 이순신보다 나이도 많고 무과 선배이기도 했다. 1583년 부령부사에 오르고 이어 종성부사를 지냈으니 관직에서도 훨씬 선배였다. 비록 수사(수군절제사)에 임명된 시기는 이순신보다 11개월 늦은 1592년 1월이었지만 원균은 나이와 경력에서 이순신보다 위였다. 그런 까닭에 같은 수군절도사의 위치에 있긴 했어도 이순신에게는 상대하기 버거운 선배였다.

　이순신은 원균을 좋아하지 않았다. 물론 이순신이 처음부터 원균을 싫어했던 것은 아니다. 두 사람의 갈등은 옥포해전과 한산도대첩 이후 장계를 올리는 과정에서 처음 발생했다. 이때 원균은 이순신에게 연명으로 함께 장계를 올리자고 했지만 이순신은 이를 거절하고 먼저 단독으로 장계를 올렸다. 이 때문에 원균은 벼슬이 더해지지 않고 이순신의 벼슬만 더해졌다. 원균이 이를 이순신의 탓으로 돌리면서 이후 두 사람의 감정은 골이 더 깊어졌다.

　이순신은 《난중일기》 곳곳에 원균을 비난하는 글을 남겨놓았다. 그 내용을 종합해보면 원균은 아군이 위험에 처해도 못 본 척하면서 자신의 전공을 높이기 위해 부하들을 시켜 적의 시신을 건지기에 혈안인 인물이다. 또한 자신의 공을 높이고자 조선 백성을 죽여 왜적의 머리로 보고하는 짓도 서슴지 않았다. 이순신은 자신이 직접 원균의 그런 행동을 목격하기도 했고 부하들이 그의 파렴치한 행위를 보고하기도 했다. 말하자면 이순신이 원균을 싫어한 것은 단순히 인간관계가 아니라 원균의 비리 때문이었다. 원균의 그런 행동은 지속적으로 반복되었다.

사실 이순신이 원균을 싫어한 가장 큰 이유는 원균이 공을 세우는 데만 관심이 있고 백성과 나라는 안중에도 없다고 판단해서다. 또한 원균의 인간성에도 혐오감을 감추지 않았다. 이순신은 원균의 행동 하나하나를 자신의 출세만을 위한 것으로 판단해 그 행동을 모두 가소롭게 여겼다.

어쨌든 두 사람의 갈등은 점차 심해졌고 이는 조정의 당파 싸움에도 영향을 끼쳤다. 급기야 전세를 뒤바꿔놓는 결과를 낳기까지 했다. 즉, 이순신과 원균의 갈등은 단순히 개인적 차원의 문제가 아니었다. 한마디로 나라와 백성의 안위가 걸린 중차대하고 국가적인 문제였던 것이다.

원균과 이순신의 관계가 날이 갈수록 악화되던 중에 이순신이 수군통제사에 임명되었다. 이는 원균이 이순신의 지휘를 받아야 하는 처지가 되었음을 의미한다. 그 기록이 실록에 보인다.

이순신이 삼도 수군통제사를 겸임하게 하고 본직을 그대로 두었다. 조정의 의논에서 삼도 수사가 서로 통섭할 수 없다고 하여 특별히 통제사를 두어 주관케 했다. 원균은 선배로서 그의 밑에 있게 됨을 부끄럽게 여겨 틈이 벌어지기 시작했다.

원균은 이순신이 통제사가 된 이후에도 거의 명령을 따르지 않았다. 1593년 8월 4일 이순신은 《난중일기》에 "원균이 하는 말은 매번 모순적이니 참으로 가소롭다"라는 글을 남겼다. 또 8월 7일 일기에도 "적의 형세를 살피려고 우수사(이억기)가 유포로 가서 원균을 만났다고 하니 우습다"라고 쓰고 있다. 임진왜란 당시 원균은 같은 수군절도사임에도 불구하고 자신이 가장 선배라는 이유로 이억기와 이순신을 수하로 여겼다. 이억기는 원균, 이순신과 함께 수군절도사 자리에 있었지만 원균보다 20세나 어렸고, 이순신보다는 15세가 어렸다. 즉, 이억기는 두 사람에게 아들뻘에 불과한 젊은 친구였다. 그러니 원균이 이억기를 수하처럼 대한 것은 당연한 일인지도 모른다. 이순신역시 자신보다 9년 후배라 선배 행세를 하려 한 것이다. 그러나 이순신은 호락호락하지 않았고 원균은 그런 이순신을 매우 괘씸하게 여겼다. 이는 이순신이 통제사가 된 후에도 별반 다르지 않았다. 원균이 통제사인 이순신을 제쳐두고 이억기를 자기 진영으로 불러 왜적을 칠방도를 모색했다는 보고를 받고 이순신은 《난중일기》에서 '우습다'고 표현하고 있다. 지휘 계통으로 보면 당연히 통제사 진영으로 와서 함께 논의해야 할 일을 원균이 이순신을 제쳐놓고 이억기만 불러 자신이 상관인 것처럼 지휘했으니 말이다.

8월 25일 원균은 이순신을 찾아와 술을 내놓게 한 뒤 잔뜩 취하자이순신에게 행패를 부렸다. 그 구체적인 내용은 기록하지 않았지만이순신은 이날 일기에 "원균이 술을 마시자고 하여 조금 주었더니 잔뜩 취하여 흉악하고 도리에 어긋나는 말을 함부로 지껄였다. 매우 해괴했다"라고 적고 있다. 흉악하고 도리에 어긋나는 말이란 무엇일까? 흉악하다는 것은 욕설과 악담을 퍼부었다는 뜻일 테고, 도리에 어긋난다는 것은 상관인 자신을 후배 다루듯 했다는 뜻일 게다. 이런 행동을 이순신은 '해괴하다'고 표현한 것이다.

비단 이순신만 원균을 미워한 것은 아니었다. 이억기도 원균의 패악을 몹시 비난했다. 원균이 이억기를 불러들여 일본군을 칠 일을 논의했다는 보고를 받은 날부터 한 달쯤 뒤인 9월 6일 이순신은 일기에 "식후에 내가 이억기의 배로 가서 종일 이야기하고 그에게 원균의 흉포하고 패악한 일을 들었다"라고 쓰고 있다.

이순신과 원균의 갈등은 급기야 조정에 알려졌고 조정은 이를 해결하기 위해 1594년 12월 원균을 충청절도사로 발령을 냈다.

이순신의 입장에서는 원균이 육군 병마사가 되어 떠나는 것 자체가 반가운 일이었다. 더 이상 꼴 보기 싫은 선배와 마주치지 않아도 되고 마음의 상처를 입는 일도 사라질 것이었기 때문이다. 그런 심정은 전라우수사 이억기도 마찬가지였다.

원균을 대신해 선거이가 새로이 경상우수사가 되었으나 선거이는 병으로 면직서를 올렸고 선거이 대신 배설이 원균의 후임으로 왔다. 선거이는 병이 나은 뒤 충청수사가 되었다. 결국 통제사 이순신 휘하에 충청수사 선거이, 경상우수사 배설, 전라우수사 이억기 등이 포진했다. 배설은 이순신보다 6세 어렸고 무과도 이순신보다 뒤에 급제했다. 선거이는 무과는 이순신보다 빨리 급제했으나 나이가 이순신보다 5세 어렸다. 북방에 있을 때 선거이는 이순신과 함께 근무한 전우이기도 했다. 덕분에 나이가 가장 어리고 한참 후배인 이억기를 비롯해 배설, 선거이는 모두 이순신의 지휘를 잘 따랐다. 이순신이 통제사가 된 이후 모처럼 조선 수군의 위계가 제대로 선 것이다. 그러나 배설은 경상우수사가 된 지 몇 개월 만에 조정으로 압송되었고 권준이 그 자리를 대신했다. 권준은 순천부사로 있을 때 이순신의 중위장으로 활약하던 인물이라 이순신과 말이 잘 통했다. 이로써 통제사 이순신의 지휘 아래 조선 수군은 더욱 안정된 체계를 이룰 수 있었다.

공포의 대상이 된 홍의장군 곽재우

조선 수군이 해로를 차단해 군량미와 보급품 조달이 어려워지자 일본군은 바닷길을 이용한 물자 조달을 포기하고 조선 내부에서 군량미와 물자를 확보하려 했다. 이때 일본군은 조선의 곡창지대인 호남을 장악해 군량미를 확보할 생각이었다. 그러려면 낙동강 서쪽 지역인 경상우도를 넘어 전라도로 진격해야 했지만 일본군은 경상우도를 공격하는 과정에서 불의의 복병을 만났다.

일본군은 조선을 침략한 직후 합포를 거쳐 1592년 5월 경상우도의 길목에 위치한 함안을 함락하고, 경상우도의 관문인 의령으로 넘어가기 위해 함안과 의령 사이를 흐르는 남강을 건너려고 했다. 의령을 통과해야 전라도로 넘어갈 수 있었기에 일본군은 의령을 점령하는 데 혈안이 되었다. 일본군은 제6군 고바야카와 다카카게가 이끄는 1만 5천 병력이 전라도로 진출했고, 그 휘하 장수 안코쿠지 에케이가 이끄는 2천 병력이 5월 26일 남강의 의령 쪽 나루터인 정암진으로 들어가기 위해 도하 준비를 했다. 도하 작전을 위해 일본군은 먼저 뗏목을 만들어 정찰대를 파견한 뒤 정암진에 나무 푯말을 꽂아 표시해두고 돌아갔다. 다음 날 안코쿠지 부대의 선발대는 전날 세워둔 푯말을 향해 나아갔는데, 그들이 도착한 곳은 엉뚱하게도 늪지대였다. 그들이 그 사실을 모른 채 늪지대를 지날 때 갑자기 조선 군대가 들이닥쳐 그들을 섬멸했다. 일본군을 섬멸한 부대는 의병대장 곽재우가 이끄는 의령의 의병들이었다. 곽재우는 수하들을 시켜 밤에 몰래 일본군이 꽂아둔 푯말을 늪지대로 옮겨놓았고 이 사실을 전혀 몰랐던 일본군 선발대는 늪지대에 뗏목을 대다가 꼼짝없이 당한 것이다.

선발대가 섬멸당한 뒤에도 안코쿠지는 도하 작전을 개시했다. 그런데 그들이 도하를 시작하자 정암진 주변에서 화살이 날아들기 시작했다. 화살이 사방에서 날아들었지만 군사들은 보이지 않았다. 일본군은 조선군의 병력을 예측할 수 없었고 결국 혼비백산한 일본군은 남강 도하를 포기하고 퇴각했다.

곽재우 부대가 남강 도하를 저지하면서 남강 북쪽의 의령, 합천, 산청, 거창, 진주 등은 안전해졌다. 곽재우의 정암진 전투 승전은 일본이 조선을 공격한 이래 육상 전투에서 맛본 최초의 패배였다. 더구나 곽재우의 부대는 정규군이 아니라 백성으로 구성된 의병이었고 병력도 고작 50여 명에 불과했다. 의병 50여 명이 2천이 넘는 일본 병력을 무찔렀다는 소문이 나자 곳곳에서 의병이 일어나기 시작했고, 곽재우 휘하에 들어오는 의병 수도 급격히 늘어났다.

곽재우와 김수의 갈등

곽재우가 의병을 일으킨 것은 임진왜란 발발 10일째인 4월 22일이었다. 그는 사재를 털어 병장기와 의병들의 군량미를 마련했다. 그리고 정암진 전투로 의병이 크게 늘어나자 부족한 군량미를 해결하기 위해 관가의 창고에 쌓여 있던 곡식을 풀었다. 그러자 당시 경상우도 병사 조대곤이 곽재우가 창고를 도둑질하여 역적 짓을 했다고 선조에게 보고했다. 이 때문에 양반 집안에서는 곽재우 휘하에 의병으로 들어가는 것을 꺼렸다. 그때 경상도 감사 김수가 경상우도 순찰사가 되어 거창으로 들어왔다. 경상도 감사였던 김수는 일본군과 싸울 생각은 하지 않고 도망만 다녀 경상좌도를 적군의 손아귀에 떨어지게 한 장본인이었다. 곽재우는 늘 그를 나라를 잃게 한 원흉이라 비난했는데 그가 다시 경상우도 순찰사로 온다는 말을 듣고 격분해 김수를 죽이겠다며 이렇게 말했다.

"왜적이 처음 왔을 때 조금도 방어할 계획이 없었고 나라를 위해 죽어야 한다는 의리를 모르는 인물이 우리 도에 사람이 없다고 생각하고 감히 얼굴을 들고 다시 온 것이로구나. 나는 군사를 옮겨 먼저 그를 쳐야겠다."

경상도 감사 김수는 부산성과 동래성이 무너지자 밀양으로 도주했고, 밀양이 무너지자 계속 도주하면서 백성에게 일본군이 쳐들어왔으니 산으로 도망가라고만 했다. 이 때문에 경상좌도가 순식간에 무너졌는데, 그가 다시 경상우도 순찰사가 되어 병력을 지휘한다고 하니 곽재우가 분을 이기지 못하고 말한 것이었다.

그때 영남 초유사(백성의 안정을 도모하는 업무를 맡은 전시 관직)로 와 있던 김성일이 곽재우를 만류했다. 김성일은 원래 영남 초유사로 임명되었으나 일본에 다녀온 뒤 일본군이 침입하지 않을 것이라고 말했다가 파직당했다. 그가 영남 초유사로 왔을 때 백성의 안정을 도모해 신뢰를 얻은 덕에 사면되어 다시 초유사로 온 것이다. 초유사로 오자마자 곽재우를 만난 김성일은 그의 용맹과 지략이 대단함을 간파하고 의령과 삼가 두 현을 곽재우의 지휘 아래 두고 병력을 편입했다. 이후로 곽재우는 김성일을 믿고 존경했고 그의 휘하에는 1천이 넘는 병력이 모였다.

비록 김성일의 만류로 김수를 죽이지 않았지만, 곽재우는 김수에게 편지를 보내 스스로 자결하지 않으면 죽이겠다고 했다. 이에 김수는 선조에게 장계를 올려 곽재우가 역적질을 하며 자신을 죽이려 한다고 고발했다. 곽재우 역시 장계를 올려 김수의 죄상을 낱낱이 적어 벌을 내려야 한다고 했다. 김수는 휘하 군관 김경눌을 시켜 곽재우를 협박하는 편지를 보냈다. 또 김수 휘하의 김경로가 곽재우의 진중에 격문을 보내 역적 곽재우를 체포하라고 했다. 이때 곽재우의 의병과 경상좌도의 백성이 분노하여 김수와 그 휘하 군관들을 죽이고자 했다. 이에 두려움을 느낀 김수는 의병장 김면에게 글을 보내 곽재우가 진정하도록 도와달라고 했고, 김면은 곽재우에게 편지를 보내 혹 엉뚱한 일로 의로운 사람이 죽을까 염려스럽다며 김수를 너무 공격하지 말라고 했다. 김성일도 분노 때문에 국사를 그르칠 수 있다는 말로 곽재우를 다독이면서, 직접 선조에게 장계를 올려 곽재우의 마음을 가라앉히고 김수도 넓게 아량을 베풀도록 할 테니 곽재우에게 죄를 주지 말 것을 요청했다. 이러한 김성일의 노력 덕분에 곽재우는 역적으로 몰리지 않고 의병 부대를 합법적으로 이끌 수 있었다.

이후 곽재우는 눈부신 활약을 펼쳤다. 전투에 임할 때는 반드시 붉은색 첩리(무관의 공복으로 쓰인 붉은 옷)를 입고 당상관의 갓을 쓰고 스스로를 천강홍의장군이라 불렀다. 그의 전광석화 같은 공격을 두려워한 일본군은 그를 홍의장군이라 부르며 몹시 두려워했다. 곽재우의 전술에는 예측을 불허하는 기발한 행동이 많았고 김성일은 그를 변명하는 장계에서 다음과 같이 표현했다.

"말을 타고 적진을 달려 오가는 것이 너무 빨라 왜적이 일제히 철환을 쏘아도 맞히지 못합니다. 혹 말 위에서 북을 치며 천천히 군사를 행진할 때는 절도로 움직이고, 사람을 시켜 피리와 나발을 불게 하여 겁내지 않는다는 것을 드러내기도 합니다. 혹은 숲 속에 병사 모양의 허수아비들을 만들어놓고 호각을 불고 시끄럽게 북을 치기도 합니다. 혹은 곳곳에 복병을 매설해 사람이 없는 것같이 조용히 있다가 왜적이 오면 쏘아 죽이기도 하고, 왜적의 배를 몰아 강 언덕까지 가서 추격해 쏘기도 하여 전투를 하지 않는 날이 없습니다. 전투를 하면 반드시 승리를 거두는데 왜적의 수급을 벤 수효가 여러 장수 중 가장 많고 왜적을 쏘아 죽인 것은 부지기수입니다."

김성일의 장계를 본 선조는 곽재우에게 절충장군의 벼슬을 내리고 경상우도의 의병대장 역할을 수행하도록 조치했다. 이후 곽재우는 진주대첩에서 유격대를 이끌고 적의 배후를 교란하는 등 임진왜란이 끝날 때까지 일본군 격퇴를 위해 대단한 활약을 펼쳤다.

낙동강 전선을 지켜낸 정인홍과 김면

경상도 의병장 중 곽재우와 함께 가장 영향력이 컸던 인물은 정인홍과 김면이었다. 곽재우와 마찬가지로 조식 문하에서 수학한 정인홍은 중앙 정계에서도 유명한 인물이었다. 재야에서 학문에 정진하던 그는 재야의 추천을 받아 일약 사헌부 장령 벼슬을 얻어 대사헌을 맡고 있던 율곡 이이 아래에서 벼슬살이를 했다. 그는 정여립 모반 사건 이후 동인이 대거 밀려나면서 고향으로 내려와 칩거하던 중 임진왜란을 맞았는데 이때 이미 58세의 노년이었다.

그는 일본군이 쳐들어와 경상좌도가 완전히 무너지고 일본군이 도성을 함락했다는 소식을 듣고 의병을 일으켰다. 1592년 5월 그는 통문을 작성해 김면, 박성, 곽추 등의 제자들과 함께 각 지역에 보냈다.

그러자 하혼·조응인·문경호·권양 등의 제자들이 합세했고 전직 관리 박이장과 문홍도는 군량을 모았으며 첨사 손인갑, 현령 김준민은 중위 장이 되어 병력을 지휘했다. 또한 경상도 고령의 선비 김응성은 1천 명의 의병대를 조직해 정인홍 휘하에 들어왔다.

이처럼 정인홍의 의병 부대는 전현직 관리와 무장까지 참여해 체계적인 지휘 계통을 갖추고 있었다. 이런 까닭에 곽재우의 의병 부대에 비해 조직이 크고 병력도 많았다. 정인홍 부대는 1592년 6월 김면이 이끄는 의병 부대를 앞세워 성주로 쳐들어온 일본군을 격퇴했다. 정인홍이 성주에서 승리하자 사람들은 그를 영남의병장이라고 불렀다. 정인홍은 직접 의병대를 이끌고 전장에 나서기도 했지만 주로 경상도 의병의 사령탑 역할을 했고, 덕분에 낙동강 서쪽의 경상좌도 지역에서는 일본군이 맥을 추지 못했다.

정인홍 부대의 의병 중에서도 김면이 이끄는 고령과 거창 의병의 활약은 눈부셨다. 정인홍의 제자 김면은 좌랑 벼슬을 지낸 인물로 궁성이 함락되고 선조가 북쪽으로 몽진을 갔다는 소식을 듣자 어가를 수행하려고 북쪽으로 떠나려 했다. 그때 정인홍이 그를 붙잡아 함께 의병을 일으켜 일본군을 격퇴하자고 하자 그는 기꺼이 의병장을 맡아 일본군 격퇴에 나섰다. 김면은 일본군이 그의 고향 고령현을 공격한다는 소식을 듣고 의병을 이끌고 가서 격퇴했다. 그렇지만 고령 같은 작은 고을 사람들만으로는 일본군을 격퇴하기 어렵다고 판단해 거창으로 가서 의병을 모았다. 며칠 사이에 휘하 병력이 2천을 넘자 그는 병력을 몇 개 부대로 나눠 각 지역의 고개와 길목을 지키게 했다. 그 휘하의 박정한 부대는 낙동강변의 일본군 배를 습격해 수십 명의 적을 죽이고 배를 노획했다. 그 배에는 일본군이 궁궐에서 탈취한 진귀

한 보물들이 실려 있었는데 이들은 그것을 되찾아 초유사 김성일에게 맡겼다.

김면은 거창이 함락되면 진주까지 무너질 수 있다는 판단 아래 나머지 군대를 이끌고 김천의 지례현으로 달려갔다. 당시 일본군은 김천을 함락한 뒤 지례 고개를 넘어 거창을 함락하려 했다. 지례가 무너지면 거창이 함락될 수 있다고 본 김면은 급히 달려갔고, 그의 부대가 처절한 전투 끝에 지례를 지켜낸 덕에 거창이 안전할 수 있었다.

그러나 거창을 지켜낸 것만으로는 안심할 수 없는 상황이었다. 금산과 개령을 장악한 일본군은 노략질을 일삼는 중이었고 김면은 그쪽 지역으로 진출해 일본군 격퇴에 몸을 아끼지 않았다. 당시 김면의 활약상은 의병장 조경남의《난중잡록》에 남아 있다.

이때부터 금산과 개령의 왜적들이 약탈을 계속하여 9월부터 12월까지 전투를 하지 않는 날이 없었다. 장병들은 갑옷을 벗은 일이 없었고 혹은 밤중에 찍어 들어오고 혹은 유인해내 큰 전투가 10여 차례 계속되었다. 꺾어 물리친 적이 서른 번이 넘었다.

정인홍과 김면 외에도 권응수가 경상도 영천을 중심으로 경상도 의병장으로 이름을 떨치고 있었다. 권응수는 원래 경상좌수사 박홍 휘하에 있던 인물인데, 박홍의 도주 이후 군대가 뿔뿔이 흩어지자 고향 영천으로 돌아와 의병을 일으켰다. 그는 일본군에게 빼앗긴 영천성을 탈환하고 밀양부사 박진과 함께 경주성 탈환 전투에 나서기도 했다.

의병들의 맹활약

경상도에서 곽재우·정인홍·김면 등이 의병을 일으켜 일본군에게 반격을 가하는 동안, 전라도를 비롯한 다른 지역에서도 의병이 일어나기 시작했다.

전라도에서는 고경명이 가장 돋보이는 활약을 했다. 동래부사 출신인 그는 일본군이 쳐들어와 서울이 함락되었다는 소식을 듣자 여러 지역에서 도주해온 관군을 수습해 아들 종후와 인후에게 인솔하게 한 다음 수원에 머물던 광주목사 정윤우에게 인계하도록 했다. 이후 그는 각 지역에 격문을 보내 의병을 일으켰고 6천여 명의 의병을 모아 담양에서 진용을 편성했다. 전라도 의병대장이 된 그는 휘하 군대를 이끌고 전주로 가서 전라도로 넘어오는 요충지에 군대를 배치하고 일본군 침입에 대비했다. 또한 전국 각지에 격문을 돌려 의병을 일으킬 것을 촉구했다.

그 무렵 금산을 점령한 일본군은 호남을 공략할 준비를 하고 있었다. 척후병을 통해 그 사실을 탐지한 고경명은 서울로 북상하려던 계획을 멈추고 연산으로 물러나 금산의 적을 선제공격할 계획을 세웠다.

이때 충청도에서는 조헌이 의병대장이 되어 왜적과 대항하고 있었다. 고경명은 충청도 의병장 조헌에게 서찰을 보내 군대를 합세한 뒤 적을 치자고 제의했고 조헌은 이를 받아들였다. 당시 고경명이 금산으로 진입해 방어사 곽영의 관군과 합세한 다음 곧장 적진을 두드렸지만 일본군의 숫자가 많고 관군이 소극적인 태도를 보이는 바람에 의병들의 전의가 꺾이고 말았다. 주변에서 일단 물러나 후일을 기약하자고 했으나 고경명은 끝까지 싸우다가 아들 고인후와 함께 전사했다.

그 무렵 금산에서 만나기로 한 조헌도 어려운 상황에 처해 있었다. 조헌은 왜적이 침략했다는 소식을 듣자마자 옥천에서 문인 이우를 비롯해 김경백, 전승업 등과 함께 의병을 일으켰다. 그는 1,600여명의 의병을 모아 승려 영규가 이끌던 승군과 함께 청주성을 공격해 수복했다. 그리고 고경명과 함께 금산의 왜적을 공격하기로 했으나 충청도 순찰사 윤국형이 그의 의병을 강제 해산하려 하는 바람에 난관에 봉착했다. 하지만 그는 의병을 해산하지 않고 휘하에 머물던 의병 700여 명과 함께 금산으로 향했다. 승병대장 영규가 이끌던 승군도 그와 합세해 금산으로 진격했는데, 그 과정에서 전라도 진출을 노리던 일본군 장수 고바야시의 군대와 전투를 벌이다 중과부적으로 전사하고 말았다. 이때 조헌과 휘하의 의병을 비롯해 영규대사와 승병도 모두 전사했다.

경기도 의병대장 김천일은 한때 수원부사를 지낸 전직 관리로 일본군이 쳐들어왔다는 소식을 듣고 전라도 나주에서 고경명, 최경회, 박광옥 등과 격문을 돌려 의병을 일으켰다. 이후 그는 병력을 이끌고 선조가 머물던 평양성으로 향하다 왜적과 전투를 벌였고 전라병사 최원이 이끌던 관군과 함께 강화성으로 들어가 도성 수복을 모색했다. 김천일은 결사대를 이끌고 자주 한성에 잠입해 게릴라전을 펼치며 일본군을 괴롭혔다. 그 뒤 이여송이 명나라 군대를 이끌고 남진하자 그에게 개성의 지형과 적진의 상황을 알려주기도 했다. 그는 2차 진주성 싸움에서 용감하게 싸우다 아들 김상건과 함께 전사했다.

이처럼 충청도·전라도·경상도·경기도에서 의병이 일어나 일본군과 처절한 싸움을 벌이는 동안 황해도에서는 이정암, 강원도에서는 사명대사 유정, 평안도에서는 조호익·양덕록·서산대사 휴정, 함경도에서는 정문부가 맹위를 떨쳤다.

진주대첩 승리와 김시민의 죽음

전국 각지에서 의병이 일어나 일본군과 처절한 전투를 벌이고 있는 동안, 전라도로 향하던 일본군은 경상도 함안을 장악한 뒤 1592년 10월 초 진주 공략에 나섰다. 당시 진주 공략에 나선 일본군은 나가오카 다다오키와 하세가와 히데카즈가 이끄는 2만여 병력이었고, 진주성을 방어한 조선 병력은 진주목사 김시민이 이끌던 관군 3,700여 명과 곤양군수 이광악이 이끄는 병력 100여 명뿐이었다. 나머지 2만여 명은 모두 백성이었다. 이때 경상도 초유사 김성일이 전라우도 의병장 최경회에게 구원을 요청하니 남원의 의병장 임계영이 의병을 이끌고 운봉을 거쳐 함양 쪽으로 향했고, 최경회도 직접 의병 2천을 이끌고 진주 구원에 나섰다. 의령의 곽재우는 심대승에게 의병 200명을 내주어 일본군의 뒤를 후리게 했고, 고성 의병장 최강과 이달이 진주를 구원하기 위해 달려와 후면에서 교란 작전을 펼쳤다.

당시 일본군 선봉대 1천 병력이 진주의 동쪽 마현에 나타나 유인책을 구사했으나 진주목사 김시민은 본 척도 하지 않고 화살 하나도 쏘지 말 것을 명령했다. 김시민은 성 안에서 가장 잘 보이는 곳에 용대기를 세우고 노약자들에게 군복을 입혀 군세가 웅장해보이도록 연출한 상태였다.

일본군이 진주성을 공격하기 위해 진을 친 날은 10월 5일이었다. 6일 아침 일본군은 가면과 닭털 관을 쓰는 등 온갖 치장을 하고 진주성을 향해 밀려들었다. 일본군이 조총부대 1천을 앞세워 위협사격을 하며 함성을 쏟아냈으나 진주성의 군대와 백성은 전혀 동요하지 않았다. 그러자 일본군은 마을로 들어가 마구 분탕질을 하며 초가지붕을 뜯어내 막을 만든 뒤 진주성 앞에 늘어섰다. 진주성에서는 여전히 아무런 동요가 없었고 일본군은 쉽게 공략하지 못했다.

그날 밤 곽재우 휘하의 군사 200여 명이 심대승의 지휘 아래 진주 향교 뒷산에 올라가 호각을 불고 횃불을 든 채 빠르게 움직이자 진주성에서 여기에 호응해 호각을 불고 함성을 질렀다. 이에 놀란 일본군은 밤새 한잠도 못 자고 산으로 기어올라 의병들을 찾느라 분주하게 움직였지만 아무 성과도 거두지 못했다.

일본군은 다음 날인 7일에도 섣불리 움직이지 못했다. 그저 아침부터 저물녘까지 조총을 갈겨대고 민가에 불을 질러 마을을 잿더미로 만들 뿐이었다. 김시민은 성 안의 백성이 안심하도록 밤이면 악공에게 문루에서 피리를 불게 하는 등 여유로운 자세를 보였다. 이에 일본군은 붙잡아온 조선 백성을 시켜 이렇게 외치게 했다.

"경성이 함락되고 8도가 붕괴되었는데 새장 같은 진주성을 네가 어찌 지키랴. 속히 항복하는 것만 같지 못하다."

성 안의 백성이 분노해 소리 높여 꾸짖었으나 김시민은 대응하지 않도록 금하고 차분히 지켜보았다. 일본군은 밤새 대나무에 진흙을 발라 토성을 쌓고 진주성 공략을 준비했다. 김시민은 현자총통을 몇 발 발사해 토성을 쌓는 일본군을 쫓아버렸다. 이제 김시민은 일본군의 총공세가 임박했음을 직감하고 요충지에 각종 화포를 설치해 공격에 대비했다. 마침 8일 밤 고성현령 조응도와 진주복병장 정유경이 군사 500여 명을 거느리고 횃불을 든 채 남강 밖 진현에 벌려 섰다.

그들이 호각을 불기 시작하자 구원병이 온 것을 안 성 안의 군대와 백성은 쇠북을 울리고 호각을 불면서 호응했다. 이 때문에 일본군의 기세는 크게 위축되었다. 일본군은 병력 2천을 동원해 조응도의 병력을 공격하려 했으나 정인홍 휘하의 합천 의병장 김준민, 정기룡, 조경형 등이 이끄는 의병들의 급습을 받아 퇴각했다.

10일 새벽 일본군의 총공세가 시작되었다. 이날 새벽 1시가 막 지났을 때 동문으로 1만여 명이 밀어닥치자 김시민은 동문 북격대에 올라 군대를 지휘하며 진천뢰와 질려포, 돌, 불에 달군 쇠, 끓는 물을 이용해 성벽을 타고 오르는 적들을 저지했다. 북문 쪽에도 일본군 1만 병력이 밀려들자 북문 쪽 병력이 와해되며 방어선이 무너질 상황에 놓였다. 이에 전 만호 최덕량과 군관 이눌이 물러서는 병사들을 독려하며 처절하게 방어한 끝에 가까스로 일본군을 저지했다.

그 무렵 동쪽 문에서 진두지휘하던 김시민은 적이 쏜 탄환에 머리를 맞고 쓰러졌다. 그러자 곤양군수 이광악이 북격대 위에 올라 지휘를 대신하며 적을 막아냈다. 이제 성 안에 있던 돌도 다 떨어지고 화살도 거의 소진된 상태였으나 공격하던 일본군의 상황도 마찬가지였다. 일본군도 탄환이 거의 떨어지고 사상자가 엄청나게 발생했다. 여기에다 경상도와 전라도 의병들이 뒤를 후리는 상황이라 아침 7시가 조금 넘자 일본군은 퇴각하기 시작했다.

일본군이 퇴각하자 뒤를 후리던 김준민, 정방준의 의병과 관군이 적을 쫓았다. 그렇지만 일본군의 대응이 만만치 않았다. 조선 병력의 숫자가 크지 않음을 알고 역공을 해왔기 때문이다. 김준민과 정방준의 병력이 위기에 처한 순간 때마침 신열이 이끄는 승병이 일본군 뒤쪽에서 공격을 감행했다. 그 바람에 일본군은 깃발까지 버리고 도주하기에 바빴다.

결국 일본군은 경상도 방어의 요충지인 진주성 공략에 실패했고, 전라도로 진출해 군량을 확보하고 이순신의 수군을 후미에서 공략하려던 계획에 차질이 빚어졌다. 이를 1차 진주성 전투라 하는데 임진왜란 3대 대첩 중 하나로 진주대첩이라 부르기도 한다.

진주대첩 승리는 그간 일본군을 두려워하고 공포감에 사로잡혔던 백성과 관군에게 용감하게 싸우면 이길 수 있다는 자신감을 불어넣는 계기가 되었다.

진주대첩을 이끈 김시민은 임진왜란 발발 당시 진주목사 이경의 판관이었으나 이경이 병으로 죽자 초유사 김성일에게 목사의 임무를 대신하라는 명령을 받았다. 산으로 피난을 간 백성의 마음을 다독여 마을로 불러들인 김시민은 성을 수축하고 무기와 전투 장비를 손질해 일본군의 공격에 대비했다. 취임 직후 그는 수성전을 위해 염초 500여 근과 총통 70여 기를 만들어 병사들에게 사용법을 익히게 했는데, 이것이 진주대첩 승리에 가장 크게 기여했다. 안타깝게도 김시민은 전투 중 이마에 탄환을 맞았고 일본군이 퇴각한 지 며칠 만에 상처가 도져 생을 마감하고 말았다.

5

조명연합군의 반격

—

"태평을 누린 지 오래된 까닭으로 백성이 군대를 몰라
왜적들이 열흘 만에 내륙의 고을들을 연거푸 함락하고
기세가 더욱 흉악 등등해졌소이다."

첫 싸움에서 패배한 명나라 구원병

조선 조정은 한성이 함락된 후에도 명에 구원병을 요청하는 문제를
쉽게 결정하지 못했다. 조정 대신들 사이에 의견이 분분했기 때문이
다. 문제는 명의 군대가 조선 땅에 들어오면 군사들의 횡포로 민가가
엉망이 될 것이라는 우려에 있었다. 충주가 함락되었다는 소식을 들
은 4월 하순에 이르러서야 조선은 일본군 침략 소식을 요동에 알렸
다. 당시 요동에는 조선과 일본이 힘을 합쳐 명을 침범할 것이라는 유
언비어가 파다하게 퍼져 있었다. 그러자 요동에서는 조정에 이런 보
고를 했다.

"조선과 일본이 서로 짜고 침략당했다고 거짓말하는 것입니다. 조
선 국왕과 조선의 용맹한 병사들은 모두 북도로 피해 있고 다른 사람
을 가짜 왕으로 내세워 침략을 받았다고 칭탁하지만 실은 일본을 위

해 길잡이 노릇을 하는 것입니다."

그러자 명나라 대신들은 조선에 구원병을 보내는 것을 꺼렸다. 그때 병부상서 석성이 조선에 구원병을 보내야 한다며 이렇게 주장했다.

"조선을 잃으면 일본은 요동을 침범하고 이어 산해관을 넘어 북경 도성까지 위협할 테니, 명의 안전을 위해서라도 조선에 출병해 일본군을 격퇴해야 합니다."

동시에 석성은 은밀히 요동에 연락해 최세신과 임세록에게 조선의 실상을 알아오라고 했다. 최세신과 임세록이 차관 신분으로 선조가 머물던 평양에 도착한 것은 6월 5일이었다. 그들을 만난 선조는 이렇게 말했다.

"폐방弊邦이 불행히도 왜적의 침략을 받아 변방의 신하들이 방어를 잘못하였소이다. 그리고 태평을 누린 지 오래된 까닭으로 백성이 군대를 몰라 왜적들이 열흘 만에 내륙의 고을들을 연거푸 함락하고 기세가 더욱 흉악 등등해져 과인이 종묘를 지키지 못하고 도피하여 이곳에 이르러 조정에 걱정을 끼쳐드리고 거듭 여러 대인까지 수고롭게 하였으니, 부끄럽고 송구스러움이 더욱 깊소이다."

선조를 만나본 최세신과 임세록은 곧장 석성에게 조선의 전쟁 상황을 알렸고, 석성은 북경에 파견한 조선 사신 신점을 불러 조선의 상황을 알렸다. 신점은 눈물을 흘리며 구원병을 요청했고 조선에서는 정곤수를 북경으로 파견해 구원병을 파견해줄 것을 요청했다. 또한 정곤수도 석성을 만나 전황을 알리며 구원병을 보내줄 것을 부탁했다. 그때는 평양성이 함락되고 북쪽으로 달아나던 선조가 급기야 요동으로 피신할 방책까지 생각하고 있던 중이었다.

석성은 명나라 황제에게 허락을 구한 다음 일단 요동에 있는 병력을 급히 조선에 파견했다. 요동군을 지휘한 명나라 장수 조승훈이 의주에 도착한 것은 6월 19일이었다. 7월 17일 그는 일본군을 얕보고 병력 3천을 보내 평양성을 공격했지만 일본군 조총 부대의 매복에 걸려 장수를 5명이나 잃고 혼비백산해 요동으로 달아났다.

《선조실록》은 당시 상황을 이렇게 기록하고 있다.

부총병 조승훈, 유격장군 사유·왕수관 등이 평양에 진격하여 17일 동틀 녘에 평양으로 돌격, 성에 포를 쏘고 관을 부수면서 길을 나누어 쳐들어가 몸을 돌보지 않고 전투를 독려했다. 사유가 사졸보다 앞장서서 천총 마세륭·장국충 두 무관과 함께 손수 적병 수십 급을 베었으나 사유와 마·장 두 사람이 탄환에 맞아 전사했다. 따라서 제군이 후퇴하여 무너졌다. 승훈은 빨리 달려 하루 만에 대정강에 도착하여 전군을 거느리고 돌아가버렸다.

그 뒤로 명은 쉽게 군대를 보내지 못했다. 명나라 내부에 반란이 일어나 혼란스러운 탓에 대군을 꾸리기가 만만치 않았기 때문이다. 그러자 병부상서 석성은 시간을 벌기 위해 심유경을 파견했다. 심유경은 선조를 만나 명에서 대군 70만 명을 준비 중이라는 거짓말로 선조를 안심시켰지만, 실제로 명은 5만 군대도 꾸리지 못할 형편이었다.

그런데 심유경은 대담하게도 평양의 고니시 진영으로 찾아가 담판을 벌인 끝에 9월 1일부터 50일간 휴전하기로 했다. 덕분에 명은 시간을 벌어 출병을 준비할 여유를 얻었다.

한성으로 퇴각하는 일본군

2차 명나라 구원병이 조선에 도착한 것은 조승훈이 요동으로 돌아간 지 5개월이 지난 그해 12월 중순이었다. 2차 구원병의 총지휘자는 경력 송응창이었고 수장은 제독 이여송이었다. 이여송은 명으로 귀화한 고려인 출신 요동총병관 이성량의 아들이었다. 이성량은 이영의 5대손으로, 이영의 아버지 이승경이 원에서 벼슬살이를 하다 명이 들어서자 요동에 정착해 이여송에 이른 것이다. 이여송은 영하寧夏에서 보바이의 난이 일어났을 때 동정제독이 되어 이를 진압해 명성을 얻은 장수였다. 이여송의 병력은 '10만 대군'이라 했지만 실제로는 4만 3천이었고 선발대로 나선 왕필적의 보병 1천이 압록강을 건넌 것은 12월 13일의 일이었다. 이후 병력이 속속 도착해 12월 25일에는 주력 부대까지 압록강을 건넜다.

의주에 도착한 이여송은 며칠 만에 군대를 몰아 평양성 탈환에 나섰다. 가장 먼저 오유충이 평양으로 진출했는데 그는 조선군 승병 2천 명의 지원을 받아 1593년 1월 6일 평양 공격에 나섰다. 당시 고니시는 심유경의 말만 믿고 명에서 휴전 협상 소식이 오길 기다리고 있다가 명의 구원병이 왔다는 소식을 접하고 평양성을 사수하기 위해 황해도에 주둔한 구로다의 제3군에 지원을 요청했다. 하지만 구로다는 지원군을 보내지 않았다. 고니시 부대는 원래 조선에 올 때 총병력이 1만 8,700명이었으나 그때는 6,600명밖에 남아 있지 않았다. 그 병력으로 조명연합군과 싸우는 것은 무리였다. 그래서 구로다에게 지원군을 요청한 것인데 구로다 역시 남쪽으로 철군하느라 여력이 없었다.

포를 앞세워 평양을 두들긴 이여송의 군대는 이틀 만에 평양의 외곽성을 함락했다. 이여송은 고니시에게 항복하라는 최후통첩을 보냈다.

"항복하거나 <u>스스로 철수하라.</u>"

고니시는 명에 사자를 보내 퇴로를 보장한다면 철군하겠다고 약속했다. 그날 밤 명나라 군대가 퇴로를 내주자 고니시는 평양성을 버리고 도주했다. 이로써 함락된 지 7개월 만에 평양성을 수복했다.

평양성을 빠져나간 고니시 부대는 급히 남쪽으로 달려 한성으로 철수했다. 개성과 배천에 주둔하던 고바야카와의 제6군과 구로다의 제3군도 한성으로 물러났다. 덕분에 1월 19일 개성도 탈환했다.

그 무렵 함경도에 있던 가토 기요마사는 정문부가 이끄는 의병들의 게릴라 전술에 말려 고전을 면치 못하다가 총대장 우키타의 퇴각 명령을 받았다. 그때 가토는 평양성에서 고니시가 철수했다는 소식을 들은 상태였다. 가토가 퇴각을 서두르자 함경도 의병은 끈질기게 그들을 공략하며 퇴로를 차단했다. 결국 가토는 2월 말에 이르러서야 겨우 한성에 도달할 수 있었다.

벽제관 전투에서 패하고 달아난 이여송

일본군이 한성으로 밀려나 집결하자 이여송은 그 여세를 몰아 한성을 수복하려 했다. 그는 개성에서 작전 회의를 끝내고 1593년 1월 25일 한성으로 밀고 내려갔다. 당시 한성에 집결한 일본군은 5만 병력이었고 함경도를 점령했던 가토의 병력 2만은 아직 한성에 당도하지 않은 상태였다. 한성에 집결한 일본군은 명나라 군대가 개성까지 다가와 있음을 알고 역습을 계획했다. 고니시와 오토모 요시무네의 병력을 제외한 나머지 4만 병력으로 반격전을 펼칠 요량이었다.

한편 한성 공략을 서두르던 명나라 부총병 사대수는 정찰 병력을 내보내 일본군의 동향을 살폈다. 이때 지리에 밝은 조선군의 고언백 부대가 합류해 있었다. 이들 정찰대는 고양에서 일본군 수색대와 마주쳐 격전을 벌인 뒤 파주로 물러나 개성 본영에 일본군의 동태를 보고했다.

다시 사대수와 고언백의 부대 3천여 명이 고양 쪽으로 진출하다가 길목을 지키던 일본군과 전투가 벌어졌다. 이 전투에서 수적으로 열세인 조명연합군이 밀리고 있었는데, 다행히 조선군 7천이 구원군으로 오면서 밀고 밀리는 접전이 이어졌다. 선봉대가 접전 중이라는 소식을 들은 이여송은 자신이 직접 가면 일본군을 단숨에 물리칠 수 있을 것이라 판단하고 기병 300명 정도만 대동하고 급히 고양으로 달려왔다. 하지만 그는 벽제관 주막리 일대에 매복해 있던 고바야카와의 2만 군대로부터 급습을 받아 단번에 무너지고 말았다. 이 싸움에서 이여송은 수하들을 거의 잃고 구사일생으로 겨우 목숨을 건진 채 퇴각했다. 잔뜩 겁을 집어먹은 그는 조선 장수들의 만류에도 불구하고 개성으로 돌아가고 말았다.

그때 가토의 군대가 평양성을 공격하려 한다는 헛소문이 퍼지자 이여송은 부총병 왕필적을 개성에 머물게 하고는 자신은 주력 부대를 이끌고 평양으로 회군해버렸다.

행주대첩과 한성 수복

일본군이 벽제관 싸움에서 승리해 기세가 살아나고 있을 때, 전라도 순찰사 권율이 관군을 이끌고 북상하고 있었다. 도중에 그는 수원 독산성에서 일본군을 격파하고 한성을 수복하기 위해 조방장 조경을 보내 병력이 주둔할 만한 곳을 물색한 끝에 고양의 행주산성에 진을 쳤다. 또한 전라병사 선거이의 병력 4천을 지금의 시흥 땅인 금천에 주둔토록 하고, 행주산성 건너편인 양천에도 병력 1천을 배치해 일본군이 행주산성을 공격할 때 후미를 공격하게 했다.

병력 이동 상황을 극비에 부치고 은밀히 행주산성에 들어간 권율은 적의 공격에 대비해 목책을 세웠다. 뒤늦게 이 사실을 안 일본군은 행주산성을 공략하기 위해 병력 3만을 동원했다. 당시 행주산성에 포진한 아군은 1만이 채 되지 않았다. 그중에는 승병장 처영이 이끄는 승병 1천도 포함되어 있었다.

일본군 총대장 우키타는 병력을 7개 부대로 나누고 1593년 2월 12일 새벽 공격을 감행해왔다. 제1부대는 고니시가 맡아 선봉에 섰다. 평양 싸움에서 대패한 뒤 벽제관 싸움에 나서지 않은 고니시는 행주산성에서 승리해 공을 세우려는 의지가 강했다. 그러나 고니시 부대는 행주산성에서 날아오는 포탄과 돌, 화살에 밀려 제대로 싸워보지도 못하고 퇴각했다. 고니시에 이어 이시다 미쓰나리가 이끄는 제2부대가 나섰으나 역시 조선군의 방어벽을 뚫지 못하고 쫓겨났다. 그러자 제3부대를 맡고 있던 구로다의 병력이 공격에 나섰고 이미 의병들과 숱한 전투를 치른 구로다는 조심스럽게 접근했다. 그는 조총수들을 전진 배치해 조총을 쏘아대기만 할 뿐 쉽사리 공격을 감행하지 않았다. 이에 권율 휘하의 조방장 조경이 대포를 쏘아 조총 부대를 격파해버렸고 구로다도 퇴각할 수밖에 없었다.

선발 부대가 모두 패퇴하자 총대장 우키타는 자신이 직접 제4부대를 이끌고 공격에 나섰다. 우키타가 선두에 서자 휘하 군사들은 사상자가 속출하는데도 불구하고 무섭게 산성으로 밀고 올라갔다. 이로 인해 제1저지선인 제1성책이 무너지면서 조선군이 동요하자 권율이 나서서 진정시켰다. 덕분에 제2성책은 무너지지 않았고 치열한 전투가 벌어지는 가운데 우키타는 부상을 입고 퇴각했다. 우키타와 함께 올라오던 제2부대 이시다도 부상으로 물러났다.

제4부대가 물러난 뒤 쉴 틈 없이 요시카와 히로이에가 제5부대를 이끌고 공격해왔다. 요시카와는 화통으로 성책 안에 불을 질렀지만 조선군이 재빨리 꺼버렸고 화살과 돌 공격에 요시카와 역시 부상을 입고 물러났다.

이후 제6부대가 모리와 고바야카와의 지휘 아래 공격해왔지만 처영이 이끄는 승병들이 그들을 쫓아버렸다. 이제 남은 것은 고바야카와가 이끄는 제7부대뿐이었다. 그때 조선군도 지칠 대로 지쳤고 무기도 거의 떨어진 상황이었다. 이로 인해 서북쪽 방어선이 무너지면서 일본군과 조선군 사이에 백병전이 벌어졌다. 이때 성 안에 있던 부녀자들까지 나서서 결사적으로 싸웠다. 부녀자들은 치마를 잘라 짧게 만들어 입고 거기에 돌을 담아 날랐다(여기에서 '행주치마'라는 용어가 유래했다고 한다).

그러나 수적으로 열세인 데다 무기까지 떨어진 상황이라 조선군은 급박한 처지에 놓였다. 그때 한강 쪽에서 경기수사 이빈이 화살 수만 개를 실은 배 두 척을 몰고 일본군 후방으로 향했다. 당황한 일본군은 급히 퇴각했고 조선군이 뒤를 후리며 쫓자 뭉그러지며 달아나기에 여념이 없었다. 그 과정에서 일본군 100여 명이 조선군의 칼날에 목이 떨어졌다. 달아나기에 급급한 일본군은 칼과 창은 물론 갑주까지 벗어던졌다.

이처럼 관군민이 협동해 3만 대군을 물리친 싸움이 바로 행주대첩이다. 행주대첩에서 승리한 권율은 곧바로 병력을 이끌고 파주산성에 진을 쳤다. 여차하면 병력을 몰고 한성 수복에 나서겠다는 의미였다.

행주대첩에서 조선군이 대승했다는 소식을 들은 이여송은 평양으로 퇴각한 것을 후회했고, 한성으로 퇴각한 일본군은 조선군 2만여 명과 행주산성에서 싸워 약간의 피해를 보았다며 히데요시에게 축소해서 보고했다. 그와 함께 남쪽으로 퇴각해 전라도와 경상도 일대에서 농성 작전을 하게 해달라고 요청했다. 당시 일본군은 군량이 4개월 치밖에 남지 않아 한성에 계속 머물 수 없는 상황이었다. 이에 히데요시는 3월 중순에 한성에서 철수하라는 명령을 내렸다. 그렇다고 철수가 쉬운 것도 아니었다. 철수 명령이 떨어진 사실을 조선 측에서 알면 명나라 군대와 함께 퇴로를 차단해버릴 수 있었기 때문이다. 이 문제를 해결하기 위해 우키타는 이여송에게 사절단을 보내 말했다.

"명과 일본 사이에 강화 교섭을 추진하고 명의 군대는 요동으로 철수하길 바랍니다."

이여송은 일본의 강화 제의에 선뜻 응하려 했으나 조선 측에서는 강력하게 반대하며 독자적으로 한성을 공격해 탈환하겠다는 의지를 강하게 피력했다. 이여송과 조선 사이에 마찰이 일어나자 조명연합군 총지휘권을 쥔 요동경략 송응창이 나서서 일본군 공격을 전면 중단할 것을 강압했다. 또 심유경을 내세워 일본군의 요구 조건을 전면 수용하도록 조치했다. 심지어 조선군이 철수하는 일본군을 뒤쫓지 못하도록 하라는 밀명까지 내렸다. 결국 한성에 주둔한 5만 3천의 일본군은 아무런 방해도 받지 않고 4월 17일 경상도 지역으로 물러났다. 3일 후인 4월 20일 조명연합군은 한성에 도착했고 도성이 함락된 지 1년 만에 수복했다.

일본군이 한성에서 쫓기듯 물러난 배경에는 행주대첩의 승리가 크게 작용했다. 행주산성에서 패배한 일본군은 기세가 크게 꺾인 데다 병사들 사이에 전국에서 조여 오는 조선 관군과 의병에 대한 두려움이 커지고 있었다. 여기에다 군량까지 떨어지는 판이라 마냥 한성에 죽치고 있다가는 꼼짝없이 포위될 형편이었다. 그래서 어떻게 해서든 경상도로 내려가 본국의 지원을 받아야 했다.

2차 진주성 전투의 혈전

한성에서 철수한 일본군은 남해안에 성을 쌓고 전열을 정비했다. 농성 준비를 마치자 그들은 곧바로 진주성 공격에 나섰다. 히데요시는 1차 진주성 공략에 실패해 전라도로 진입할 수 없었던 것이 한성에서 물러난 원인이라 분석하고 진주성에 대한 보복전을 명령했다. 이에 우키타는 휘하의 병력 7만여 명을 동원해 진주성을 공격했다.

진주성 공략에 앞서 우키타는 병력을 모두 동원해 진주 주변의 의령, 정암진, 함안 일대 의병부터 누른 뒤 6월 22일 진주성을 직접 공격했다. 당시 진주성 안에는 진주목사 서예원과 충청도 병마사 황진, 의병장 김천일이 이끄는 병력 3,500명이 주둔하고 있었다. 서예원 등은 6만여 명의 진주 백성과 함께 결사 항전하기로 결의하고 수성전에 돌입했다.

진주성 공략 첫날 가토의 제1진과 고니시의 제2진 그리고 주장 우키타의 제3진이 북쪽과 서쪽, 동쪽에서 동시에 공격을 감행했지만 진주성을 뚫지 못했다. 다음 날 그들은 다시 전 병력을 동원해 사방에서 치고 들어갔다. 이번에도 진주성 군관민의 강력한 저항에 부딪쳐 성공하지 못했다.

사실 그때 진주성 인근의 거창과 남원에는 명나라 부대가 주둔하고 있었지만, 그들은 진주성을 구원하라는 상부의 명령을 받고도 일본군 후미 공략에 나서지 않았다. 상부의 명령 때문에 구례까지는 군대를 움직였으나 그 뒤로는 관망하면서 사태의 추이만 지켜볼 뿐이었다. 그런 상황에서 진주성의 관군민은 또다시 지옥 같은 전투를 치러야 했다.

첫째 날과 둘째 날의 공략에서 큰 성과를 얻지 못한 일본군은 이틀 정도 전열을 가다듬은 뒤 6월 25일부터 6월 28일까지 전면전을 전개했다. 결국 북쪽 성벽을 방어하던 김천일의 의병이 무너지면서 진주성은 순식간에 함락되었다. 일본군의 집요한 공격을 이겨내지 못한 조선군 3,500여 명은 거의 전멸했고 함께 싸우던 6만여 명의 백성도 도륙당했다.

성이 함락될 당시 김천일은 진주성 안에 남강을 끼고 있는 누각인 촉석루에 있다가 최경회와 함께 손을 잡고 통곡하면서 강물에 뛰어들어 죽었다. 목사 서예원과 진주판관 성수경, 충청도 병마사 황진 그리고 고경명의 아들 고종후는 처절하게 싸우다가 전사했다.

성을 함락한 일본군은 성 안에 있는 사람은 물론 닭이나 개까지 살아 있는 것은 씨도 남기지 않고 모두 죽였다. 심지어 성을 무너뜨리고 참호와 우물을 메웠으며 나무까지 모두 베어버렸다. 이런 행동은 1차 진주성 전투에 대한 무자비한 보복 차원에서 이뤄진 일이었다.

정유재란과 이순신의 전사

—

"안위야, 군법에 죽고 싶으냐?
물러나 도망가면 살 것 같으냐?"

다시 시작된 전쟁

진주성에서 분풀이를 한 일본군은 다시 자신들이 쌓은 남해안 일대의 왜성으로 돌아와 농성전에 돌입했다. 그런 가운데 명과 일본은 강화 회담을 진행하고 있었다. 강화 회담은 주로 고니시와 심유경이 주도 했는데 심유경은 일본으로 건너가 히데요시를 만나기도 했다. 히데요 시는 명에 일곱 가지를 요구했고 주요 내용은 네 가지였다. 첫째, 명 나라 황녀를 일본의 후비로 삼는다. 둘째, 명과의 무역 증서인 감합인 (감합 무역의 통행 허가증)을 복구한다. 셋째, 조선 8도 중 4도를 일본에 할양한다. 넷째, 조선의 왕자와 대신 12인을 인질로 보낸다. 그리고는 당시 함경도에서 포로로 잡았던 임해군과 순화군을 조선 측에 돌려보 냈다.

심유경은 이 터무니없는 요구를 명나라 조정에서 받아들이지 않을 것을 알고 히데요시의 요구 사항을 변조했다. 그는 히데요시가 일본 왕으로 책봉되는 것과 조공 허락을 요구한다며 거짓말을 했고, 이두 가지 사안을 적은 책서와 금인을 히데요시에게 넘겼다. 이 문서를 받고 노발대발한 히데요시는 교섭을 맡았던 고니시와 그의 사위인 대마도주 소 요시토시를 죽이려고 했다. 하지만 전쟁 재개를 명령하며 고니시를 특별 사면했다. 전쟁에서 공을 세워 죄를 씻으라는 뜻이었다. 이로써 4년여 동안 이어진 강화 회담은 결렬되었고 1597년 1월 일본군이 다시 전쟁을 시작하니, 이것이 곧 정유재란이다.

일본이 정유재란에 투입한 병력은 총 14만여 명이었다. 이를 8개 군단으로 나눈 일본군은 제1군 가토 기요마사의 1만 병력을 필두로 제2군 고니시 유키나가의 1만 4,700, 제3군 구로다 나가마사의 1만, 제4군 나베시마 나오시게의 1만 2천, 제5군 시마즈 요시히로의 1만, 제6군 조소카베 모토치카의 1만 3천, 제7군 하치스카 이에마사의 1만 3천, 제8군 모리 히데모토의 3만 그리고 우키타 히데이에가 이끄는 별동 부대 1만이 두 방향으로 나눠 조선을 재차 공격했다.

이번에 일본군 총대장은 고바야카와 히데아키가 맡고 우키타는 좌군대장을, 모리는 우군대장을 맡았다. 좌·우군의 1차 목표는 전주성 함락이었다. 그래서 좌군은 병력 5만으로 남해안을 따라 고성·사천·하동을 거쳐 남원을 함락한 뒤 전주로 향한다는 계획이었고, 우군은 병력 6만 5천을 이끌고 거창과 안의를 거쳐 전라도로 진입한 후 진안을 공략하고 전주성으로 향한다는 계획이었다.

일본이 다시 전쟁을 일으키자 체찰사 유성룡은 이른바 청야淸野 작전을 구사했다. 이는 각 지방의 주민과 재산, 식량 등 모든 재물을 가까운 산성으로 옮기고 적군이 식량, 가재도구, 건물 등 어느 것도 사용하지 못하게 마을을 완전히 비워버리는 전술이었다. 이어 조선 조정은 명에 수군 병력과 식량 지원을 요청했다. 당시 조선에 머물던 명나라 병력은 1,600여 명뿐이었다. 강화 회담이 본격화된 1593년 8월부터 이여송은 대부분의 군대를 이끌고 명으로 돌아간 상태였다. 일본의 재침 소식을 접한 명은 출병을 서둘렀고 일본이 전쟁을 재개한 지 2개월 만인 1597년 3월, 6만 병력을 꾸려 순차적으로 조선에 파견했다.

신임 사령관은 요동경략 형개였고 군무경리는 양호가 맡았으며 제독은 마귀였다. 마귀의 부대가 압록강을 건넌 것은 5월 18일로 선발 부대는 부총병 양원이 지휘했다. 조선에 들어온 양원은 곧바로 기병대 2천을 이끌고 남하해 5월 27일 남원에 도착했다. 또 다른 부총병 오유충은 병력 4천을 이끌고 6월 17일 한성에 도착했고, 부총병 이여매가 이끄는 후속부대 1만 5천은 9월 19일 한성에 당도했다. 진린이 이끄는 명나라 수군 5천도 조선으로 건너올 예정이었다.

백의종군 신세가 된 이순신

정유재란을 일으킨 일본군은 무엇보다 이순신을 제거해야 모든 계획이 원만하게 돌아갈 수 있다고 판단했다. 해로로 보급품과 군량을 조달해야 하는데 이순신이 버티고 있는 한 그것은 요원한 일이었기 때문이다. 원균과 이순신의 관계를 이용해 이순신을 삼도 수군통제사 자리에서 내쫓을 술책을 강구한 일본군은 고니시 수하의 요시라를 간첩으로 파견해 이간책을 구사했다.

요시라는 경상우병사 김응서에게 접근해 일본으로 돌아간 가토 기요마사가 다시 배를 타고 건너올 날짜를 알려주며 수군을 보내 가토를 사로잡으라고 했다. 이 말을 믿은 조정은 통제사 이순신에게 수군을 보내 가토를 잡아오라고 명령했다. 이순신은 이것이 일본군의 흉계임을 간파하고 망설이다가 부득이 늦게야 출동했다. 가토는 일찌 감치 울산 서생포에 도착한 상태였다.

원균은 이순신이 왕명을 어기고 출동을 망설이다 일을 그르쳤다는 상소를 올렸고, 그 상소를 믿은 선조는 크게 진노해 이순신을 왕명 거역죄로 한양으로 압송하라는 지시를 내렸다. 선조의 지시가 내려지기까지 유성룡이 극력 이순신을 변호했으나 소용이 없었다. 결국 선조는 1597년 1월 28일 원균을 수군통제사로 삼으라는 교지를 내리고 이순신을 전라좌수사로 유임하도록 했다가 사헌부가 계속 이순신을 탄핵하자 2월 6일 다시 전교했다.

"이순신을 잡아올 때 선전관에게 표신과 밀부를 주어 보내 잡아오도록 하고, 원균과 교대한 뒤 잡아올 것으로 말해 보내라. 또 이순신이 만약 군사를 거느리고 적과 대치하고 있다면 잡아오기에 온당하지 못할 것이니 전투가 끝난 틈을 타서 잡아올 것도 말해 보내라."

이 명령에 따라 이순신은 한양으로 압송되었고 3월에 옥에 갇혔다가 정탁의 상소로 특별 사면되었다. 이후 백의종군에 처해졌는데 유성룡과 정탁을 비롯한 여러 대신이 사람을 보내 이순신을 문안했고 수하로 있던 동명의 이순신이 술을 가져와 함께 마셨다.

그날 이후 이순신이 가는 곳마다 지인들과 술을 마시며 아픔을 달래는 사이 13일에 모친의 부고를 접했다. 그는 모친상을 치르고 4월 19일 길을 떠나 6월 8일 경상도 초계에서 도원수 권율 휘하로 들어가 백의종군했다.

칠천량의 참패, 다시 일어서는 이순신

백의종군 중에도 이순신은 동료와 수하들에게 편지를 보내 전쟁 상황을 파악했다. 승려 처영은 이순신을 찾아와 전황을 자세히 전하고 원균의 행동도 알려주었다. 도원수 권율은 곧잘 수하를 보내 전쟁에 관한 조언을 구했다.

1597년 6월 20일경 도원수 권율은 도체찰사 이원익과 상의한 후 원균에게 출전 명령을 내렸다. 이 역시 일본군의 교란 작전에 말려든 일이었다. 당시 일본군은 간첩 요시라를 통해 조선군의 움직임을 훤히 꿰뚫고 있었다. 그런 사실을 모르는 권율은 원균을 재촉했고 원균은 명령을 어긴 죄로 이순신 꼴이 날까 두려워 공격을 감행했다. 그러나 첫 전투에서 적진을 공격하다 보성군수 안홍국을 잃고 본진인 한산도로 돌아왔다. 이후 경상우수사 배설이 원균의 명령을 받아 웅천을 기습해 일본군을 공격했으나 오히려 수십 척의 배를 잃고 퇴각했다. 권율은 그 책임을 물어 원균에게 태형을 쳤다.

원균은 급한 마음에 적의 본진인 부산을 급습하기 위해 삼도 수군 전함 160여 척을 이끌고 한산도를 떠났다. 그러나 부산에 채 이르기도 전에 적의 교란 작전에 말려 퇴각했다. 더구나 퇴각하던 중에 가덕도에서 적의 복병을 만나 400여 명의 수하를 잃었다. 원균은 칠천량(거제 하청면)으로 이동해 휴식을 취했는데 이때 일본군은 원균의 부대를 기습할 계획을 세우고 거제도 북쪽으로 이동해 틈을 엿보고 있었다. 7월 15일 밤 일본군이 수륙 양면으로 기습하자 당황한 원균은 수하들을 지휘하며 응전했으나 일본군의 기세를 당해내지 못했다.

그 무렵 이순신은 진주를 거쳐 21일 노량에 이르렀다. 경상우수사 배설은 도망가서 보이지 않았고 우후 이의득이 찾아와 칠천량 전투의 결과를 알려주며 울었다.

"대장 원균이 적을 보고 먼저 뭍으로 달아나고 여러 장수도 그를 따라 뭍으로 올라갔다가 이 지경에 이르렀습니다."

이의득과 영등포만호 조계종, 거제현령 안위를 비롯한 여러 장수는 원균은 물론 전라우수사 이억기를 비롯한 다수의 장수가 모두 전사했다는 내용을 전하며 대장 원균의 살점이라도 뜯어먹고 싶은 심정이라고 말했다. 다만 경상우수사 배설은 자기 휘하의 전선을 이끌고 먼저 달아났다고 했다.

배설은 이순신이 거제도에 와 있다는 소식을 듣고 찾아왔다. 조선 수군에 남아 있는 전선이라곤 배설과 함께 후퇴한 12척이 전부였다. 이순신은 통탄을 금치 못했지만 냉정을 되찾고 다시 왜적과의 일전을 준비했다.

전라도와 충청도를 휩쓴 일본군

칠천량 대패로 조선 수군이 와해되자 우키타의 일본 좌군은 아무런 방해도 받지 않고 배를 타고 고성에 상륙했다. 이후 사천과 하동을 거쳐 전라도로 진입한 후 구례를 점령한 다음 남원성 공략에 나섰다. 당시 남원성에는 명나라 부총병 양원의 기병 2천과 조선 병력 3천이 있었다. 이들 5천 병력은 죽기 살기로 싸웠지만 우키타의 5만 병력 앞에 중과부적이었다. 결국 남원성은 함락되었고 대다수 아군 병력은 전사했다. 다만 양원은 겨우 기병 수십 기만 이끌고 탈출했다.

우키타는 남원성의 승리에 힘입어 기세 좋게 전주성으로 진군했다. 전주성은 명나라 유격장 진우충이 지키고 있었으나 그는 남원성 함락 소식을 듣고 달아나버렸다. 우키타는 그토록 소원하던 전주성에 무혈 입성했다. 이 바람에 일본군의 사기가 더욱 올랐고 그들은 곧장 충청도로 짓쳐갔다. 우키타 부대는 9월 7일 서해안 서천에 도착해 해안선을 따라 늘어선 평야지대의 곡식을 쉽게 확보했다. 이후 우키타는 다시 남하해 전라도 내륙 지방을 휩쓸고 다녔다.

그 시간 일본군 우군 대장 모리는 기세 좋게 북진해 9월 초 충청도 공주에 무혈 입성했다. 이어 청주와 연기가 일본군 수중에 떨어지고 천안도 위태로운 상황이었다.

이렇듯 한강 이남이 적의 수중에 떨어지자 조선 조정은 한강을 최후의 보루로 삼고 군대를 파견해 충청 지역을 구원할 계획을 짜고 있었다. 명나라 군대도 부총병 해생에게 병력 4천을 내주고 천안의 직산으로 급파했다. 직산에서 해생의 부대와 구로다의 부대가 격돌했는데 처절한 혈전 끝에 명군이 승기를 잡아 일본군을 격퇴하는 데 성공했다. 정유재란 이후 일본군의 첫 패배였다. 이후 일본군은 사기가 꺾여 다시 경상도로 후퇴했다. 양호와 마귀는 그 여세를 몰아 수만 명의 부하를 이끌고 내려가 1597년 12월 울산성에 웅크리고 있던 가토의 부대를 공격했다. 그러나 울산성을 함락하지 못하고 서울로 돌아왔다. 1598년 새해가 밝자 일본군 진영에는 히데요시의 병세가 심상치 않다는 소문이 돌기 시작했다. 이 소식을 접한 상당수 일본 병사는 히데요시가 빨리 죽어서 고향으로 돌아가길 기원했다. 그 마음은 장수들도 마찬가지였고 일본군 진영은 이미 패전의 분위기에 휩싸였다.

조선 수군을 다시 일어서게 한 명량해전

원균이 칠천량에서 대패해 전사한 뒤 1597년 8월 3일 선전관 양호가 달려와 이순신에게 왕의 교서와 유서를 전달했다. 다시 삼도 수군 통제사가 되라는 내용이었다. 7월 22일 선조는 이항복의 주장에 따라 그를 다시 전라좌도 수군절도사 겸 경상·전라·충청 삼도 통제사로 임명했는데 그 교서와 명령서가 전달된 것이다. 이순신은 흩어져 있던 패잔병을 끌어 모으고 숨어 있던 수하 관리와 장수들을 집결하게 했다. 명령을 듣지 않는 자는 매를 쳐서 다스리고 숨어 있던 자들은 스스로 나오게 하여 군사를 꾸렸다. 군량을 훔쳐낸 자들은 형벌을 가하고 왜적이 왔다고 헛소문을 퍼뜨린 자들은 잡아다 효수하니 비로소 민심이 안정을 찾았다. 이순신은 벽파진에 머물면서 군비를 점검하고 일본군의 동태를 파악했다. 그때 경상우수사 배설은 군영을 이탈해 도주해버렸다.

그로부터 얼마 뒤인 9월 14일 정탐꾼 임준영이 적선 55척이 어란 앞바다까지 들어왔다고 보고했다. 이순신은 배를 거느리고 우수영 앞바다로 갔지만 휘하 전선은 13척이 전부였다. 명량을 앞에 둔 이순신은 조류를 이용해 적을 치기로 했는데 이는 명량의 물살이 빨라 적은 숫자로 명량을 등지고 진을 칠 수 없었기 때문이다.

9월 16일 아침 200여 척의 적선이 명량을 거쳐 곧 조선 수군 진영으로 쳐들어올 것이라는 보고가 있자, 이순신은 다시 한번 제장들을 불러 결의를 다진 뒤 출전 명령을 내렸다. 이른바 명량대첩의 시작이었다. 이 상황을 이순신은 이렇게 적고 있다.

여러 장수를 불러 거듭 약속하고 닻을 올려 바다로 나가니 133척이 우리 배를 에워쌌다. 지휘선이 홀로 적선 속으로 들어가 포탄과 화살을 비바람같이 쏘아댔지만 여러 배들은 바라만 보고 진군하지 않아 일을 장차 헤아릴 수 없었다. 배 위에 있는 군사들은 서로 돌아보며 놀란 얼굴빛으로 질려 있었다.

나는 부드럽게 타이르면서 "적이 비록 천 척이라도 감히 우리 배에는 곧바로 덤벼들지 못할 것이니, 조금도 동요하지 말고 힘을 다해 적을 쏘아라"라고 말했다. 그러고서 여러 배들을 돌아보니 1마장쯤 물러나 있었고 우수 김억추가 탄 배는 2마장 밖에 떨어져 있었다.

배를 돌려 곧장 중군 김응함의 배로 가서 먼저 목을 베어 효시하고자 했으나 내 배가 머리를 돌리면 여러 배들이 차츰 더 멀리 물러나고 적선이 점차 다가와서 사세가 낭패를 볼 것이다. 중군의 군령 내리는 기와 초요기를 세우니 김응함의 배가 점차 내 배로 가까이 오고 거제현령 안위의 배도 왔다. 내가 뱃전에 서서 직접 안위를 불러 말하기를 "네가 억지를 부리다 죽고 싶으냐?"고 하였고, 다시 불러 "안위야, 군법에 죽고 싶으냐? 물러나 도망가면 살 것 같으냐?"고 했다. 이에 안위가 황급히 적과 교전하는 사이를 곧장 들어갔다. 또 김응함을 불러 말하기를 "너는 중군장이 되어서 멀리 피하고 대장을 구하지 않으니, 그 죄를 어찌 면할 것이냐? 당장 처형하고 싶지만 적의 형세가 또한 급하므로 우선 공을 세우게 해주마"라고 했다.

그리하여 두 배가 먼저 교전하고 있을 때 적장의 배가 그 휘하의 배 2척에 지령하니, 한꺼번에 안위의 배에 개처럼 달라붙어 기어가며 다투어 올라갔다. 이에 안위와 그 배에 탄 군사들이 각기 죽을힘을 다해 혹 몽둥이를 들거나 혹 긴 창을 잡거나 혹 반들거린 돌로 무수히 난격했다. 배 위의 군사들이 거의 힘을 다하고 안위의 격군 7, 8명은 물에 뛰어들어 헤엄치니 거의 구할 수 없었다. 나는 배를 돌려 곧장 안위의 배가 있는 곳으로 들어 갔다. 안위의 배 위에 있는 군사들은 죽기를 각오한 채 마구 쏘아대고 내가 탄 배의 군관들도 빗발치듯 어지러이 쏘아댔다.

적선 3척이 거의 뒤집혔을 때 녹도만호 송여종, 평산포 대장 정응두의 배가 잇달아 와서 협력하여 적을 쏘아 죽이니 한 놈도 살아남지 못했다.

항복한 왜인 준사는 안골에 있는 적진에서 투항해온 자인데, 내 배 위에 있다가 바다를 굽어보며 말하기를 "무늬 놓은 붉은 비단옷을 입은 자가 바로 안골진에 있던 적장 마다시입니다"라고 말했다. 내가 선원 김돌손을 시켜 갈고리로 낚아 뱃머리에 올리게 하니 준사가 날뛰면서 "이 자가 마다시입니다"라고 말했다. 그래서 바로 시체를 토막 내라고 명령하니 적의 기세가 크게 꺾였다. 우리의 여러 배들은 적이 침범하지 못할 것을 알고 일시에 북을 울리고 함성을 지르며 일제히 나아가 각기 지자, 현자총통을 쏘니 소리가 산천을 뒤흔들었고 화살을 빗발처럼 쏘아대어 적선 31척을 쳐부수자 적선들은 후퇴하여서 다시는 가까이 오지 못했다.

이것이 《난중일기》에 기록된 명량대첩의 내용이다. 《선조실록》에는 명량대첩과 관련해 그해 11월 10일 기사에 다음과 같은 기록이 보인다.

통제사 이순신이 진도 벽파정 아래에서 적을 격파하여 왜장 마다시를 죽였다. 순신이 진도에 도착해 병선을 수습하여 10여 척을 얻었다. 이때 배를 타고 피난해 있던 연해의 사민士民들이 순신이 왔다는 말을 듣고는 기뻐하였다. 순신은 길을 나누어 그들을 불러 모아 군대 후면에 있으면서 군사의 형세를 돕도록 했다. 적장 마다시는 수전을 잘한다고 소문난 자인데, 2백여 척을 거느리고 서해를 범하려고 하여, 벽파정 아래에서 접전하게 되었다. 순신은 12척의 배에다 대포를 싣고는 조수를 타고 순류順流하여 공격하니 적이 패주하였으므로, 수군의 명성이 크게 진동하였다.

명량대첩은 13척의 배로 133척을 상대하여 완벽하게 이긴 전투였다. 왜선 31척이 부서지는 동안 조선 수군의 배는 단 한 척도 부서지지 않았으니 세계 해전사에 길이 남을 대사건이었다.

노량 앞바다의 울음소리 그리고 영웅의 죽음

명량대첩 이후 일본 수군은 함부로 준동하지 못했다. 이순신 진영에는 주변 고을 양반들이 찾아와 양식을 지원하고 축하했으며 300여 척의 피난선도 합류했다.

일본군은 육지에서 민가를 습격해 약탈을 일삼고 있었다. 이순신의 아산 본가도 왜적에게 침탈당해 잿더미가 되었고 그의 막내아들 면도 전사했다.

전쟁 중에 무수한 적을 죽이고 수하와 백성의 숱한 죽음을 본 이순신도 사랑하는 아들이 죽었다는 소식을 듣고는 아비의 마음으로 돌아가 꺼이꺼이 울며 통곡했다. 이순신은 모친상을 당한 이후 일체 육식을 하지 않았는데 그 때문에 건강이 크게 악화된 상태였다. 설상가상으로 아들을 잃은 슬픔까지 겹치자 코피를 한 됫박 쏟아냈다.

그러나 아들의 죽음을 슬퍼할 겨를도 없이 전장과 관련된 보고들이 계속 쌓였다. 달아난 관리들을 처결하고 일본군에게 붙어먹던 자들도 잡아와 처형해야 했다.

그 무렵 명나라 수군이 강화도에 도착했다는 소식이 들렸다. 명나라 수군은 곧 조선 수군과 합류할 예정이라면서 선전관을 통해 정박할 곳을 물색하고 있었다. 이후 진린이 이끄는 명나라 함대가 이순신이 머물던 완도군 고금도로 와서 합류했다.

처음에 진린은 이순신을 좋지 않게 생각했으나 이순신이 전공을 양보하고 여러 면에서 덕을 베풀자 관계가 돈독해졌다. 일본군의 수장 고니시는 이순신과 진린을 갈라놓기 위해 이간책을 쓰고 진린에게 뇌물을 안겨주며 퇴각을 요청했으나 이순신의 강한 반발로 진린이 마음을 돌렸다. 이후 이순신과 진린은 왜적을 상대로 치열한 싸움을 전개했다.

그러던 중 1598년 10월 6일 도원수 권율에게 명나라 육군 제독 유정이 달아나려 한다는 편지를 받고 이순신은 몹시 분개했다. 그 며칠 전까지 유정은 순천 예교에 머물던 고니시 부대를 공격했다. 한데 갑자기 유정이 군대를 철수한 것이다.

한편 명나라 수군을 이끈 진린은 일본군이 도주하려 한다면서 이순신에게 함께 진군해 길을 막자고 제의했다. 그 제의를 받아들인 이순신은 진린과 연합해 11월 10일 여수 앞바다에 진을 쳤다. 그해 8월 도요토미 히데요시가 사망하자 일본군은 철군을 결정했다. 그렇지만 이순신이 바다를 가로막고 있어 쉽게 돌아갈 수 없었다. 11월 14일 마음이 급해진 적장 고니시가 보낸 일본군 장수가 2척의 배에 나눠 타고 진린을 찾아와 강화하자는 뜻을 전했다. 이후에도 고니시는 여러 차례에 걸쳐 진린에게 돼지를 잡아다 바치며 강화하자고 했다. 진린은 일본군 통신선 1척이 빠져나가게 한 뒤 이순신에게 뒤늦게 알렸다.

진린이 빠져나가게 한 통신선은 주변에 흩어진 일본군을 결집해 조선과 명나라 연합 수군을 공격하면서 퇴각하려는 계획을 알리는 임무를 띠고 있었다. 이로 인해 진린이 내보내준 통신선은 조명연합 함대를 위험에 빠뜨렸다.

이순신은 일본군 통신선이 빠져나갔다는 말을 듣고 일본군 함대가 대대적으로 공격해올 것으로 예상했다. 예상대로 11월 18일 밤 500여 척의 왜선이 집결해 공격을 가해왔다. 이순신과 진린의 함대 200여 척은 이에 대항해 그들의 공격을 막아내고 퇴로를 차단하고자 했다. 양쪽 함대가 맞부딪친 곳은 경남 남해도와 하동 사이의 해협인 노량 앞바다였다.

전투는 밤새도록 이어졌다. 19일 새벽 무렵 왜선 200여 척이 침몰하거나 부서지고 100척은 나포되었다. 나머지 200여 척은 남해도의 관음포 쪽으로 도주했다. 이순신은 대장기를 앞세우고 달아나는 왜선을 추격했다. 조선군은 불화살과 화포로 왜선을 집중 공략했고 왜선은 조총으로 강력하게 저항하며 달아났다. 그 와중에 이순신은 일본군이 쏘아댄 탄환에 몸을 내주고 쓰러졌다. 이순신은 죽음이 임박했지만 자신의 죽음 소식이 알려지면 수하들의 사기가 떨어질까 염려하여 이런 말을 남겼다.

"싸움이 급하니 내가 죽었다는 말을 하지 말라."

이것이 그의 마지막 유언이었다. 전쟁 영웅 이순신은 그렇게 갔다. 이순신이 죽은 뒤의 상황을 두고 서애 유성룡은 《징비록》에 다음과 같은 기록을 남겼다.

이순신은 부하들에게 이렇게 말하고 숨을 거뒀다. 이순신 형의 아들 이완은 평소에 겁이 없고 용감하며 마음이 넓은 사람이었다. 그는 이순신의 죽음을 숨기고 이순신의 명령이라고 하며 더욱더 열심히 싸움을 감독하고 격려했다. 싸우고 있던 군사들은 아무도 이순신의 죽음을 몰랐다. 이때 진린이 탄 배가 일본군에 포위당하자 이완은 군사들을 지휘해 진린을 구해냈다. 일본군이 흩어져 달아난 뒤 진린은 사람을 이순신에게 보내 자신을 구해준 것에 감사의 인사를 했다. 그때 비로소 이순신이 죽은 것을 안 그는 앉아 있던 의자에서 펄썩 바닥으로 주저앉으며 말했다.

"나는 장군이 와서 나를 구해준 것으로 알았는데, 어쩌다가 돌아가셨단 말입니까?"

진린이 가슴을 치며 통곡하니 모든 군사들이 다 울어 그 울음소리가 바다 가운데 진동했다.

그때 순천 예교에서 봉쇄당한 채 머물러 있던 고니시 부대는 남해도 남쪽을 지나 퇴로를 확보하고 시마즈의 군대와 함께 부산에 결집한 뒤 가까스로 철수했다. 그렇게 이순신의 죽음과 함께 7년간 이어져온 조일전쟁은 막을 내렸다.

전쟁이 남긴 것

전쟁이 끝났지만 그 상처는 쉽게 가시지 않았다. 조선 8도의 60퍼센트가 폐허나 다름없었고 피해가 가장 큰 지역은 경상도와 경기도였다. 경상도는 전체 67개 고을 중 48개가 폐허가 되었다. 경기도의 피해는 한층 더 심했다. 37개 고을 가운데 35개 고을이 피해를 본 것이다. 농토는 전체의 65퍼센트가 사라졌고 인구도 급격히 감소했다. 그렇지만 구체적인 기록이 없어서 그 자세한 사항은 알 수 없다. 굶주림과 전염병, 일본군의 학살로 엄청나게 많은 사람이 죽었으나 조선 조정은 그 내용을 남길 겨를조차 없었다. 궁궐은 물론 서울과 지방의 관청이 절반 이상 소실되어 업무가 제대로 이뤄질 수 없었다. 심지어 왕도 거처할 곳이 없어 월산대군의 사가에 머물러야 했다.

일본군이 끼친 피해는 농토와 인구, 관청에만 국한되지 않았다. 침략 초부터 닥치는 대로 약탈과 납치를 일삼은 일본은 문화재와 도서, 공예품, 기술자 등 훔칠 수 있는 것이면 무엇이든 훔쳐갔다. 기술자 중에도 특히 도공들을 집중적으로 납치해갔다. 전란 이후 강화 협상에서 잡아간 조선 백성 3천여 명이 환국했지만 도공들은 숨겨놓고 돌려보내지 않았다. 그 탓에 조선에서는 도공이 귀해져 분청사기를 구워낼 수 없는 지경에 이르렀고, 결국 분청사기는 사라지고 백자가 도예품의 주류가 되었다.

침략국 일본 역시 전쟁에 따른 피해에서 자유롭지 못했다. 전투에 참가한 일본군 중 10만 명이 죽었는데 그들 중 상당수는 전투가 아니라 전염병과 추위를 이기지 못한 것이었다. 또한 히데요시 사망 이후 일본은 다시 2년 동안 처절한 내전을 치렀다. 도쿠가와 이에야스를 지지하는 동부 지역 군대와 히데요시의 어린 아들을 앞세운 서부 지역 군대의 목숨을 건 전쟁이 이어졌던 것이다. 이 내전에서 도쿠가와 이에야스가 승리함으로써 반대편에 섰던 영주들은 모두 처형당했다. 그 과정에서 임진왜란 당시 선봉을 다투던 고니시 유키나가와 가토 기요마사의 운명도 갈렸다. 도쿠가와 편에 선 가토는 살아남았지만 고니시는 처참하게 처형당했다. 하지만 그 전쟁에서 살아남은 가토마저 살이 썩는 지독한 병마에 시달리다 최후를 맞이했다.

임진왜란 때 구원군을 파병한 명의 상황도 조선과 일본처럼 최악이었다. 명은 임진왜란에 연인원 20만 명을 투입하고 군량과 구호 식량 공급에 은화 2천만 냥 이상을 사용했다. 민가에서 모든 식구가 1년 동안 먹고사는 생활비가 은화 한 냥이었음을 감안하면 당시 명의 지출은 가히 천문학적인 수치라 할 수 있다. 결국 명은 임진왜란에 쏟아 부은 막대한 비용으로 인해 국가 재정이 파탄에 이르렀다. 그러나 명에 치명적인 결과를 안겨준 것은 국가 재정이 아니었다. 명과 조선이 일본군을 상대하느라 손을 놓고 있는 사이 여진이 강대한 세력으로 성장했던 것이다. 명은 건국 이후 수차례에 걸쳐 여진을 정벌했고 조선도 여진 정벌전에 협조했다. 그런데 조선과 명이 임진왜란에 몰두하는 사이 건주여진의 추장 누르하치가 나머지 부족을 장악해 요동 지역은 물론 명나라 전역을 위협하는 세력으로 성장했다. 여진의 성장은 결국 명과 조선을 다시 전쟁의 소용돌이 속으로 몰아넣었다.

7

조선을 구한 무기들

—

"땅과 하늘이 흔들리고 쇳조각이 별처럼 부서지며 흩어져
죽은 자만 30명이 넘었고, 맞지 않은 자도 정신을 잃었다가
한참 지나서야 깨어났다."

최신식 개인 화기, 조총

임진왜란 때 사용한 전쟁 무기 중 가장 요긴하고 공격적이었던 것은 단
연 조총이다. 조총은 15세기 말 유럽에서 처음 제작한 무기로 1543년
포르투갈인이 일본의 다네가섬에 전해주었다. 당시 철포로 불린 조총
은 이후 일본 전국시대를 대표하는 무기가 되었다. 그리고 임진왜란
이 발생했을 때 조총 부대는 엄청난 위력을 발휘하며 일본군이 순식
간에 조선 산하를 짓밟게 했다.

사실 조총은 1590년 이미 조선에 소개된 무기다. 그해 3월 일본의
사자로 온 대마도주 종의지가 선조에게 진상했다. 조선은 조총에 적
극적인 관심을 보이지 않았고 임진왜란 중에 조총 부대를 접한 뒤에
야 새삼 이 무기의 위력을 확인했다. 임진왜란 발발 다음 해인 1593년
수군을 맡고 있던 이순신은 조총을 제작해 활용했고 1594년부터는

훈련도감에서 조총을 제작했다.

조총은 노끈에 불을 붙여 탄환을 발사하는 화승총이다. 이것은 화승총 이전에 우리나라에서 사용하던 총에 비해 발사 속도가 빠르고 명중률이 높아 조선군이나 명군에 위협적인 무기로 쓰였다.

해전의 가장 강력한 무기, 판옥선

임진왜란 당시 일본군은 육상전에서는 조총을 앞세워 연전연승했으나 해전에서는 조선 수군에게 연전연패했다. 조선 수군이 연승한 배경에는 판옥선이 버티고 있는데 조선의 주력 전선인 판옥선은 일본군의 전선에 비해 훨씬 강력한 배였다.

조선의 배는 원래 전선과 조운선 겸용으로 쓰인 맹선猛船이 주종이었다. 맹선은 이름과 달리 기동력이 떨어져 군용으로 사용하기에는 문제가 많았다. 중종 대의 삼포왜란과 명종 대의 사량진왜변, 을묘왜변 때 그 문제점이 고스란히 드러났다. 조선 조정은 고민 끝에 맹선의 문제점을 완전히 개선한 새로운 배를 제작했는데 그것이 바로 판옥선이었다.

맹선은 노를 젓는 격군과 전투병이 같은 공간에서 뒤엉키는 바람에 전투가 벌어졌을 때 제대로 싸울 수 없는 것이 가장 큰 단점이었다. 또한 일본군은 백병전에 능해 배 위로 직접 침투해 공격하는 전법을 자주 사용했는데 이를 방지하는 장치가 전혀 없었다. 나아가 바닥이 평평한 평저선에 속도까지 느려 눈앞에서 왜선을 놓치는 경우가 많았고, 포를 쏠 경우 그 충격으로 배가 흔들리는 것도 큰 문제였다.

판옥선은 이 모든 문제를 해결한 전선이었다. 우선 배를 2층으로 제작해 격군과 전투병의 공간을 분리했다. 즉, 1층 선실에 격군을 배치해 노를 젓게 하고 전투병은 2층에 배치해 싸움에 전념하도록 했다. 이 경우 격군의 수를 늘려 배의 속도를 한층 높임으로써 평저선의 느린 단점을 보완하고, 격군을 적의 공격으로부터 보호할 수 있다. 또한 병력은 격군과 뒤엉키지 않고 전투에만 집중할 수 있다. 여기에다 2층 구조라 배가 높고 규모가 커서 포를 쏠 때 충격 흡수력이 뛰어나므로 흔들리거나 부서지지 않는다. 이는 함포가 주된 무기인 조선 수군에 안성맞춤이었다.

장점은 그뿐이 아니었다. 배가 높아 적이 배에 침투하는 것을 방지했고 적선보다 높은 곳에서 전투를 치르기 때문에 항상 상황을 유리하게 이끌 수 있었다. 더구나 두껍고 견고한 소나무로 만든 판옥선은 가볍고 가는 삼나무로 만든 왜선보다 훨씬 단단했다. 그래서 배가 서로 부딪치면 왜선은 가차 없이 부서지곤 했다.

전투가 벌어지자 이러한 장점이 여지없이 드러났다. 임진왜란 당시 조선 수군의 판옥선은 180여 척이었고 왜선은 500척이 넘었다. 그렇지만 판옥선 1척은 왜선 5척보다 더 강력했다. 우선 승선 인원과 규모에서 압도적으로 우세했다. 판옥선 1척에는 125명 이상의 병사가 승선할 수 있었지만 왜선은 많아야 100명 정도가 승선했다. 그것도 노를 젓는 격군까지 합한 숫자였다. 그런 까닭에 해전에서는 조선군이 항상 우위에 섰다.

그러다 보니 일본군은 가급적 조선군을 뭍으로 유인해 싸우거나 조선군이 정박 중일 때 기습전을 벌이는 형태를 선호했다. 일본군의 그런 전법을 잘 파악한 이순신은 절대 뭍으로 따라 올라가 전투를 벌이거나 적과 가까운 곳에 정박하지 않았다. 이는 이순신이 일본군과 싸울 때 세운 철칙이었다. 말하자면 판옥선의 이점을 십분 활용한 것이다. 덕분에 이순신은 단 한 번도 패진하지 않았다.

돌격전함 거북선

임진왜란 때 판옥선의 위력을 더욱 극대화한 배가 있었으니 그것은 바로 거북선이다. 거북선의 정식 명칭은 귀선龜船이며 거북선은 이를 풀어서 부른 명칭이다. 거북선은 판옥선의 상체 부분을 개량해서 아예 덮개를 만든 배였다. 즉, 노를 젓는 격군뿐 아니라 전투병까지 보호하는 장치를 갖춘 배였다.

거북선의 존재는 조선 초 태종 대부터 확인할 수 있지만 이를 전투에 사용한 인물은 임진왜란 때의 이순신이다. 이순신에게 거북선 제작을 건의한 인물은 이덕홍으로 보인다. 그는 이순신에게 귀갑선이 일본군의 조총 공격을 막기에 적격이라고 말했는데 귀갑선의 구조가 거북선과 같다. 이를 이순신이 받아들인 것이다.

이덕홍은 귀갑선을 제의하며 귀갑선 지붕 위에 칼과 창을 꽂아 적이 배 위에 올라타지 못하도록 해야 한다고 말했고 실제로 거북선의 모양은 이와 같다. 《선조실록》 1592년 5월 1일 기사에 나온 거북선의 형태는 다음과 같다.

순신은 전투 장비를 정비하면서 자의로 거북선을 만들었다. 이 제도는 배 위에 판목을 깔아 거북 등처럼 만들고 그 위에 우리 군사가 겨우 통행할 수 있을 만큼 십자로 좁은 길을 냈으며 나머지는 모두 칼, 송곳 같은 것을 줄지어 꽂았다. 앞은 용의 머리를 만들고 입은 총구멍으로 활용하였으며 뒤에는 거북의 꼬리를 만들어 그 밑에 총구멍을 설치했다.

좌우에도 총구멍이 각각 6개가 있었고 군사는 모두 그 밑에 숨어 있도록 했다. 사면으로 포를 쏠 수 있게 하였으며 전후좌우로 이동하는 것이 나는 것처럼 빨랐다. **싸울** 때는 거적이나 풀로 덮어 송곳과 칼날이 드러나지 않게 하였는데, 적이 **뛰어오르면** 송곳과 칼에 찔렸고 덮쳐 포위하면 화총을 일제히 쏘았다. 그리하여 적선 속을 횡행해도 아군은 손상을 입지 않은 채 가는 곳마다 바람에 쓸리듯 적선을 격파하였으므로 언제나 승리했다.

거북선은 그야말로 천하무적의 함선으로 배 자체가 무기였다. 요즘 말로 한다면 전투용으로 만든 콘셉트 함선이라 할 만하다.

거북선에 승선한 인원은 격군과 병력을 합쳐 125명이었다고 한다. 규모로 본다면 판옥선의 중급 정도에 해당한다. 거북선은 기본적으로 돌격용 전함이라 규모가 너무 크면 속도가 느려질 수 있기에 크지 않게 제작한 것이다. 물론 거북선에도 단점은 있었다. 적을 공격할 때는 유리하지만 달아나는 적을 쫓을 경우에는 시야가 좁아 불리했다. 또한 몰래 함선에 달라붙는 적군을 발견하는 것이 어려웠다. 그 때문에 판옥선 중에서 극히 일부만 거북선으로 제작했다.

명이 내세운 무기, 불랑기포

임진왜란 당시 승전에 기여한 3대 무기를 들자면 조선군의 판옥선,

일본군의 조총, 명군의 불랑기포佛郎機砲를 꼽을 수 있다. 명은 마카오에 온 포르투갈인에게 서양식 후장포인 불랑기포를 수입했는데, 이는 종래의 화포에 비해 성능이 매우 우수했다. 임진왜란 당시 조선 조정의 대신들이 일본군의 조총을 두려워하자 이여송이 명군에는 불랑기포가 있으니 염려하지 말라고 했을 정도로 그 성능을 인정받았다.

당시 중국인은 서양인을 불랑기라고 불렀는데 불랑기란 '프랑크'를 뜻하는 것으로, 대포도 서양에서 유래한 것이라 하여 불랑기포라고 부른 것이다.

모포와 자포로 분리가 가능한 불랑기포는 포탄을 장전한 여러 개의 자포를 준비해뒀다가 하나의 모포에 바꿔 끼우는 방식이라 장전 시간을 절약해주었고 연속 사격도 할 수 있었다. 실제로 일본군은 임진왜란 때 불랑기포를 상당히 두려워했다.

명군은 불랑기포 외에 호준포虎蹲砲라는 대포도 사용했다. 호준포는 호랑이가 앉아 있는 모습과 유사하다 하여 붙인 명칭인데, 불랑기포와 호준포는 조선의 화포들에 비해 운반하기가 편하고 포신을 빠르게 움직일 수 있어 야전과 수성전 때 효과적이었다.

조선을 승전으로 이끈 화포들

조선의 화포는 흔히 총통이라 불렀는데 그 명칭은 천자문의 첫 번째 사자성어인 '천지현황'에서 따왔다. 구체적으로 말해 그 크기와 용도에 따라 천자총통, 지자총통, 현자총통, 황자총통 등으로 불렀다. 이들 화포는 대개 조선 세종 대에 개발해 사용했고 특히 해전과 수성전, 공성전에서 요긴하게 쓰였다.

먼저 천자총통을 살펴보자면 1813년(순조 13년) 훈련도감에서 편집한 군사 기술 서적 《융원필비》에 이렇게 쓰여 있다.

천자포는 고지에 있으면 아래를 제압하는 벽력의 구실을 하고, 아래에 있으면 위를 쪼개는 신묘한 화포의 구실을 한다. 안에 있으면 적진에 충격을 가하는 성포霹砲 구실을 하고, 밖에 있으면 성을 분쇄하는 뇌부 구실을 한다. 쓰는 데 신비하고 기묘한 면이 있으며 공격 효과는 거리의 멀고 가까움에 달려 있다. 그러나 지리를 분별하지 않고 적절히 사용하지 못하면 도리어 아군을 손상할 뿐 아니라, 그 기계를 수습하지 않고 버리고 달아나면 오히려 적을 이롭게 하는 도구가 될 것이다.

천자총통에는 둥근 포탄이나 미사일처럼 생긴 대장군전을 장전해 쏘았는데 사거리가 약 1.2킬로미터에 이르렀다고 한다. 천자총통으로 발사하는 대장군은 50근 무게의 거대한 화살로 목표물에 명중하면 배가 부서질 정도로 위력이 대단했다.

지자총통은 천자총통 다음으로 화구가 큰 화포로 처음에는 주로 화살을 발사하는 용도로 쓰였으나 이후 철환과 장군전도 발사했다. 철환은 대개 한 번에 200개를 발사했으며, 장군전은 미사일처럼 생긴 화살로 중량이 33근 정도였다. 지자총통으로 발사한 장군전은 1킬로미터까지 날아갔다.

현자총통은 지자총통보다 조금 작은 화포로 차대전, 차중전, 철환 등을 발사하는 대포다. 현자총통으로 발사하는 차대전은 장군전보다 얇은 화살로 상대적으로 가벼워 약 3킬로미터 거리를 날아갔다. 차중전은 차대전보다 더 얇은 화살이다. 현자총통은 이런 화살을 한꺼번에 네댓 개씩 쏠 수 있었다. 현자총통으로 발사한 화살은 일반적인 화살보다 훨씬 크고 무거워 일본군이 몹시 두려워했다고 한다. 차대전의 길이는 약 2미터이고 차중전은 47센티미터 정도였다고 한다.

황자총통은 천지현황의 네 총통 중 가장 가볍고 작은 화포다. 이것은 이동 중에 사용하기 편리한 화기로 대개 한 번에 철환 40개 정도를 발사했고 사거리는 약 1.2킬로미터였다. 철환 외에 화살을 넣어 쓰기도 했다.

로켓 병기 신기전

화포 천지현황 외에도 조선의 무기에 지금의 로켓포에 해당하는 신기전神機箭이 있었다. 신기전은 고려 말 최무선이 만든 '달리는 불'이라는 뜻의 주화走火를 개량해서 만든 무기다. 1448년 처음 제작했으며 그 종류에는 대신기전, 산화신기전, 중신기전, 소신기전 등이 있다.

대신기전은 길이 5미터가 넘는 일종의 미사일로 발사하면 몸체에 부착한 원통형 종이통 속 화약의 힘으로 스스로 날아가게 만들었다. 종이로 만든 점화통 속 점화선에 불이 붙고 그 화력으로 스스로 추진해 날아가는 것이다. 세종 때 90개를 제조해 의주에서 사용한 기록이 있으나 임진왜란 때는 사용했는지 정확히 알 수 없다.

산화신기전은 대신기전과 같은 크기로 목적은 적군을 위협해 혼란에 빠뜨리는 데 있다. 그래서 대신기전의 발화통 자리에 빈 곳을 만들고 그 속에 화약을 넣어 적군에게 공포감을 안겨주는 용도로 고안

했다. 대신기전과 산화신기전의 사정거리는 적어도 1천 미터 이상이었다고 한다.

중신기전은 약 1.4미터의 화살로 화살마다 약통이 달려 있어 발사 이후 자체 추진력으로 날아간다. 대신기전과 산화신기전은 한 번 발사에 하나만 날아가지만 중신기전은 한 번에 100발을 쏠 수 있다.

소신기전은 1미터 정도의 화살로 신기전 중에서 실질적인 전시 상황에 가장 요긴한 무기였고, 임진왜란 당시 실제로 사용했다.

신기전을 발사하는 발사체를 신기전기라고 하는데, 이 화포는 한 번에 100발의 중신기전과 소신기전을 발사할 수 있다. 신기전을 발사할 때는 신기전기의 발사 각도를 조절한 뒤 각 화살의 점화통에 달린 점화선을 한데 모아 불을 붙인다. 이후 신기전은 자체 추진력으로 날아간다. 각 신기전의 신기전기에서 발사한 중신기전과 소신기전의 사정거리는 100미터에서 150미터 사이였다고 한다.

시한폭탄형 유탄, 비격진천뢰

임진왜란 당시 일본군이 특히 무서워한 무기는 비격진천뢰飛擊震天雷 또는 비진천뢰라고 하는 폭탄이었다. 비격진천뢰는 선조 시절 군기시의 화포장 이장손이 개발한 것으로 화포로 발사하는 시한폭탄식 유탄이다. 이것을 발사하는 발사체는 대완구大碗口다. 완구는 포신부가 약실부보다 지름이 훨씬 큰 화포인데, 그 모양이 완구처럼 생겼다 해서 이런 이름으로 불렸다. 완구에는 별대완구, 대완구, 중완구, 소완구 등 여러 크기가 있고 비격진천뢰를 발사하는 대완구는 완구 중에서 두 번째로 큰 화포다.

대완구에서 발사한 비격진천뢰는 최대 700미터 정도 날아가며 적진에 떨어진 뒤 얼마 동안 터지지 않다가 일정 시간이 지나 폭발한다. 일본군이 몹시 두려워해 임진왜란 당시 경주성을 탈환할 때 큰 효과를 거뒀다.《징비록》은 당시 비격진천뢰를 어떻게 사용했는지 기록하고 있다.

박진은 밤에 몰래 군사들을 경주성 밑에 숨겨놓았다가 비격진천뢰 여러 개를 성 안으로 쏘았다. 폭탄은 일본군이 있는 건물 마당으로 떨어졌는데 터지지 않았다. 일본군은 처음 보는 그 폭탄이 어떤 것인지도 모르고 우르르 몰려들었다. 어떤 이는 굴려보았고 또 어떤 이는 두드리거나 자세히 살펴보기도 했다. 그런데 갑자기 폭탄이 일본군이 모여 있는 한가운데서 터졌다. 그 소리에 땅과 하늘이 흔들리고 쇳조각이 별처럼 부서지며 흩어져 죽은 자만 30명이 넘었고, 맞지 않은 자도 정신을 잃었다가 한참 지나서야 깨어났다. 이어 여기저기서 다른 폭탄들이 터지니 일본군은 혼비백산하여 사방으로 달아나 더 이상 싸울 생각을 하지 못했다. 그들은 그 폭탄이 어떻게 만들어졌는지 알 수 없었으므로 폭탄이 참으로 신통한 재주를 부린다고 생각했다. 다음 날 밤 일본군은 경주성을 버리고 몰래 서생포로 도망갔다.

이 기록 속의 박진은 밀양부사로 있다가 용맹성을 인정받아 경상우도 병마사가 된 인물이다. 임진왜란 기록 중 비격진천뢰를 가장 요긴하게 사용했음을 보여주는 것은《징비록》의 이 내용이다.

비격진천뢰는 원형의 철통 안에 날카로운 쇳조각을 넣는데 일정 시간이 지나면 폭발해 쇳조각이 사방으로 날아가면서 적을 해친다. 비격진천뢰의 폭발 시간을 조정하는 것은 포탄 내부에 장착한 대나무통 속의 심지였다. 이 심지의 줄 수가 적으면 빨리 폭발하고 많으면 늦게 폭발했다.

비격진천뢰와 유사한 무기 중에 질려포통蒺藜砲筒이라는 것도 있다. 질려포통은 일종의 수류탄으로 비격진천뢰에 비해 작고 가벼우며 사람이 직접 던져서 폭발하게 하는 포탄이다. 이 포탄 역시 비격진천뢰와 마찬가지로 터지면 철 조각이 튀어나와 사람을 살상하는 형태였다.

5부

여진의
조선 침략
—
정묘호란과
병자호란

1
강국으로 성장한 여진

—

"경들은 이 오랑캐를 어찌할 것인가?
우리나라의 병력으로 1초哨라도 막을 만한 형세가
된다고 생각하는가?"

누르하치의 여진 통일

조선이 임진왜란을 치르는 동안 만주 지역에서는 건주위 추장 누르하
치가 여진족 통일 작업을 추진하고 있었다.

당시 명의 지배를 받고 있던 여진은 건주여진, 해서여진, 야인여진
등으로 나뉘어 있었다. 건주여진은 주로 지금의 길림성 일대를 장악
했는데 이들은 다시 오도리, 호리개로, 도은, 발고강, 탈알령의 5개 부
족으로 나뉘어 있었다. 해서여진은 헤이룽장성 지역에 살았고 여진어
로 후룬이라 불렀다. 이들도 우라, 후이파, 하다, 예허의 4개 부족으로
갈라져 있었다. 마지막으로 야인여진은 만주의 최북단을 차지했는데
이들은 파아손, 착화, 홀라온, 올랑합의 4개 부족으로 갈라졌다. 이렇
듯 여진은 모두 13개 부족으로 나뉘어 서로 세력을 다투며 싸웠다.

여진의 부족들이 서로 갈등을 일으키며 싸운 배경에는 명의 이간

정책이 있었다. 명은 여진족이 세력을 합치지 못하도록 서로 대립하게 만드는 정책을 구사했다. 즉, 이간질로 서로 싸우도록 만들어 하나의 통일 세력으로 성장하는 것을 철저히 막은 것이다. 이를 위해 명은 자주 여진족 정벌 전쟁을 감행했고 그 과정에서 여진족 내부의 대립세력을 끌어들여 상대 여진 부족을 공격하게 했다. 또한 여진과 조선이 화해하지 못하도록 여진을 정벌할 때 조선에 원군을 요청했다.

이런 정책이 이어지는 가운데 1582년 명이 건주여진을 공격하면서 누르하치의 할아버지 기오창가와 아버지 타쿠시를 죽이는 사태가벌어졌다. 기오창가와 타쿠시를 공격할 때 건주여진의 한 부족인 토륜성 성주 니칸와이란이 가세했다. 당시 24세의 젊은 청년이던 누르하치는 여기에 원한을 품고 있다가 1583년 군대를 동원해 니칸와이란을 공격했다. 누르하치와 니칸와이란의 전쟁은 3년 동안 이어졌고 결국 1586년 누르하치가 니칸와이란을 죽이고 그가 다스리던 지역을 점령했다. 이후 3년간 누르하치는 건주여진의 나머지 부족을 모두 복속시켜 건주여진 통일에 성공했다. 그 건주여진을 문수보살의 이름을 따서 '만주'라고 칭했는데 이것이 누르하치 만주국의 시초다.

건주여진의 통일 소식이 명에 전해졌지만 그 무렵 명나라 황제 신종은 명재상 장거정이 죽은 뒤부터 정사를 등한시하고 타락의 길로 들어섰다. 그와 함께 명나라 조정에서 극심한 당쟁이 이어져 여진의 성장에 제대로 대처하지 못했다. 이때 가장 크게 위협을 느낀 해서여진이 4개 부족 연맹을 결성해 건주여진에 대항했다. 그런 상황에서 1592년 임진왜란이 일어난 것이다. 명은 조선에 구원병을 파견해 일본군과 싸우느라 여진의 세력 다툼에 관여할 여력이 없었다. 해서여진은 부족 연맹의 힘을 믿고 누르하치에게 사신을 보내 건주위 영토 일부를 할양할 것을 요구했다. 그러나 누르하치는 해서여진의 요구를 묵살하고 전쟁 준비에 돌입했다. 1593년 해서여진은 몽골과 연합해 3만 병력으로 건주여진을 공격했으나 누르하치의 유인책에 말려 대패하고 쫓겨났다. 이후 누르하치는 병력을 강화하고 경제력을 다져 본격적으로 여진 통일 작업에 박차를 가했다.

명은 조선에서 일본군을 격퇴하는 일에 몰두하느라 누르하치의 성장을 저지할 수 없었다. 또한 일본군 침략으로 국토가 초토화 지경에 이른 조선은 누르하치의 힘이 강해진 사실 자체를 알지 못했다.

1598년 임진왜란이 끝났지만 명은 계속 전쟁 후유증에 시달리고 있었다. 누르하치는 그 기회를 놓치지 않고 1599년 해서여진을 공격했다. 누르하치의 여진 통일 전쟁이 본격화된 것이다.

누르하치의 통일 전쟁은 14년간 이어졌고 마침내 1613년 여진의 모든 부족이 누르하치에게 굴복했다. 누르하치는 그들 부족의 땅을 모두 만주국 휘하에 두었고 이로써 지금의 길림성, 흑룡강성, 요녕성 등을 만주라고 불렀다.

여진족을 통일한 누르하치는 1616년 국호를 '대금', 연호를 '천명'이라 하고 스스로 황제의 자리에 올랐다(누르하치가 세운 금나라를 흔히 후금이라 일컫는데 나중에 '청'이 된다). 그 후 여진의 학자 에르데니(어얼득니)에게 만주문자를 만들게 한 누르하치는 그것을 모든 백성이 사용하게 했다. 또한 팔기제도八旗制度를 바탕으로 군대 조직과 행정 조직을 정비해 국가 체계를 완성했다.

팔기제도는 원래 누르하치가 지휘한 군대 조직에서 나온 것이다. 누르하치는 1601년 군대 체계를 위해 사기제도를 만들었는데 이는 병력을 황, 홍, 백, 남 색의 깃발 아래 4개 군단으로 나눈 데서 비롯되었다. 사기제도가 나중에 팔기제도로 확대되었다. 팔기제도의 원형은 우록牛錄제도다. 여진인은 수렵을 할 때 참가 인원 중 10명을 한 조로 편성했는데 이를 우록이라고 했다. 누르하치의 팔기제도에서 한 우록을 300명으로 확대했고 5우록을 1갑라라 했으며 5갑라가 1기였다. 1기가 7,500명이고 8기가 6만 명인 셈이다.

　누르하치는 몇 명의 왕자만 제외하고 모든 신하를 팔기제도 안에 편입했다. 일종의 선군정치를 시행한 셈이다. 심지어 과세, 징병, 호적 같은 행정 업무도 팔기제도 속으로 끌어들였다. 팔기제도는 청이 중국 대륙을 통일한 후에도 계속 유지했다. 훗날 만주족뿐 아니라 한족과 몽골족에도 팔기군이 생겼는데, 24기가 청나라 군대의 핵심이었다.

이중 전략을 구사하는 광해군

누르하치가 후금을 세워 스스로 황제를 칭하고 연호를 정한 후 할아버지와 아버지의 원수를 갚겠다며 명을 압박하자, 명나라 황제 신종은 요동경략 양호에게 군대를 일으켜 여진을 토벌하라는 명령을 내렸다. 1618년 양호는 조선에 지원군을 요청했지만 광해군은 조선이 앞뒤로 적을 막고 있어 서울이고 지방이고 여유가 없고, 국력이 넉넉지 못할 뿐 아니라 훈련을 받은 군사도 부족하다며 에둘러 요청을 거절하는 모양새를 취했다. 이 글을 본 양호는 조선이 명의 여진 정벌을 관망한다며 질타하고 다시 이런 말로 지원군을 보내줄 것을 요청했다.

　어쩌면 수만 병력을 갑자기 채우기가 어렵고 또 한편으로는 독자적으로 감당하기가 난처해서 그럴지도 모르겠습니다만 이제 내가 왕께 약속하겠습니다. 그저 1만 정병만 미리 뽑아 한 달 가량의 양식을 아울러 마련한 뒤 왕의 국경에 있게 하십시오. 그리고 작전이 벌어졌을 때 노추(누르하치)가 동쪽으로 충돌해오는 것을 막아 도망가지 못하게 하십시오. 겨울철에 진격할 때까지 기다렸다가 잇달아 요동 진채에 포진한 정예병과 함께 합동으로 공격해 들어갑시다. 300리도 채 되지 않는 지역 안에서 몇 갈래 길로 공격하며 일제히 쳐들어가면 10일 정도에 일을 끝마칠 수 있을 것입니다.

양호는 이 서찰에서 광해군을 몰아붙이기도 하고 다른 한편으로 달래기도 하면서 어떻게 해서든 지원군을 보내야 한다고 강력히 피력했다. 조선이 계속 관망세를 유지한다면 정식으로 황제에게 보고해 명나라 조정 차원에서 조선 왕을 징계하도록 하겠다는 협박까지 했다.

그러면서 양호는 임진왜란 당시 명이 조선에 지원군을 보낸 사실을 언급하며 그 은혜를 갚아야 하지 않느냐고 설득했다. 사실 정유재란 때 양호도 직접 군무경리를 맡아 참전했다. 양호는 그것을 들먹이며 조선에서 지원군을 보내줄 것을 강력히 요청했다. 상황이 이쯤 되자 광해군도 지원군을 보내지 않을 수 없었다. 하지만 조선에서 지원군을 보낸 사실을 후금에서 알면 후금도 가만히 있지 않을 것이기에 조선은 진퇴양난의 처지에 놓였다.

고민 끝에 광해군은 이중 전략을 구사하기로 했다. 일단 명의 요구대로 병력을 동원하되 상황에 따라 후금과 강화 협상을 해서 평화 관계를 유지하려는 것이었다. 강화 과정에서 후금에 서찰을 보내 조선은 명의 요구를 거절할 수 없어 억지로 군대를 동원했을 뿐, 후금을 공격할 의도가 전혀 없다는 말을 전하게 한다는 계획이었다. 일종의 등거리 외교이자 중립노선이었다. 광해군은 자신의 이중 전략을 조정에 알리지 않았다. 만약 조정에 알릴 경우 갑론을박이 벌어질 게 뻔하고, 그러면 그것이 명나라 조정에 알려져 조선의 처지가 난처해질 것이기 때문이다.

후금의 군대에 대패한 조명연합군

광해군은 요동에 보낼 지원군 1만 3천을 꾸리게 하고 형조참판 강홍립을 도원수로, 김경서를 부원수로 삼아 출동하게 했다. 군대를 이끌고 압록강을 건너간 강홍립은 1619년 2월 명군과 만났다. 조선군을 인도한 명나라 장수는 유격장 교일기였고 명나라 도독은 유정이었다. 유정은 정유재란 때 명군을 이끌고 참전한 인물로 정유재란 말기에 갑자기 명군을 이끌고 철수해 순천 예교에 있던 고시니 부대의 탈출을 방관한 인물이다.

유정을 만난 강홍립이 명이 동원한 병력이 얼마나 되느냐고 묻자 유정이 말했다.

"서남 방면에 대병이 전진하고 있고, 동쪽 방면 군사는 내가 친히 거느린 장정 수천 명과 각 장수가 거느린 병사뿐이니 통틀어 1만이 되지 않을 것이다."

이에 강홍립이 의아한 듯 다시 물었다.

"그렇다면 동쪽 방면 군대는 고립당할 수도 있는데 대인은 왜 군대를 요청하지 않습니까?"

그 말에 유정은 양호와 자신의 사이가 나빠 군대를 요청해도 보내 주지 않을 것이라며 한숨을 쏟아냈다. 그러면서 유정은 군대를 매우 빠르게 이동시켰는데 강홍립은 그 점을 이상하게 여기며 물었다.

"왜 이리 빨리 전진하는 것입니까?"

강홍립의 판단으로 조선군을 합쳐 겨우 2만에 불과한 병력으로 급히 후금을 공격하다가는 패전할 가능성이 높았다. 이 물음에 유정은 기분 나쁜 표정을 지으며 말했다.

"병가의 승산은 오직 천시와 지형적 이득을 얻고 인심을 따르는 데 있을 뿐이다. 날씨가 아직 추우니 천시를 얻었다 할 수 없고 도로가 질척거리니 지리를 얻었다고 할 수 없지만, 내가 병권을 잡지 못하였으니 어찌하겠는가?"

병법상으로는 빨리 진격하면 안 되지만 자신에게 병권이 없으니 양호의 명령대로 빨리 진격하지 않을 수 없다는 뜻이었다. 유정의 행동을 본 강홍립은 광해군에게 이렇게 보고했다.

"신들이 진영에 나가 보니 기계가 허술하고 대포와 대기도 없었으며, 오직 우리 군만 믿고 있을 뿐이었습니다."

당시 유정 휘하의 병력은 형편없었다. 명군은 오로지 조선군만 믿고 출전한 것이었다. 강홍립은 명군의 형편을 광해군에게 보고하면서 다음과 같이 덧붙였다.

"도독(유정)은 뒤따라오는 군대를 기다리지 않고 서둘러 출병하면서 원망하는 말을 대놓고 하였으며, 교일기 유격도 창졸간에 군사를 일으킨 것을 염려하고 있습니다. 대개 동쪽 방면 군대가 전진하는 길은 험난하고 멀며 큰 내로 둘러싸여 있습니다. 오늘 아침 또 강을 가로질러 건너야 했고 압아하에 비해 더 깊고 넓어 비가 조금만 와도 건너기가 매우 어렵습니다. 압아하를 모두 네 번 건넜는데 깊이가 말의 배까지 차고 물이 검고 돌이 커서 사람과 말이 건너기 어려웠습니다. 각자 행장을 진 군사들은 반도 채 오지 못해 지칠 대로 지쳤고 또 가져온 군량이 다 떨어져가는데 군량과 건초가 아직 후송되지 않아 앞으로의 일이 염려스럽습니다. 군사들을 채근하는 경략(양호)의 명령서가 도독에게 도착했으므로 군대를 전진하도록 독촉하고 있습니다."

결국 유정은 경략 양호의 채근 때문에 무조건 전진하고 있는 것이었다. 그렇듯 대책 없이 전진할 경우 후금군의 복병에 걸려 괴멸당하는 것은 시간 문제였다.

강홍립의 우려는 결국 현실로 나타났다. 무턱대고 전진하던 명군과 조선군은 1619년 3월 4일 후금군의 기습을 받았는데 이때 유정의 군대는 궤멸되었다. 당시 유정은 명군을 이끌고 먼저 진격하고 조선군은 강홍립의 지휘 아래 그 뒤를 받치고 있었다. 후금군의 기습으로 명군이 궤멸하자 유정과 휘하 장수들은 화약포 위에 앉아 불을 질러 자살했다.

유정의 병력이 궤멸되었을 때 서로로 진격하던 개철총병 두송의 부대도 이미 궤멸된 상태였다. 그는 공을 탐내 급히 진군하다가 유정의 군대보다 먼저 패몰했고 덕분에 후금군은 유정의 부대에 공격을 집중할 수 있었다. 후금을 공격할 당시 명은 총 47만의 정벌군을 결성했다. 하지만 성급하게 8만의 군대를 먼저 동원해 섣불리 공격에 나섰고 누르하치는 6만의 팔기군으로 이들과 대적해 물리쳤다. 이때 명군은 310명의 장수와 4만 5,800명의 군사를 잃었다. 이것이 바로 사르후 전투다. 사르후 전투 패배로 명군의 사기는 땅에 떨어졌고 기세가 오른 후금군은 요동 전체를 장악하는 한편, 미처 병합하지 못한 여진의 잔여 세력까지 모두 정복했다.

강홍립을 옹호하는 광해군

명군이 졸지에 궤멸되면서 조선군의 좌군과 우군도 마찬가지 신세가
되었다. 이에 강홍립은 중군을 이끌고 뒤로 물러났다가 누르하치에게
항복했다. 이때 포로가 된 조선군은 무장해제된 채 후금군 진영으로
끌려갔다.

　강홍립이 누르하치에게 항복한 일과 관련해《광해군일기》의 사관
은 이런 글을 남겼다.

> 이에 앞서 왕(광해군)이 비밀리에 회령부의 시장 장사꾼 호족胡族에게 이
> 일을 통보하게 하였는데, 그 장사꾼 호족이 미처 돌아가기도 전에 하서국
> (역관)이 먼저 오랑캐의 소굴로 들어갔으므로 노추(누르하치)가 의심하여
> 감금했다. 얼마 후 회령의 통보가 이르자 마침내 하서국을 석방하고 강홍
> 립을 불러들이게 했다. 강홍립의 투항은 대체로 미리 예정한 계획이었다.

이 기록에 나오는 하서국은 광해군이 파견한 여진어 역관이었다.
광해군은 강홍립이 출병할 당시 자신의 이중 전략을 비밀리에 알리고
상황에 따라 전투를 멈추고 강화를 맺어 후금이 조선을 침공하는 일
이 없도록 할 것을 명령했다. 강홍립은 광해군의 이 밀명에 따라 누르
하치에게 항복한 것이다.

　강홍립의 항복 소식이 알려지면서 사헌부와 홍문관 등의 젊은 신

하들이 강홍립의 가족을 구금할 것을 요청했지만, 광해군은 자신이 알아서 처치할 테니 더 이상 그 문제를 거론하지 말라고 했다. 이후 포로로 잡힌 조선 병력 중 상당수는 탈출해서 돌아왔고 나머지 병력도 석방되었다.

그런데 후금은 이러한 광해군의 이중 전략을 명나라 조정에 흘렸다. 누르하치는 조선과 명을 이간질해 후금이 명을 칠 때 조선이 배후를 공격하지 못하게 할 심산이었다. 이때 조선을 의심한 명은 조선에 곡식을 팔지 못하게 하는 등 강경한 조치를 취했고, 조선 조정은 명의 의심을 해소하기 위해 강홍립이 오랑캐에 항복해 나라를 배신했다는 내용을 담은 글을 명나라 조정에 보냈다. 이 글을 보내는 것을 두고 광해군은 이런 비답을 내렸다.

"아뢴 대로 하라. 강홍립이 하는 일을 어찌 분명히 알겠는가. 대개 나라 형세의 위태롭고 급박한 것이 임진년보다 백배나 더하니 경들은 반복하여 자세히 의논해서 잘 미봉하도록 하라. 나는 밥상을 대해도 밥맛이 없고 밤이 되어도 잠을 이루지 못하면서 어찌할 바를 몰라 오직 절박하게 통탄하며 고민할 뿐이다. 무릇 이 같은 기밀 따위의 일은 신속에 귀함이 있는 것인데 본사의 회계는 번번이 지체되고 있으니, 더욱 우려스럽고 개탄스럽다. 이번 자문을 오늘 안에 지어 올려 서둘러 발송하되 주선하고 응대할 일을 아울러 상세히 지시해주어 보내도록 하라."

이후 조선 조정은 역관 하서국과 후금에 머물던 강홍립을 이용해 명 몰래 후금과 외교 관계를 유지했다. 나중에 강홍립이 석방되어 돌아온다는 소문이 돌자 광해군은 강홍립이 돌아오면 구금해야 한다는 조정 대신들의 요구를 거부하며 말했다.

"강홍립 등이 노적(후금)의 실정만 진달進達하였을 뿐이지 무슨 나라를 판 일이 있는가. 진달한 것이 너무 지나치다. 누가 이 논의를 주장했는가? 나라의 안정을 도모하는 훌륭한 계책을 일률적으로만 논의할 수 있겠는가. 강홍립 등은 기필코 나올 리가 없다. 설혹 나온다 하더라도 올라온 뒤에 죄를 논의해도 늦지 않은데 어찌 꼭 차꼬에 채워 올려 보내야 하는가. 우선 즉시 올려 보내라고 하유하라."

폐기되는 중립 노선

광해군은 적어도 조선이 군사력을 키울 때까지는 후금에 저자세를 취해야 한다는 입장이었다. 반면 조정 대신들은 후금의 국서를 찢고 명에 사죄해야 하며 강홍립의 가족을 구금해 국법으로 다스려야 한다고 주장했다. 광해군은 이런 말로 자신의 심정을 토로했다.

"경들은 이 오랑캐를 어찌할 것인가? 우리나라의 병력으로 1초哨 (100명 단위)라도 막을 만한 형세가 된다고 생각하는가? 지난번 군사를 요구하는 글이 명에서 두 번이나 왔을 적에 내가 걱정한 바는 곧 원병을 보내고자 한 것이 아니라 우리나라의 인심이 본래 굳건치 못하고 군사가 평소에 교련되어 있지 않아 하루아침에 몰아 들어가도 싸움에 도움을 주지 못함을 알리는 것이었다. (…) 경들이 내 뜻을 헤아리지 못하고 한갓 내 말을 틀어막아 우리 군사가 투항한 사정을 명에 알리려고만 드니 어찌 이런 어그러진 사리가 있는가? 내 말이 잘못되었다고 생각하는가? 내가 이를 절통해하는도다."

이어 광해군은 자신의 계획을 밝혔다.

"지금 우리나라가 계책으로 삼을 것은 군신 상하가 모든 일에 힘써 정벌 준비에 온 생각을 쏟고 군사를 기르고 장수를 뽑으며, 인재를 거두어 쓰고 백성의 걱정을 펴주어 인심을 기쁘게 하는 일이다. 또 크게는 둔전을 개간하고 병기를 조련하며 성지를 잘 수리하고 모든 것을 정리한 뒤에야 정세에 대처할 수 있을 것이로다. 그렇게 하지 않고 혹 태만히 하면 큰 화가 곧바로 이를 것이니 어찌 두렵지 않겠는가?"

당시 조정 대신들은 광해군의 이런 실리적 견해를 수용하지 않았다. 심지어 왕비 유씨까지도 언문 상소를 올려 명을 섬길 것을 간청했다. 광해군은 자신의 의지를 꺾지 않았고 명을 섬기는 태도를 취하는 한편 후금과도 우호 관계를 유지했다. 광해군은 조선이 힘을 키울 때까지는 이런 이중 전략이 최선이라고 판단했다.

그 무렵 명나라 황제 신종이 죽고 1620년 희종이 16세의 어린 나이로 황위에 올랐다. 희종은 환관 위충현에게 권력을 맡기고 정사에 관심을 두지 않았다. 그 바람에 명나라 조정은 위충현의 손바닥 위에서 놀아나느라 제 구실을 하지 못했다. 그때 누르하치는 세력을 더욱 확대했고 1621년 심양과 요양을 장악한 뒤 산해관을 공략할 기회를 엿보고 있었다.

한편 조선은 명나라 장수 모문룡이 명의 패잔병과 난민을 이끌고 압록강변의 진강(오늘날의 단둥) 부근으로 오는 바람에 곤란한 처지에 놓였다. 누르하치는 모문룡을 치기 위해 조카 아민에게 5천의 군사를 내주었다. 아민은 모문룡을 찾아내라며 조선 조정을 압박했고 곧 모문룡이 용천에 있다는 사실을 알고 압록강을 건너와 평안도 의주와 가산, 용천 등을 습격했다. 그러자 모문룡은 평안도 철산 앞바다의 섬 가도로 도주했다. 그는 평안도에 흩어져 있던 명나라 패잔병과 유민들을 모아 가도로 들어갔고, 모문룡의 군세에 위협을 느낀 광해군은 명군과 유민들이 가도에 머무는 것을 허락했다. 이후 모문룡은 명의 우방인 조선을 후금의 공략 기지로 삼겠다고 명 조정에 보고했고, 명은 그 공을 인정해 1622년 10월 그에게 총병 벼슬을 제수했다. 광해군은 정충신을 후금 진영으로 보내 후금의 내부 사정을 파악하는 한편 모문룡과도 제휴해 명과도 화친 관계를 유지했다.

광해군이 이처럼 명과 후금 사이에서 전쟁의 소용돌이에 휘말리지 않으려 안간힘을 쓰고 있을 때, 조선 내부에서는 반란의 조짐이 무르익고 있었다. 그 중심에는 신경희의 옥사에 연루되어 죽은 능창군의 형 능양군이 있었다. 그는 정계에서 밀려난 서인 세력과 손잡고 역모를 도모했는데, 사전에 거사 계획이 누출되자 급히 거사에 돌입했다. 광해군은 훈련원 대장 이홍립과 훈련도감 이확에게 반군을 막게 했으나 이확과 이홍립이 반란 세력에 가담하는 바람에 졸지에 왕위에서 내쫓기고 말았다.

반정에 성공한 능양군은 서궁에 유폐되어 있던 선조의 계비 인목대비의 교지를 받아내 왕위에 올랐으니 그가 곧 인조다.

인조는 광해군이 두 마음을 품어 오랑캐에 투항했다는 것을 반정 명분 중 하나로 삼았다. 말하자면 광해군이 명과 후금 사이에서 중립 외교를 펼친 것을 오랑캐에 투항한 것으로 본 셈이다. 이는 후금을 적대시하고 명에 대한 사대 외교를 지속하겠다는 선언인 동시에 중립 노선의 폐기를 의미했다.

인조의 친명 정책은 당시의 국제 정세를 읽지 못한 오판의 결과물이었고 이는 또다시 조선 백성을 전란의 소용돌이 속으로 몰아넣는 계기가 되었다.

2
이괄의 난과 정묘호란

—

"도성의 백성은 두려워하지 마라.
새 임금이 즉위했다!"

도성을 버리고 달아나는 인조

광해군을 내쫓고 왕위에 오른 인조는 재위 1년도 되지 않아 도성을
버리고 달아나는 신세에 놓였다. 1624년 1월 부원수 겸 평안병사 이
괄이 정예 병력 1만을 이끌고 도성으로 쳐내려왔기 때문이다. 이괄은
인조와 함께 반정에 참여해 공신 반열에 오른 인물로 반정 1년도 되
지 않아 인조를 내쫓고 새로운 왕을 옹립하고자 군대를 움직였다.

　이괄이 역심을 품은 이유는 전적으로 중앙의 신하들이 그를 역적
으로 내몬 데 있다. 그 무렵 조정은 반정 이후 상당히 혼란스런 상황
이었다. 광해군을 몰아내고 집권한 서인들은 또 다른 반란을 염려해
늘 긴장했으며 파벌이 사분오열되어 스스로의 정치적 입지를 다지기
에 여념이 없었다. 각 계파는 상대 계파를 몰아세워 입지를 다지려 했
고 급기야 역모설을 퍼뜨려 반대파를 제거하려는 시도까지 했다.

이괄의 난을 촉발한 것은 이괄이 반란을 꾀한다는 문회 등의 고변이었다. 1624년 1월 17일 문회·이우·권진·정방열·윤안형·한흔 등이 함께 대궐에 나가 임금에게 직접 이괄과 그의 아들 이전 그리고 한명련, 정충신, 기자헌, 현집, 이시언 등이 역모를 꾀한다고 고변했다. 이 중 기자헌과 이시언은 광해군 시절 영의정과 훈련대장을 지낸 인물이었다. 서인이 이들 북인 세력을 제거하기 위해 역모 고변을 했던 것이다. 사실 이들은 북인이면서도 인목대비 폐출을 반대하거나 인조반정을 도운 인물이었다. 덕분에 인조의 신임을 받았는데 서인 측에서는 여전히 이들을 제거하려 했다.

역모 고변이 있자 인조는 우선 고변자를 추국하라 했고 추국관들은 조사 끝에 고변이 무고라는 결론을 내리고 고변자들을 처단할 것을 요청했다. 하지만 역모 고변자가 하나같이 서인이라 조정을 장악하고 있던 서인들은 이괄을 부원수에서 해임하고 중앙으로 소환해 국문해야 한다고 주장했다. 인조는 이괄을 소환하지 않고 대신 이괄의 아들 이전과 한명련을 소환해 국문할 것을 지시했다. 인조는 섣불리 이괄을 건드렸다가는 역심을 품고 휘하 군대와 함께 도성으로 밀고 내려올 수도 있다고 판단했다. 그런데 서인 중신들의 주장이 워낙 강해 꺾지 못하자 타협책으로 내놓은 것이 이전과 한명련을 소환해 국문하는 것이었다.

추관들은 끝내 이괄을 잡아와 국문해야 한다고 주장했고, 논란 끝에 한명련과 이전을 도성으로 압송했다. 그때 이괄은 평안병사 겸 부원수로서 영변에 머물고 있었다. 그는 인조반정 때 군대를 지휘해 가장 큰 역할을 했지만 막상 논공행상을 논할 때는 2등 공신에 머물렀다. 여기에다 병조판서 정도의 벼슬을 기대했으나 평안도 병마사가 되어 변방으로 떠나야 했다. 이로 인해 이괄은 다소 불만을 품고 있었지만 그렇다고 역심까지는 아니었다. 오히려 변방에 도착해 휘하 군대를 다잡고 혹시 모를 침략에 대비하여 전시에 준하는 대비 태세를 갖추고 있었다.

그 무렵 북방 수비대의 총병력은 1만 5천 정도였다. 그중 5천은 평양에 머무는 도원수 휘하에, 1만은 영변에 머무는 부원수 휘하에 두었다. 부원수 휘하의 1만은 그야말로 전선을 지키는 최정예 부대였다. 그러니 인조가 이괄을 신뢰하지 않았다면 북방을 책임지는 1만 군대를 맡겼을 리 만무하다. 인조의 마음을 알았기에 이괄은 영변에 도착해 부하들을 조련하고 적의 침입에 대비해 만반의 준비를 하고 있었던 것이다.

한데 느닷없이 자신이 믿고 신임하는 순변사 한명련이 역모 혐의로 체포되어 압송 중이라는 소식이 들려왔다. 여기에다 자신의 아들 이전까지 같은 혐의로 압송 중이라는 소식이었다. 이괄은 이것이 결국 자신을 겨냥한 조치임을 알았고 반정 때부터 자신과 대립한 김류 등이 이 일을 꾸몄을 것으로 판단했다.

그는 역적으로 몰려 죽느니 차라리 군대를 이끌고 내려가 도성을 장악하고 임금을 바꾸는 것이 낫겠다고 생각했다. 그는 즉시 군대를 보내 압송 중이던 한명련을 구출했고 아들 이전을 잡으러 온 선전관 김지수와 중사 김천림, 의금부 도사 심대림과 고덕률을 죽여버렸다.

군대를 일으킨 이괄은 장수들을 모아놓고 자신의 결의를 드러내며 이탈하는 자는 죽이겠다고 으름장을 놓았다. 그리고 다음 날 포로로 잡은 왜군 100여 명을 선봉으로 삼아 남하하기 시작했다. 이괄은 빨리 도성에 도달하기 위해 장만이 지키던 평양을 피해 황해도를 거쳐 곧장 개성으로 내달릴 계획이었다.

이괄의 부대가 평양을 피해 황해도로 내려오고 있다는 소식을 들은 조정의 중신들은 피난길에 올랐다. 이괄의 부대는 승전을 거듭했고 인조는 과천과 수원을 거쳐 공주로 달아났다. 인조가 도성을 버리고 달아난 2월 9일 이괄은 개성을 점령했다. 그날 오후 선발대 기병 30여 명이 먼저 도성에 도달해 소리쳤다.

"도성의 백성은 두려워하지 마라. 새 임금이 즉위했다."

다음 날인 2월 10일 새벽 이괄은 한명련과 함께 나란히 말을 타고 도성에 입성했다. 그때 이괄의 아우 이수는 이충길과 이시언의 아들 욱 등을 데리고 수천 명의 군사를 모집해 그들을 맞이했다. 이후 이괄은 흥안군을 왕으로 옹립했다.

그때 도원수 장만은 파주에 도착해 인조가 파천하여 몽진 길에 올랐다는 사실을 전해 들었다. 장만은 만약 이괄의 군대가 도성을 오래 장악하고 있으면 주변 세력들이 모두 이괄에게 붙을 것을 염려했다. 그래서 부하 장수들에게 이렇게 말했다.

"지금으로서는 계책이 두 가지밖에 없다. 하나는 더 지체해 신민이 모두 저들에게 붙으면 싸우기 힘들 것이니 곧바로 진격해 결사적으로 싸우는 것이고, 둘은 사방의 길을 차단하고 각 도의 군대가 당도하길 기다려 함께 공격하는 것이다."

휘하 장수 정충신이 말했다.

"이미 죽을힘을 다했으나 적을 격파하지 못해 임금께서 파천하셨으니 우리는 만 번 죽어도 할 말이 없습니다. 그렇다고 함부로 달려들었다가는 개죽음을 당할 것이 뻔하고 또 그냥 지켜보고 있을 수도 없습니다. 옛말에 북쪽 산을 먼저 점령하는 쪽이 이긴다고 했으니 우리가 안령(지금의 무악재)을 먼저 점령해 도성을 내려다본다면 적은 우리를 공격하지 않을 수 없을 것입니다. 적이 수가 많아도 위를 쳐다보고 공격하는 것이니 우리에게 승산이 있습니다."

여러 장수가 정충신의 의견에 동의했고 정충신은 지체 없이 수하들을 데리고 안령으로 진격했다. 정충신이 순식간에 안령을 장악하자 장만은 군대를 이끌고 도성 쪽으로 진군해 낙산에 진을 쳤다. 관군이 모두 고개와 산마루에 진을 치자 위협을 느낀 이괄은 병력의 우세를 믿고 공격을 개시했다. 공격할 때 이괄은 안령에 진을 친 관군의 숫자가 적음을 얕잡아보고 소리쳤다.

"저놈들을 격파하고 돌아와서 밥을 먹자."

이괄은 단숨에 안령을 차지할 것으로 판단해 방을 붙여 백성들에게 좋은 싸움 구경을 하라고 했다. 그런데 막상 싸움을 시작하자 전세는 딴판으로 전개되었다. 처음에는 바람이 산 아래서 위로 불어 전세가 이괄에게 유리했다. 그때 일본군을 선봉대로 삼은 한명련은 관군을 거의 무찔렀다고 생각했다. 그러다가 갑자기 바람의 방향이 바뀌고 흙바람이 일어나는 바람에 한명련의 군대가 당황해 잠시 물러났는데, 그사이 정충신이 역공을 시작했다. 조총과 화살이 바람을 타고 쏟아져 내리자 한명련은 화살을 맞고 물러났다. 또한 선봉대에 섰던 이괄의 장수 이양이 탄환을 맞고 죽었다. 그 여세를 몰아 정충신은 군대를 아래로 몰았고 이괄의 부대원 400여 명이 죽고 300여 명이 포로로 잡혔다. 기세가 꺾인 이괄의 군대는 뭉그러지며 도망치기에 여념이 없었다.

무너진 이괄의 부대 중 마포나 서강으로 달아나다 물에 막혀 죽은 자가 수십 명이었다. 돈의문과 서소문으로 들어와 몸을 숨기려는 자들도 많았는데, 백성이 문을 닫고 열어주지 않아 포로로 잡힌 자도 수백 명이었다. 이괄의 부대는 별 수 없이 숭례문으로 달려갔고 정충신이 그들의 뒤를 쫓자 남이홍이 말렸다.

"금일의 승리는 하늘 덕분이다. 며칠 지나지 않아 적의 괴수가 다시 공격해올 것인데 무엇 때문에 위험을 무릅쓰고 추격하는가?"

그러나 정충신은 멈추지 않았다. 적이 넋을 잃어 싸울 여유가 없다며, 빨리 쫓아가면 광통교에 미치지 않아 사로잡을 수 있다고 했다.

그때 이괄과 한명련은 단지 100여 기의 기병만 데리고 수구문을 빠져나갔다. 그런 다음 12일 삼전도를 거쳐 광주로 들어가 목사 임회를 죽이고 달아났다. 정충신은 불과 27기의 기병만 거느리고 그들을 맹렬히 추격했다. 이괄의 부대는 적이 대군을 거느리고 오는 줄 알고 달아나기에 여념이 없었다. 그러다가 내분이 생기면서 이괄의 부대가 이천의 묵방리에 이르렀을 때 휘하 군관들이 이괄, 한명련, 이수, 이전 등 9명을 죽였다.

한편 이괄이 왕으로 추대한 흥안군 이식은 이괄의 군대가 패퇴하자 달아났다. 그리고 광주 소천으로 가서 원수부의 군관이라고 거짓말을 했다가 붙잡혀 원수부에 끌려갔는데, 이때 심기원과 신경진이 그의 목을 베었다.

이괄과 한명련 등의 목을 벤 이괄의 부하들은 그들의 머리를 가지고 공주로 달려가 인조에게 바쳤다. 이때가 2월 15일의 일이었다. 이괄의 머리를 확인한 인조는 2월 19일 공주를 떠나 22일 도성에 도착해 종묘와 사직에 역적의 난을 진압했음을 고했다.

이처럼 이괄은 1624년 1월 24일 반란을 일으켜 2월 9일 도성을 점령하고 2월 10일 새로운 왕을 세웠으나 3일 만인 12일 정충신과 싸우다 패퇴해 목이 달아났다. 이를 두고 사람들은 "이괄이 정충신을 얕보고 싸우다 삼일천하로 반란의 깃발을 내렸다"라고 했다.

이괄의 난은 끝났지만 일부 반란 세력은 한양을 빠져나가 후금으로 달려갔다. 한명련의 아들 한윤과 한택은 후금 조정에 광해군의 폐위 사실을 알리고 인조 즉위의 부당성을 호소했다. 또한 조선의 병력 상태가 엉망이고 가도에 진을 친 모문룡의 군대도 오합지졸에 불과하니 조선을 칠 것을 요청했다. 당시까지 조선의 병력 상황을 정확히 알지 못한 누르하치에게 그들의 정보는 매우 요긴한 것이었다. 그렇지만 조선을 치면 명과 전쟁을 치를 때 후방을 염려하지 않을 수 없다는 판단에 누르하치는 일단 조선 침략을 보류했다. 그때 그의 아들 홍타이지는 조선을 뒤에 남겨두고 명을 치는 것은 위험하다며 조선부터 먼저 쳐야 한다고 주장했다.

가차 없이 짓밟히는 조선

조선의 한양이 이괄의 난으로 쑥대밭이 되고 있을 때, 천도 계획을 세운 누르하치는 1625년 도읍을 심양으로 옮겼다. 심양을 도읍으로 삼았다는 것은 요동이 완전히 후금의 손에 떨어졌다는 의미다. 누르하치는 거기서 만족하지 않고 1626년 1월 13만 대군을 이끌고 산해관 공략에 나섰다. 본격적으로 명나라 본토를 공격하려면 반드시 산해관을 함락해야 했기 때문이다. 그러나 산해관으로 가는 길목인 영원성에서 명나라 장수 원숭환에게 막혀 패퇴했다. 원숭환은 네덜란드에서 수입한 홍이포로 밀려드는 후금군을 두들겼는데, 그 과정에서 심하게 부상당한 누르하치는 퇴각한 뒤 사망했다.

누르하치가 죽자 한汗(칸)의 자리를 그의 8남 홍타이지가 이었다. 누르하치는 미처 왕위 계승자를 결정하지 못한 채 죽었지만 홍타이지가 다른 경쟁자들을 모두 물리치고 35세의 나이에 한에 올랐다.

한에 오른 홍타이지는 명을 제압하기로 마음먹고 다시금 영원성 공략에 나설 계획을 세웠다. 그런데 그는 명나라 공격에 앞서 가도에 진을 치고 있는 모문룡을 제거하는 동시에 조선을 위협해 눌러놓는 것이 급선무라고 판단했다. 후금군이 영원성을 공략할 때 혹시 있을지도 모를 모문룡과 조선군의 배후 공격을 방지하기 위해서다. 홍타이지는 한이 되기 전부터 조선 정벌 의지가 강했고 아직 정벌할 때는 아니지만 군대를 동원해 굴복시킬 필요가 있다고 생각했다. 1627년 1월 그는 아민에게 군대 3만 6천을 내주어 조선 정벌에 나서도록 하고, 자신은 대군을 이끌고 영원성으로 향했다.

압록강을 건넌 아민은 병력 6천을 가도로 보내 모문룡을 붙잡게 하고, 자신은 본대 3만을 이끌고 용천과 선천을 가볍게 함락했다. 이후 곽산의 능한산성에서 한 차례 전투가 있었으나 조선군은 맥없이 무너졌다.

후금군 진영에 조선 지리에 밝은 강홍립과 한윤 등이 있어서 조선군은 지리적 이점을 활용하기 어려웠고 허장성세로 후금군을 저지할 수도 없었다. 그런 까닭에 후금군은 모문룡이 점거한 가도를 무너뜨리고 파죽지세로 짓쳐왔다. 가도의 모문룡은 달아나기에 급급해 겨우 목숨만 부지한 채 신미도로 몸을 숨겼고, 청천강 남쪽의 안주를 지키던 맹장 남이흥도 패배했다.

평안병사 남이흥이 안주성에서 패배한 배경에는 조정의 오판이 있었다. 애초에 남이홍은 안주성을 지켜야 한다고 주장했으나 이귀를 중심으로 한 조정 대신들이 구성을 지켜야 한다고 주장해 남이홍은 별 수 없이 구성을 지켜야 했다. 그런데 갑자기 후금의 본대가 안주성으로 향한다는 사실을 알고 급히 안주성으로 들어가 수성전을 펼쳤으나 병기와 병력 부족으로 패전했다. 남이홍은 3만의 대군을 상대로 제대로 훈련도 받지 못한 3천 병력으로 맞섰으나 중과부적이었다. 후금군이 성을 함락하고 남이홍을 포위하자 남이홍은 화약 포대를 안고 불을 질러 자결했다. 안주목사 김준과 그의 아들도 불길에 휩싸여 함께 죽고 그를 둘러싸고 있던 후금군도 다수 죽었다.

사태가 여기에 이르자 인조와 인목대비, 왕비 등은 논란 끝에 몽진 길에 올라 강화도로 가고, 소현세자는 근왕병을 모으기 위해 체찰사 이원익과 함께 전주로 내려갔다.

한편 안주성을 무너뜨린 아민은 곧장 평양을 거쳐 황주로 내달렸다. 후금군이 황주까지 오는 과정에 조선군의 저항은 거의 없었다. 평안감사 윤훤은 혼자라도 평양성을 지키겠다고 고집을 부리다가 부하들의 만류로 산으로 피신했고, 황해병사 정호서도 황주성을 버리고 달아났다. 그 소식을 듣고 사도 체찰사 장만은 황해도 평산에 머물다가 개성으로 후퇴했다. 장만에게는 변변한 군대가 없었기에 그로서도 어찌해볼 도리가 없었다.

그 무렵 서울은 유도대장 김상용과 부장 여인길이 지키고 있었다. 그리고 서울의 방어선인 임진강엔 훈련대장 신경진이 경기도 병력과 서울의 포수들을 거느리고 방어진을 치고 있었다.

후금과 조선의 맹약

그때 개성에 머물던 장만은 후금군 진영의 강홍립에게 편지를 보내 후금군을 다독여 퇴군하도록 해달라고 부탁했다. 강홍립은 화친을 위해 최선을 다하겠다는 답장을 보내왔다. 이후 아민이 화친 조건을 내건 서찰을 보내왔다. 아민의 요구 사항은 세 가지였는데 첫째는 땅을 떼어달라는 것이고, 둘째는 모문룡을 잡는 것이며, 셋째는 군사 1만을 보내 명을 치는 것을 도우라는 것이었다. 세 가지 요구 사항 모두 들어줄 수 없는 것이라 화친은 성립되지 않았다.

아민은 다시 대동강을 건너 예성강이 바라다보이는 평산까지 남하했다. 한데 그 무렵 폭우가 쏟아져 대동강과 예성강 물이 불어나는 바람에 군대를 돌리기도 진격하기도 어려운 사정에 놓였다. 사실 후금군은 조선에 압력을 가해 굴복시킬 요량으로 군대를 동원한 것이라 너무 깊이 들어오는 것을 꺼렸다. 예상보다 조선의 방어선이 쉽게 무너지는 바람에 평산까지 들어온 것뿐이었다. 이제 폭우를 만나고 보니 자칫 회군을 염려해야 하는 처지가 되고 말았다. 여기에다 평안도 지역에서 의병들이 일어나 후금군이 애를 먹고 있다는 소식이 들려왔다. 전 영산현감 정봉수는 용천과 철산에서 의병과 흩어진 병졸을 끌어모아 후금군을 공격했고, 수천의 후금군을 몰아낸 뒤 용골산성에 들어가 군대를 결집했다. 의주에 머물던 후금군이 용골산성을 공격했으나 번번이 실패하고 병력 손실만 입었다. 정봉수는 모문룡과 긴밀히 연락해 군량을 지원받기도 했다. 이 소식을 들은 인조는 기뻐하며 정봉수를 용천부사로 삼고, 주변 지역 군대에 그의 지휘를 받도록 했다.

그러자 아민은 중국인으로 후금에 투항한 유해와 강홍립을 차사로 보내 화친을 제의했다. 후금은 화친 조건으로 앞서 내세운 세 가지를 요구하는 한편 명나라 연호를 버리고 왕자를 인질로 보내라고 했다. 이 제의를 거절한 조선은 왕자 대신 종친 이구를 보내기로 하고 다섯 가지 화의 조건을 제시했다. 첫째, 후금군은 평산 남쪽으로 넘어오지 말라. 둘째, 맹약 후 즉시 철군하라. 셋째, 철병 이후 압록강을 넘지 말라. 넷째, 양국을 형제국으로 칭하라. 다섯째, 조선과 후금이 맹약은 하되 적대하지 않는 것을 인정하라. 이는 조선과 후금이 맹약은 맺되 조선이 명을 적대하지 않는 것을 인정해달라는 것으로, 한마디로 중립을 지키겠다는 의미였다. 내용만 보면 광해군이 내세운 이중 전략과 다를 바 없었다.

아민은 조건을 받아들여 철군을 시작했으나 철군 과정에서 조선 백성을 마구 잡아갔다. 그때 조정에서는 용골산성의 정봉수에게 밀서를 보내 후금군이 철군하는 동안 잠깐 피해 있으라고 했다. 정봉수는 군사를 보충하고 군량만 지원한다면 굳이 피할 필요가 없다고 했다. 인조는 은밀히 정봉수에게 명하여 뜻대로 하라고 했다. 아민이 군대를 데리고 돌아가려 하는데 정봉수가 용골산성을 굳건히 지키고 정충신과 윤도가 진을 치고 시위하자, 아민은 조선 조정에 맹약을 어기고 군대를 움직였다고 항의했다. 조선 조정은 이렇게 대답했다.

"후금군이 즉각 강을 건너가지 않고 우리나라에 잔류해 노략질을 하므로 본도의 백성이 분발해 복수할 것을 생각한 것이니, 이는 조정에서 명한 것이 아니오. 그래서 그들의 뜻을 꺾기도 어렵소."

결국 후금군은 끌고 가던 조선 백성 2천여 명을 돌려보내야 했다. 이로써 두 달간 이어진 정묘호란은 끝이 났다.

그해 5월 인조는 권호를 명에 파견해 후금군이 침략한 전말과 인조가 도성을 버리고 강화도로 피신한 상황을 자세히 전하고, 부득이 후금과 화친했음을 알렸다. 명은 조선이 화친한 것이 전쟁을 중단하기 위한 임시방편일 뿐 본뜻이 아님을 이해한다는 글을 보내왔다.

그 무렵 후금은 차관 유해를 보내 다시 한번 화친 맹약을 확인했다. 영원성 공략에 나선 홍타이지가 혹여 조선이 군대를 동원해 배후를 칠 것을 염려해 유해에게 군대 5천을 내주어 조선에 들어가도록 한 것이다. 유해는 도성으로 이르는 길에 군대를 세워놓고 한성으로 들어왔다. 인조는 성문 밖에 재상들을 보내 그를 맞이하게 했는데 유해가 화를 내며 조선 왕이 직접 나오라고 했다. 인조는 별 수 없이 직접 나가 그를 맞아들이고 잔치를 베풀어주었다. 잔치 자리에서 유해가 잔뜩 취해 인조의 얼굴에 입을 맞추고 자신의 얼굴에도 입을 맞추라고 했다. 인조가 당황해 유해와 함께 온 강홍립에게 유해의 처사를 묻자 강홍립이 대답했다.

"오랑캐는 큰 맹약을 한번 허락하면 평생 배신하지 않사옵니다."

인조는 이렇게 말했다.

"그래도 입을 맞추는 것은 그대로 따를 수 없다."

유해는 인조에게 서로 부둥켜안고 등을 두드리자고 청했다. 인조가 강홍립에게 그 의도를 물으니 강홍립이 말했다.

"이것 또한 하나의 서약입니다."

그 말에 인조는 어쩔 수 없이 유해와 서로 안고 등을 두드렸다. 인조에게 그런 치욕을 안긴 유해는 원래 요동 출신 중국인이었다. 그가 후금에 투항해 홍타이지를 돕자 명나라 황제는 은 1만 냥이라는 엄청난 현상금을 걸고 유해를 잡는 사람에게 중국인이든 외국인이든 가리지 않고 형주자사 벼슬을 내리겠다고 했다.

충신과 간신, 원숭환과 모문룡

후금의 세력 확장 과정에서 명의 운명과 밀접한 연관성이 있는 인물을 꼽을 때 원숭환과 모문룡을 빼놓을 수 없다. 두 사람은 조선의 운명과도 밀접한 관련이 있었다.

원숭환은 후금이 명을 공격하는 데 가장 큰 걸림돌이었다. 그는 지금의 광동성 동관의 하카족 출신으로 원래 문관이었다. 그는 1619년 36세의 늦은 나이로 진사에 올랐고 그해 양호가 후금을 쳤다가 사르후 전투에서 대패했다. 이제 막 관리로 진출한 원숭환은 3년 후인 1622년 병부 직방주사가 되었다. 당시 그는 홀로 후금 진영에 잠입해 정보를 입수하면서 영원성의 전략적 중요성을 깨달았다. 영원성은 만리장성 동쪽 끝의 관문인 산해관을 방비하는 외곽 성 중에서 가장 중요한 군사적 요충지였다. 영원성이 무너지면 산해관이 위기에 처하고 산해관이 무너질 경우 수도 연경이 위태로울 수밖에 없었다. 그래서 그는 본국으로 귀국한 뒤 요동 지역 방위 업무를 맡는 직위에 자원해 영원성을 축성했다. 그 성은 성벽 높이가 10미터가 넘는 요새였다. 원숭환은 주변의 반대를 무릅쓰고 이곳에 서양에서 들어온 신식 무기 홍이포를 설치하고 후금의 남진을 막을 보루로 삼았다.

그의 예상대로 1626년 1월 누르하치는 산해관을 공격하기 위해 영원성을 공략했다. 그때 누르하치는 원숭환의 저지선을 뚫지 못한 채 큰 부상을 입었고 결국 세상을 떠났다. 이 공로로 원숭환은 병부시랑 요동순무 주지관외 군사로 임명되었다. 1627년 홍타이지는 누르하치의 원수를 갚겠다며 다시 영원성을 공격해왔다. 이때 홍타이지는 무려 13만 대군을 이끌고 쳐들어왔지만 역시 원숭환의 수비벽에 가로 막혀 패퇴했다.

　명에는 원숭환과 함께 후금을 위협하는 또 하나의 장수가 있었으
니, 바로 모문룡이었다. 항저우 출신의 장수 모문룡은 25세에 산해관
에서 군인 생활을 시작했는데, 산해관은 천하제일관이라 할 만큼 중
요한 난공불락의 요새였다. 이곳에 근무하던 그는 심양으로 파견되었
고 그가 장군의 반열에 올라 있던 1621년 누르하치가 심양과 요양을
함락하는 사태가 벌어졌다. 이에 그는 패잔병들을 이끌고 조선 땅으
로 도주해 압록강변의 진강을 점령했다.

　누르하치는 모문룡을 치기 위해 조카 아민에게 5천 병력을 내주
었고 아민은 조선 땅인 의주와 가산, 용천 등지를 습격해 모문룡을 죽
이려 했으나 모문룡은 용천 관아에 숨어 있다가 조선인 복장을 하고
달아났다. 이후 모문룡은 철산 앞바다의 섬 가도로 숨어들었다. 그리
고 후금군이 퇴각하자 주변에 흩어져 있던 명나라 패잔병과 난민을
끌어모아 조선 민가에서 약탈을 일삼았다.

　모문룡의 무리가 행패를 부린다는 소식을 접한 광해군은 모문룡
이 이끄는 명나라 패잔병과 난민이 가도에 거주하도록 허락했다. 이
때 모문룡 휘하의 명나라 백성과 패잔병은 1만 정도였다. 그들이 먹
을 양식을 대부분 조선에서 지원했는데 이 때문에 조선 백성의 피해
가 막중했다. 모문룡은 조선을 공략 기지로 삼아 요동을 수복하겠다
고 큰소리쳤고, 명은 그 말을 믿고 그에게 요동총병 벼슬을 내렸다.
사실 모문룡은 후금을 공격하기는커녕 가도를 거점으로 삼아 조선과
명 사이에서 교역을 중재하는 데 열중했다.

　후금은 모문룡을 몹시 성가신 존재로 여겼다. 후금이 산해관 공격
에 나설 때 모문룡이 조선과 세력을 합쳐 배후를 공격할까 봐 염려스

러웠기 때문이다. 결국 새로 한이 된 홍타이지는 1627년 원숭환이 지키던 영원성 공략에 나서면서 아민에게 군대 3만 6천을 내주며 모문룡을 치고 조선을 눌러놓을 것을 명했다. 그것이 바로 정묘호란이다. 조선 공략에 나선 아민은 별도로 병력 6천을 동원해 모문룡을 사로잡으려 했으나 이번에도 모문룡은 용케 도주에 성공했다. 조선 땅 깊숙이 침입해 개성 북방을 점령한 아민은 갑자기 쏟아진 폭우에 퇴로를 잃을까 염려하여 급히 조선과 화의를 맺고 퇴각했다. 그때 영원성을 치러간 홍타이지도 원숭환에게 막혀 퇴로에 오르고 있었다.

아민의 군대가 퇴각한 뒤 모문룡은 일부 조선인이 후금과 함께 가도 공격에 참여했다는 것을 문제 삼아 주변의 양민을 학살하는 바람에 조선의 큰 골칫거리가 되었다. 이처럼 모문룡은 당시 조선 백성에게 도적의 괴수나 다름없는 존재였으나 명에서는 그가 마치 후금의 후방에서 대단한 교란 작전이라도 전개하는 것처럼 높이 평가했다. 그 이유는 모문룡이 명나라 조정을 장악한 환관 위충현에게 꾸준히 뇌물을 바친 덕이었다. 또한 모문룡은 후금과도 은밀히 내통했을 뿐 아니라 조선인이 변발하게 한 다음 그들의 목을 베어 자신이 죽인 후금군이라며 명나라 조정에 바치기도 했다. 그 숫자가 무려 4천을 헤아리자 조선 조정은 백방으로 모문룡의 부정을 명나라 조정에 알리려 했지만 모문룡의 방해로 번번이 실패했다. 오히려 명나라 조정은 모문룡에게 수군 좌도독의 지휘까지 내렸다.

그러나 원숭환은 모문룡이 저지른 행패와 부정부패를 잘 알고 있었다. 1629년 병부상서 우부도어사의 소임을 맡은 원숭환은 모문룡을 보면 단칼에 베어버리겠다고 벼르고 있었다. 그 때문에 모문룡은 원숭환과의 대면을 몹시 꺼렸으나 가도를 떠나 명으로 돌아갔다가

1629년 6월 영원성 앞바다에서 순찰을 돌던 원숭환을 만났다. 원숭환은 직무태만과 부정부패를 이유로 그를 참수형에 처했다. 당시 명나라 백성은 모문룡의 행패와 포악함에 치를 떨었는데 원숭환이 모문룡을 죽였다고 하자 모두 반색하며 원숭환을 칭송했다. 조선 조정에서도 모문룡이 죽었다는 소식을 듣고 무척 다행스럽게 여겼다.

모문룡이 죽은 후 후금의 사신 만월개가 조선에 와서 의주부윤 이시영에게 말했다.

"우리가 문룡을 죽이려고 원숭환과 결탁해 온갖 꾀를 쓰다가 이제 비로소 죽이게 되었다."

이 말을 들은 사람들은 모두 속으로 만월개를 비웃었다고 한다.

한편 모문룡을 죽인 원숭환에게도 검은 그림자가 뻗치고 있었다. 1630년 모문룡의 잔당이 원숭환이 후금의 밀령을 받고 모문룡을 죽였다고 모함했기 때문이다. 당시 환관 위충현에게 정사를 맡겨놓은 숭정제 의종은 이 말을 믿고 원숭환을 참형에 처했다.

원숭환은 마침 후금군 때문에 함락 직전에 있던 연경을 구하기 위해 군대를 이끌고 달려온 참이었다. 그런데 뜻밖에도 의종이 모문룡 잔당의 모함을 듣고 원숭환에게 연경 방어 실패의 책임을 물어 참형을 내린 것이다. 그 소식이 알려지자 원숭환 휘하 장수 조대수는 황제와 조정 대신들에게 분통을 터뜨리며 군대를 이끌고 퇴각해버렸다. 1631년 조대수는 후금에 투항했고 후금은 번번이 공략에 실패한 영원성을 피 한 방울 흘리지 않고 얻었다. 더구나 영원성과 함께 난공불락의 요새로 알려진 금주성도 후금의 손에 넘어갔다. 이로써 후금은 산해관을 칠 기반을 확보했다.

3
병자호란과 고립무원의 남한산성

—

"우리 임금이시여, 우리 임금이시여.
우리를 버리고 가십니까!"

군신 관계를 요구하는 후금

영원성과 금주성을 차지한 홍타이지는 정벌 전쟁을 지속해 몽골을 장
악함으로써 세력을 더욱 확대했다. 그 후 후금은 정묘호란 때 조선과
맺은 형제의 맹약을 군신의 맹약으로 바꾸려 하는 한편 명을 공격하는
데 동참할 것과 황금·백금 1만 냥, 전투마 3천 필, 지원군 3만을 요구
했다. 그러자 조선에서는 후금에 선전포고를 하고 대대적인 전쟁 준비
에 돌입해야 한다는 여론이 일었다. 그 와중에 홍타이지는 1636년 4월
국호를 '청'으로 고치고 스스로를 황제로 칭했다. 그해 2월 그는 마부
태와 용골대를 조선에 파견했는데 의주에 도착한 용골대가 의주부윤
이준에게 말했다.

"우리나라가 이미 대원大元을 획득했고 또 옥새도 차지했다. 이에
서달의 여러 왕자들이 대호大號를 올리기를 원하고 있으므로 귀국과

의논하여 처리하고자 차인을 보냈다. 그러나 이들만 보낼 수 없어서 우리도 함께 온 것이다."

용골대의 말을 해석하자면 후금이 독자적인 연호를 사용하게 되었다는 의미다. 또한 옥새를 차지했다는 것은 몽골이 원나라일 때의 황제 옥새를 가졌다는 뜻으로, 이에 몽골의 여러 왕자가 홍타이지에게 황제의 존호를 올리려 하는데 이를 조선과 의논하려 한다는 것이었다. 금이 황제국이 되었으니 조선도 청을 황제국으로 섬기고 신하국으로서 예의를 갖추라는 얘기였다.

의주부윤 이준이 이 내용을 적어 조정에 장계를 올리자 조선 조정이 발칵 뒤집혔다. 그렇지 않아도 후금을 향한 감정이 좋지 않았는데 군신 관계를 맺자고 요구하니 조정의 젊은 언관들이 가만히 있을 리 없었다. 홍문관에서는 아예 후금의 사신을 가두라는 상소까지 올렸다.

"전하께서 그 글을 불태우고 사신을 참해 삼군의 사기를 진작하지는 못할지언정, 어찌 친히 적의 사신을 접견하시어 부도한 말을 듣는단 말입니까. 의당 엄준한 말로 배척하여 끊는 뜻을 분명히 보이고 참람하게 반역하는 단서를 통렬하게 끊어 우리나라가 지키는 바를 저 오랑캐가 기강을 범하고 상도를 어지럽히는 일로 범할 수 없음을 알게 하여야 합니다. 그럴 경우 설령 나라가 망하더라도 천하 후세에 명분이 설 것입니다."

조선 조정의 분위기가 이렇듯 험악하게 돌아가던 중에 용골대가 한성으로 들어왔다. 용골대는 홍타이지가 보낸 서찰 3통과 봉서 2통을 내놓았다. 홍타이지의 글 중 하나는 후금에 간 춘신사에 대한 문안 편지였고, 두 번째는 인조비 한씨를 문상하는 글이었으며, 나머지 하나는 제를 올릴 때 쓰는 물품 목록이었다. 여기까지 별다른 문제가 없었지만 따로 가져온 두 개의 봉서는 그렇지 않았다. 봉서 중 하나의 겉봉에는 금국집정팔대신이라 적혀 있고, 다른 봉투에는 금국외번몽고라고 쓰여 있었다. 조정 대신들이 이 글은 누구의 것이냐고 묻자 용골대가 말했다.

"팔고산과 몽고의 여러 왕자의 글이오."

조선 대신들은 신하의 처지에 있는 다른 나라 사람이 이웃 왕에게 글을 보내는 것은 예에 맞지 않는다며 두 개의 봉서를 받지 않겠다고 했다. 그러자 용골대가 얼굴빛이 바뀌며 말했다.

"우리 한께서는 정토하면 반드시 이기므로 그 공업이 높고 높다. 이에 안으로는 팔고산과 밖으로는 제번諸藩의 왕자들이 모두 한께서 황제 자리에 오르기를 원하자, 한께서 '조선과는 형제의 나라가 되었으니 의논하지 않을 수 없다'고 말하셨으므로 각각 차인을 보내 글을 받들고 온 것이다. 그런데 어찌 받지 않을 수 있는가?"

다시 말해 후금 내부의 모든 대신과 외부의 번국이 홍타이지가 황제 자리에 오르길 원하니, 조선도 똑같이 홍타이지를 황제로 떠받들라는 것이었다. 조선 대신들이 그 의도를 알고 받아들이지 않자 용골대가 봉서를 도로 가져가면서 화를 내며 소리쳤다.

"내일 돌아갈 것이다. 말을 주면 타고 갈 것이고 주지 않으면 걸어서 갈 것이다!"

비록 큰 소리를 치긴 했지만 용골대는 조선 조정의 분위기가 심상치 않다는 것을 알고 있었다. 젊은 언관들은 모두 후금 사신들을 죽여야 한다고 극간했다. 겁을 먹은 용골대는 민가에서 말을 빌려 은밀히 도주했다. 달아나던 용골대 일행은 운 좋게도 조정에서 평안감사에게 내린 인조의 명령서까지 탈취했다. 그들이 탈취한 인조의 유문 속에는 후금의 침입에 대비한 방비책이 적혀 있었다. 그 글을 읽은 홍타이지는 조선 정벌 의지를 굳혔다. 1636년 4월 홍타이지는 국호를 청, 연호를 숭덕이라 하고 황제의 자리에 올라 관온인성황제라는 칭호를 썼다.

정벌에 나선 홍타이지

조선이 청에 적대감을 품고 있음을 확인한 홍타이지는 1636년 11월 심양에 온 조선 사신에게 조선의 왕자와 대신 그리고 척화론을 주창한 자들을 청으로 압송해오지 않으면 대병을 이끌고 정벌에 나설 것이라는 최후통첩을 보냈다. 이때 조선 조정은 청의 요구를 묵살하고 전쟁에 대비했다.

하지만 조선에는 청의 침입에 대비할 만큼 충분한 군사력과 물자가 없었다. 인조 즉위 초 일어난 이괄의 난으로 1만 명의 정병을 잃은 데다 정묘호란을 겪으면서 많은 병기와 물자를 소진한 터였다. 전국적으로 군대를 집결해도 속오군(역이 없는 양인과 천민으로 조직한 군대)까지 합쳐 모두 10만이 채 되지 않았고, 그나마 지역에 흩어져 유사시에 투입할 정예 병력은 3만 이하였다. 청은 조선의 이런 사정을 훤히 꿰고 있었다. 여기에다 조선의 전쟁 방식이 모두 산성에 의지한 수성전이라는 것도 잘 알았다. 그런 까닭에 청은 산성 전술의 단점을 최대한 이용해 조선을 공략하고자 했다.

산성 전술의 가장 큰 문제점은 기동력 부족이었다. 이는 산성에 의지해 지키는 것은 용이하지만 산성을 피해 기습적으로 파고드는 적을 공격하는 데는 불리한 전술이다. 청은 조선 군대의 약점을 정확히 짚어내고 공격해왔다.

12월 9일 청은 기동력이 빠른 마부태의 2만 군대를 선봉에 세워 압록강을 건넜다. 이른바 병자호란이 일어난 것이다. 압록강을 건넌 마부태는 임경업이 굳게 지키던 의주의 백마산성을 피해 신천을 통과했다. 이들은 다시 청천강을 건너 안주와 평양을 지나 대동강을 건넜고 황주, 평산, 개성을 거쳐 곧바로 한성으로 들이닥쳤다. 조선 조정이 청의 군대가 침입한 사실을 통보받은 것은 12월 13일이었다. 도원수 김자점의 보고에 따르면 이날 청군은 이미 청천강을 건너 안주에 도달해 있었다. 청군은 압록강을 건넌 뒤 어떠한 저지도 받지 않고 불과 4일 만에 안주에 도착해 평양성을 눈앞에 두었다. 마부태의 부대가 심양을 떠난 것이 12월 1일인데 보름 내에 피 한 방울 흘리지 않은 채 평양에 도달했으니 조선 군대가 얼마나 무력했는지 알 수 있다.

마부태의 부대는 12월 14일 개성을 지나 한성으로 향했다. 이날 조정 대신들은 파천을 논의했고 우승지 한흥일은 종묘사직의 신주를 받들고 강화도로 떠났다. 세자빈 강씨와 원손, 봉림대군, 인평대군 등의 왕족도 함께 강화도로 향했다. 또한 심기원을 유도대장으로 삼아 한성을 지키게 하고 최명길을 마부태 진영에 보내 강화를 청하면서 시간을 끌어보도록 했다. 인조는 소현세자와 함께 대궐을 떠나 일단 남한산성으로 들어간 뒤 다시 강화도로 갈 계획이었다.

급박하게 피난길에 오른 당시 상황을 실록은 다음과 같이 기록하고 있다.

상이 돌아와 수구문을 통해 남한산성으로 향했다. 변란이 창졸간에 일어났으므로 시신侍臣 중에는 간혹 도보로 따르는 자도 있었고 도성 백성은 부자, 형제, 부부가 서로 흩어져 그들의 통곡소리가 하늘을 뒤흔들었다. 초경이 지나 대가가 남한산성에 도착했다. 김류가 상에게 강도江都로 옮겨 피할 것을 권하였는데 홍서봉과 이성구도 그 말에 찬동하였다. 이홍주는 형세로 보아 반드시 낭패할 것이니 요행을 바라서는 안 된다고 했다. 다른 사람은 모두 이런 의논이 있는 것을 모르고 있었는데, 병방승지 이경증이 집의 채유후에게 이 일을 은밀히 말했다. 유후가 드디어 왕을 만나 불가하다고 강하게 고집하므로 경증이 김류를 불러 물어볼 것을 청했다.

김류가 아뢰었다.

"고립된 성에 계시면 외부의 구원도 없고 마초와 양식도 부족할 것입니다. 강도는 우리에게 편리하고 저들에게는 침범하기 어려운 곳입니다. 또 저 적은 뜻이 상국이 되고자 하는 데 있으니, 반드시 우리를 상대로 지구전을 벌이지는 않을 것입니다. 그러므로 신이 강도로 가시는 것이 편리하다고 말씀드린 것입니다."

상이 이어 김류의 귀에 대고 하문했다.

"어느 길로 가야 하는가?"

김류가 아뢰었다.

"과천과 금천을 경유하는 것이 마땅합니다."

상이 일렀다.

"강도는 이곳에서 무척 먼데 어떻게 도착할 수 있겠는가?"

김류가 아뢰었다.

"빠른 말을 타고 금천과 과천의 들을 가로질러 가면 충분히 도착할 수 있습니다."

삼사가 모두 간쟁하였으나 뜻을 이루지 못하고 마침내 어가를 옮길 계획을 정하니 하룻밤 사이에 성 안이 온통 들끓었다.

결국 인조는 강화도로 피신하지 못했다. 강화도로 가기 위해 길을 나섰으나 눈보라가 심하게 몰아쳐 산길이 얼어붙고 미끄러워 말이 제대로 움직이지 못했기 때문이다. 걸어서 가려고 했으나 그 속도로는 적이 도착하기 전에 빠져나갈 수 없다는 판단 아래 남한산성으로 되돌아왔다. 이것이 1636년 12월 15일의 일이다.

연이은 패전 소식

인조가 남한산성으로 다시 돌아오자 최명길이 적진에서 돌아와 마부태가 왕의 동생과 대신을 인질로 내주면 강화 협상을 하겠다는 말을 전했다. 이에 능봉수 이칭의 품계를 군으로 올리고 전 형조판서 심집에게 대신의 직함을 줘서 적진에 보내기로 결정했다. 어떻게 해서든 적의 기세를 누그러뜨리고 시간을 벌어보기 위함이었다. 당시 남한산성에는 훈련대장 신경진, 어영대장 이서, 수어사 이시백, 어영부사 원두표 휘하에 1만 3천 병력이 주둔하고 있었다. 군량은 약 1만 3,800석이 있었는데 50일분에 해당하는 식량이었다. 군대는 물론 군량마저 부족해 장기전을 펼칠 수 없는 상황이었다.

인조가 남한산성에 머문다는 사실을 안 청군은 마부태의 선봉대 2만에 대군을 속속 집결해 12만 병력으로 규모를 키웠다. 인조는 급히 8도에 교서를 내려 각 도에서 근왕병을 모아 남한산성으로 오게 하고 명에도 원병을 요청했다.

그 무렵 청나라 진영으로 보낸 이칭과 심집의 지위가 가짜라는 사실이 밝혀졌고, 마부태는 세자를 보내지 않으면 강화 협상을 하지 않겠다고 엄포를 놓았다. 남한산성에 머물던 조정 대신들은 척화론과 주화론이 대립해 날선 투쟁을 벌이고 있었다. 예조판서 김상헌을 대표로 한 척화론자는 절대 화의하면 안 된다고 주장했고, 최명길을 중심으로 한 몇몇 주화론자는 현실적으로 강화만이 나라를 유지하는 길이라며 맞섰다. 척화론자와 주화론자의 대립은 인조가 남한산성을 나가 항복할 때까지 이어졌다.

그때 소현세자를 인질로 보낼지를 놓고 대신들 사이에 격론이 벌어졌다. 늙은 대신은 대개 세자를 인질로 보내야 한다고 했지만, 젊은 언관과 대다수 신하는 강력하게 반대했다. 심지어 최명길의 목을 베어야 한다고 주장하는 이도 있었다.

그렇게 닷새가 지나자 인조는 초조해하며 말했다.

"적병이 남한산성을 포위한 지 벌써 엿새째다. 군신 상하가 고립된 성에 의지하며 위태롭기가 한 가닥 머리카락과 같은데 외부의 원병은 이르지 않고 소통할 길도 끊어졌다. 경들은 이런 뜻으로 도원수, 부원수, 제도諸道의 감사와 병사에게 내 뜻을 전해 빨리 달려와 구원하여 군부의 위급함을 구하게 하라. 본부의 방비도 마땅히 검칙해야 할 것이니 나루를 건너는 자를 엄히 조사하여 조금이라도 소홀함이 없도록 하라. 그리고 결사대를 모집하여 기어코 답을 올리게 하라."

그 와중에 청군이 출동해 남한산성을 압박했다가 조선군의 화포에 밀려 쫓겨가곤 했다.

12월 20일 청 태종 홍타이지가 개성에 도착했다는 전갈이 왔지만 인조는 그 말을 믿지 않았다. 설마 홍타이지가 직접 올 리는 없다고 생각한 것이다. 그러나 홍타이지가 정말로 왔다는 사실을 확인하자 인조는 적잖이 당황했다. 홍타이지가 온 이상 반드시 소기의 성과를 거두지 않고는 물러가지 않을 테니 말이다.

인조가 새장에 갇힌 앵무새처럼 남한산성에 고립되어 있는 동안 전국 각지에서 병마사들이 군대를 이끌고 올라오고 있었다. 그렇지만 패전 소식만 들려올 뿐 낭보는 거의 없었다. 전라병사 김준룡이 용인에서 적장을 죽이고 승전했으나 이내 역습을 당해 후퇴했다는 것과 한성의 유도대장 심기원이 화공으로 적군 수백 명을 물리쳤다는 것이 그나마 낭보라면 낭보였다. 함경도, 강원도, 충청도 병력 모두 적에게 패퇴했다. 결국 인조는 청군에게 완전히 포위된 채 남한산성에 갇힌 꼴이 되고 말았다.

사죄의 글을 보내는 인조

청군에게 둘러싸인 인조는 최명길의 주장에 따라 홍타이지와 강화할 방도를 모색했다. 김상헌이 청과의 화의를 강력하게 반대하자 최명길이 말했다.

"범려와 대부종이 그 임금을 위해 원수인 적에게 화친하기를 빌었으니, 국가를 보존한 뒤에야 바야흐로 와신상담도 할 수 있는 것입니다."

이 말은 춘추시대 월나라 왕 구천이 오나라 왕 부차에게 회계산에서 패배하자, 그의 신하 범려와 대부종이 부차에게 항복해 화의하길 권하고 훗날을 기약함으로써 와신상담 끝에 다시 일어난 것처럼 일단 항복하고 화의를 청해야 한다는 의미였다. 그러자 김상헌이 이렇게 반론을 제기했다.

"적중의 허실을 환하게 알지도 못하면서 스스로 대부종과 범려에게 비교한단 말입니까?"

김상헌은 먼저 청군의 상태를 정확히 파악하고 강화 여부를 결정해야 처참한 결과를 낳지 않을 거라고 주장한 것이었다.

인조는 최명길의 의견을 받아들여 일단 홍서봉, 김신국, 이경직 등을 적진에 파견했고 이들은 1637년 1월 2일 청 태종 홍타이지의 글을 받아왔다. 홍타이지는 조선의 임금과 신하가 후금을 배반하고 명을 도운 일을 들먹이며 항복하면 살려주겠다는 내용의 글을 보내왔다. 그 글의 요지는 다음의 마지막 문단에 요약되어 있다.

"짐이 이 때문에 특별히 의병을 일으켰는데 그대들이 도탄에 빠지는 것은 실로 내가 원하는 바가 아니었다. 단지 그대 나라의 군신이 스스로 너희 무리에게 재앙을 만나게 했을 뿐이다. 그러나 그대들은 집에서 편히 생업을 즐길 것이니 망령되게 스스로 도망하다가 우리 군사에게 해를 당하는 일이 일체 없도록 하라. 항거하는 자는 반드시 죽이고 순종하는 자는 반드시 받아들일 것이며 도망하는 자는 반드시 사로잡고, 성 안이나 초야에서 마음을 기울여 귀순하는 자는 조금도 침해하지 않고 반드시 정중하게 대우할 것이다. 이를 그대 무리에게 유시하여 모두 알도록 하는 바이다."

이 서찰을 받고 대다수 대신이 일단 홍타이지에게 사죄 내용을 담은 답서를 보내야 한다는 의견을 냈지만 김상헌은 여기에 반대했다.

"지금 사죄한들 어떻게 그 노여움을 풀겠습니까. 끝내는 반드시 따르기 어려운 요청을 해올 것입니다. 적서를 삼군에 반포해 보여주어 사기를 격려하는 것이 마땅합니다."

김상헌의 말인즉 홍타이지의 글을 각 군대에 보내 청군을 향한 적개심을 일으켜야 한다는 주장이었다. 그러나 인조는 이렇게 말했다.

"성첩을 굳게 지키면서 속히 회답해야 할 것이다."

이는 수성 의지를 굳게 드러내는 한편 홍타이지에게 사죄 글도 보내야 한다는 뜻이었다. 이 말에 김상헌이 강력하게 반대하자 인조는 그를 꾸짖었다.

"지금은 존망이 달린 위급한 때다. 위로 종묘사직이 있고 아래로 백성이 있으니 고담이나 하다가 기회를 잃지 않도록 하라. 예판은 여전히 고집만 부리지 말라."

정승 이성구가 장유와 최명길, 이식에게 홍타이지 쪽에 보낼 답서를 작성하게 했다. 답서의 핵심 내용을 담은 마지막 구절은 다음과 같다.

"지난날의 일에 대한 죄는 소방이 이미 알고 있습니다. 그러나 죄가 있으면 정벌했다가 죄를 깨달으면 용서하는 것이야말로 천심을 체득하여 만물을 포용하는 대국이 취하는 행동이라 할 것입니다. 만일 정묘년 하늘에 맹서한 언약을 생각하고 소방 생령의 목숨을 가엾이 여겨 소방이 계책을 바꾸어 스스로 새롭게 하도록 용납한다면, 소방이 마음을 씻고 종사하는 것을 오늘부터 시작할 것입니다. 만약 대국이 기꺼이 용서하지 않고 기필코 그 병력을 끝까지 쓰려 한다면, 소방은 사리가 막히고 형세가 극에 달하여 스스로 죽기를 기약할 따름입니다. 감히 심정을 진달하며 공손히 가르침을 기다립니다."

내용인즉 스스로 청을 대국으로 섬길 기회를 준다면 기꺼이 따르겠지만 무력으로 누르고자 한다면 목숨을 걸고 싸우겠다는 것이었다. 무조건 항복하기보다 마지막 자존심이라도 지키겠다는 의지를 담은 글이었다. 이 글을 받고 홍타이지는 아무 답서도 보내지 않았다. 인조가 서찰을 보내면서 홍타이지를 황제라 칭하지 않고 스스로를 신하라 칭하지 않은 것이 불만스러웠던 것이다.

홍타이지의 답서가 없는 것에 불안을 느낀 조선 조정에서는 인조가 스스로를 신하라 칭하지 않은 게 문제일 것이라 진단하고 글을 고쳐 다시 보내야 한다는 주장이 나왔다. 이 문제를 놓고 주화론자와 척화론자가 다시 대립하는 가운데 도원수 심기원이 1월 15일 장계를 보내 지방에서 올라온 구원병들이 대부분 패퇴했다고 보고했다.

결국 인조는 홍서봉과 윤휘, 최명길을 청군 진영에 보냈는데 용골대가 그들에게 단호히 말했다.

"새로운 말이 없으면 다시 올 필요가 없다."

용골대가 말하는 '새로운 말'이란 곧 무조건 항복을 의미하는 것이었다. 이어 1월 17일 항복을 권유하는 홍타이지의 글이 왔다.

"지금 그대가 짐과 대적하므로 내가 군사를 일으켜 여기에 이르렀으나 만약 그대 나라가 모두 우리의 판도에 들어온다면, 짐이 어떻게 살리고 기르며 안전하게 하고 사랑하기를 적자赤子처럼 하지 않겠는가. 지금 그대가 살고 싶다면 빨리 성에서 나와 귀순하고, 싸우고 싶다면 또한 속히 일전을 벌이도록 하라. 양국의 군사가 서로 싸우다 보면 하늘이 자연 처분을 내릴 것이다."

인조는 최명길에게 항복 내용을 담은 국서를 작성해 청군 진영에 보내도록 했는데, 김상헌이 그 글을 읽고는 통곡하며 찢어버렸다. 그리고 인조를 만나 말했다.

"일단 명분이 정해진 뒤에는 적이 반드시 우리에게 군신의 의리를 요구할 것이니, 성을 나가는 일을 면하지 못할 것입니다. 한번 성문을 나서면 또한 북쪽으로 행차하는 치욕을 면하기 어려울 것이니, 군신이 전하를 위하는 계책이 잘못되었습니다. 진실로 의논하는 자의 말과 같이 이성二聖(인조와 소현세자)이 마침내 겹겹이 포위된 곳에서 빠져나온다면 신 또한 어찌 감히 망령되게 소견을 진달하겠습니까. 국서를 찢어 이미 죽을죄를 범하였으니 먼저 신을 주벌하고 다시 더 깊이 생각하소서."

인조가 탄식하며 김상헌을 타일렀다.

"위로는 종사를 위하고 아래로는 부형과 백관을 위해 어쩔 수 없이 이 일을 할 뿐이다. 경의 말이 정대하다는 것을 모르지 않으나 실로 어떻게 할 수 없기에 나온 것이다. 한스러운 것은 일찍 죽지 못하고 오늘의 일을 보게 된 것뿐이다."

인조는 귀순하겠다는 뜻을 담은 국서를 청군 진영에 보냈다. 다만 귀순 조건으로 겹겹이 포위한 군대를 물리면 성을 나가겠다는 조건을 달았다. 적어도 비참하게 무력에 짓밟히는 모양새는 피하겠다는 뜻이었다. 하지만 기어코 '폐하'라는 두 글자는 쓰지 않았다. 청군 진영에서는 국서를 받지 않았고 청군이 홍이포를 마구 쏘아 남한산성 곳곳이 무너지면서 조선 병사는 두려움에 떨었다. 여전히 국서에 신하라는 표현을 쓰지 않은 것을 압박하는 조치였다.

홍타이지는 다시 글을 보내 화친을 배격하는 신하를 묶어 보내라고 했다. 결국 압박을 이기지 못한 조선 조정은 사헌부 관원들의 강력한 반대에도 불구하고 '폐하'와 '신하'라는 표현을 넣고 '숭덕'이라는 청나라 연호까지 붙인 국서를 보냈다. 그리고 그 글에 화친을 반대한 신하들을 조선 국왕이 직접 벌을 주도록 해달라는 내용을 넣었다. 용골대는 국서를 돌려주며 말했다.

"그대 나라가 답한 것은 황제가 보낸 글의 내용과 달라서 받지 않는다."

　말인즉 화친을 반대하는 신하들을 묶어 보내지 않으면 귀순을 받아들이지 않겠다는 뜻이었다. 그러자 김류, 이성구, 최명길 등이 입대해 말했다.

　"화친을 배척한 사람들의 의논이 당시에는 정론이었더라도 오늘에 이르러서는 나라를 그르친 죄를 피할 길이 없으니, 그들이 나가기를 자청하는 것이 좋겠습니다. 홍익한은 현재 평양에 있는데 저들이 그를 마음대로 처치하게 하는 것이 적당합니다."

　삼사의 관원들이 모두 이 내용에 반대하고 나섰다. 그렇듯 척화론자 처리 문제로 조정이 대립하던 1월 22일 강화도가 함락되었다. 하지만 그 소식은 아직 남한산성에 전해지지 않았다.

항복을 모색하는 조선

강화도를 함락한 인물은 청군 3만을 이끌고 강화도 공략에 나선 예친왕이었다. 염하 건너편에 주둔한 그는 갑곶진을 향해 홍이포를 쏘아댔다. 겁을 먹은 조선군이 해안가에 접근하지 못하는 틈을 타서 청군은 염하를 건넜고 조선군 장수들은 그 광경을 보고 달아났다. 그나마 강화부 중군 황선신이 수백 명의 군사를 거느리고 뒤늦게 청군을 공격했으나 반격에 밀려 죽고 말았다.

　청군이 강을 건너는데 성공하자 조선군은 졸지에 강화 내성에 갇히는 꼴이 되었다. 봉림대군(훗날 효종)이 장병을 거느리고 몇 번 출격해 대적했으나 상대가 되지 않았다. 결국 청군은 강화성을 포위하고 이렇게 소리쳤다.

"성을 함락하는 것은 쉽지만 군사를 주둔하고 진격하지 않는 것은 황제의 명령 때문이다. 황제가 이미 강화를 허락하였으니 급히 관원을 보내 와서 듣도록 하라."

봉림대군이 사람을 보내 청군의 진의를 확인한 뒤 직접 성을 나가 청군을 맞아들였다. 그러나 강화도 함락 소식이 남한산성에 전해진 것은 그로부터 나흘 뒤인 1월 26일이었다. 이때 인조는 소현세자를 적진에 보내기로 했지만 용골대가 거절하며 말했다.

"지금은 국왕이 직접 나오지 않는 한 결코 수용할 수 없다."

그러면서 강화도에 있던 윤방과 한홍일의 장계를 비롯해 봉림대군이 직접 쓴 글을 전해주었다. 홍서봉과 최명길이 그 글을 들고가 인조에게 강화도 함락 소식을 전하자 인조가 울면서 말을 잇지 못했다. 승지 이경증은 청군 진영에서 보낸 글이 가짜일 수도 있다고 말했다. 최명길도 윤방과 한홍일의 장계는 위조한 것 같다고 했다. 그런데 봉림대군의 서찰을 본 인조는 한숨을 쏟아내며 말했다.

"대군의 서찰은 확실하여 의심할 것이 없다. 서찰 내용 중에도 다른 말은 별로 없고 화친하는 일로 만나보러 나간다고 했다."

그리고 이렇게 덧붙였다.

"형세가 이미 막다른 길까지 왔으니 차라리 자결하고 싶다. 저들이 제궁諸宮을 거느리고 인질로 삼고 있어서 나 또한 어찌해야 할지 모르겠다."

인조는 이미 성을 나가 항복하기로 마음을 굳힌 터였다. 삼사가 모두 나서서 성을 나가서는 안 된다고 주장하자 인조는 그들을 향해 말했다.

"경들이 말하지 않아도 내가 어찌 모르겠는가. 처음 생각에 이런 일은 결코 따를 수 없고 오직 성을 등지고 한바탕 싸워 사직과 함께 죽으려고 했다. 그런데 군정軍情이 이미 변했고 사태도 크게 달라졌다. 밤낮으로 기대한 것은 그래도 강도가 온전한 것이었다. 이제 내 자부들이 모두 잡혔을 뿐 아니라 백관의 족속도 모두 결박당해 북으로 끌려가게 되었다. 내가 혼자 산다고 하더라도 장차 무슨 면목으로 지하에서 다시 보겠는가."

인조의 그 말을 듣고 삼사의 관원과 모든 신하가 울면서 밖으로 나갔다. 조선 조정은 1월 27일 홍타이지에게 이런 국서를 보냈다.

"신이 바야흐로 300년 동안 지켜온 종사와 수천 리의 생령을 폐하에게 우러러 의탁하게 되었으니 정리상 실로 애처로운 점이 있습니다. 만약 혹시라도 일이 어긋난다면 차라리 칼로 자결하는 것이 나을 것입니다. 삼가 원하건대 성자께서는 진심에서 나오는 정성을 굽어살피시어 조지를 분명하게 내려 신이 안심하고 귀순할 수 있는 길을 열어주소서."

마부대가 이 글을 받고 황제에게 계품하여 날짜를 정해 통보하겠다는 말을 전해왔다. 그리고 다음 날 홍타이지의 답서가 왔다.

"그대는 이미 죽은 목숨인데 짐이 다시 살아나게 하였고 거의 망해가는 그대의 종사를 온전하게 하였으며 이미 잃은 그대의 처자를 온전하게 해주었다. 그대는 마땅히 국가를 다시 일으켜준 은혜를 생각하라. 뒷날 자자손손토록 신의를 어기지 말도록 한다면 그대 나라는 영원히 안정될 것이다. 짐은 그대 나라가 되풀이해서 교활하게 속였기에 이렇게 조칙으로 보이는 바이다. 숭덕 2년 정월 28일."

이어 해마다 바쳐야 할 황금 100냥, 백은 1천 냥 등의 세폐 물목을 늘어놓았다. 이 국서를 받은 인조는 성 안에 있는 문서를 모두 불태우게 했다. 문서 가운데 혹시 청을 도적이라고 호칭한 내용이 탄로 나지 않을까 싶어 취한 조치였다. 그러자 척화를 주장하던 이조참판 정온과 예조판서 김상헌이 자결을 시도하다 실패했다. 정온은 차고 있던 칼을 빼 스스로 배를 찔렀는데 중상만 입고 죽지 않았다. 김상헌은 여러 날 동안 단식하다 이날 목을 맸는데 이를 발견한 그의 자손들이 구해 죽지 않았다. 1월 29일 척화를 선도한 윤집과 오달제가 청군 진영에 가기 전에 인조에게 하직 인사를 했다. 인조는 그들을 인견하고 오열하며 말했다.

"그대들의 식견이 얕다고 했지만 그 원래 의도를 살펴보면 나라를 그르치게 하려는 것이 아니었는데 오늘날 마침내 이 지경에까지 이르고 말았다. 고금 천하에 어찌 이런 일이 있겠는가."

삼전도에서 행해진 삼배구고두례

1637년 1월 30일 마침내 인조는 남한산성을 나와 삼전도에서 홍타이지에게 삼배를 올리고 아홉 번 이마를 땅에 찧는 삼배구고두례三拜九叩頭禮를 행했다. 그 내용을 실록은 다음과 같이 기록했다.

용골대와 마부대가 성 밖에 와서 상의 출성을 재촉했다. 상이 남염의 차림으로 백마를 타고 의장은 모두 제거한 채 시종 50여 명을 거느리고 서문을 통해 성을 나갔는데, 왕세자가 따랐다(죄인은 정문으로 나올 수 없다고 하여 남문이 아닌 서문으로 나온 것이다). 백관으로 뒤처진 자는 서문 안에 서서 가슴을 치고 뛰면서 통곡했다. 상이 산에서 내려가 자리를 펴고 앉았는데 얼마 뒤 갑옷을 입은 청나라 군사 수백 기가 달려왔다.

상이 일렀다.

"이들은 뭐 하는 자들인가?"

도승지 이경직이 아뢰었다.

"이는 우리나라에서 말하는 영접하는 자들인 듯합니다."

한참 뒤 용골대 등이 왔는데 상이 자리에서 일어나 그를 맞아 두 번 읍하는 예를 행하고 동서로 나누어 앉았다. 용골대 등이 위로하니 상이 답했다.

"오늘의 일은 오로지 황제의 말과 두 대인이 힘써준 것만 믿을 뿐입니다."

용골대가 말했다.

"지금 이후로는 두 나라가 한 집안이 되는데 무슨 걱정이 있겠습니까. 시간이 이미 늦었으니 속히 갔으면 합니다."

그리고 마침내 말을 달려 앞에서 인도했다. 상은 단지 삼공과 판서·승지 각 5인, 한림·주서 각 1인을 거느렸으며 세자는 시강원·익위사의 제관을 거느리고 삼전도에 따라 나아갔다. 멀리 바라보니 한이 황옥을 펼치고 앉아 있고 갑옷과 투구 차림에 활과 칼을 휴대한 자가 방진을 치고 좌우에 옹립하였으며, 악기를 진열하여 연주했는데 대략 중국 제도를 모방한 것이었다. 상이 걸어서 진 앞에 이르고 용골대 등이 상을 진문 동쪽에 머물게 했다. 용골대가 들어가 보고하고 나와 한의 말을 전했다.

"지난날의 일을 말하려 하면 길다. 이제 용단을 내려 왔으니 매우 다행스럽고 기쁘다."

상이 대답했다.

"천은이 망극합니다."

용골대 등이 인도하여 들어가 단 아래에 북쪽을 향해 자리를 마련하고 상에게 자리로 나가기를 청하였는데, 청나라 사람을 시켜 여창하게 했다. 상이 세 번 절하고 아홉 번 머리를 조아리는 예를 행했다.

용골대 등이 상을 인도하여 진의 동문을 통해 나왔다가 다시 동북쪽 모퉁이를 통해 들어가서 단의 동쪽에 앉게 했다. 대군 이하가 강도에서 잡혀왔는데 단 아래 조금 서쪽에 늘어섰다. 용골대가 한의 말로 상에게 단에 오르도록 청했다. 한은 남쪽을 향해 앉고 상은 동북 모퉁이에 서쪽을 향해 앉았으며, 청나라 왕자 3인이 차례로 나란히 앉고 왕세자가 그 아래에 앉는데 모두 서쪽을 향했다. 또 청나라 왕자 4인이 서북 모퉁이에서 동쪽을 향해 앉고 두 대군이 그 아래에 잇따라 앉았다. 우리나라 시신에게는 단 아래 동쪽 모퉁이에 자리를 내주고 강도에서 잡혀온 제신은 단 아래 서쪽 모퉁이에 들어가 앉게 했다. 차 한 잔을 올렸다.

한이 용골대를 시켜 우리나라의 여러 시신에게 고했다.

"이제는 두 나라가 한 집안이 되었다. 활 쏘는 솜씨를 보고 싶으니 각기 재주를 다하도록 하라."

그러자 따라온 관리들이 대답했다.

"이곳에 온 자들은 모두 문관이기에 잘 쏘지 못합니다."

용골대가 억지로 쏘게 하자 드디어 위솔 정이중이 나가서 쏘도록 하였는데, 활과 화살이 본국의 제도와 같지 않았으므로 다섯 번 쏘아 모두 맞히지 못했다. 청나라 왕자와 제장이 떠들썩하게 어울려 쏘면서 놀았다. 조금 있다가 진찬進饌하고 행주行酒하게 했다. 술잔을 세 차례 돌린 뒤 술잔과 그릇을 치우도록 명하였는데 치울 무렵 따라온 여진인 두 사람이 각기 개를 끌고 한의 앞에 이르자 한이 직접 고기를 베어 던져주었다. 상이 하직하고 나오니 빈궁 이하 사대부 가속으로 잡힌 자들이 모두 한곳에 모여 있었다. 용골대가 한의 말로 빈궁과 대군 부인에게 나와 절하도록 청하였으므로 보는 자들이 눈물을 흘렸는데, 사실은 내인이 대신했다고 한다.

용골대 등이 한이 준 백마에 영롱한 안장을 갖추어 끌고 오자 상이 친히 고삐를 잡고 따라온 신하들이 받았다. 용골대 등이 또 초구를 가져와서 한의 말을 전했다.

"이 물건은 당초 주려는 생각으로 가져왔는데 이제 본국의 의복 제도를 보니 같지 않다. 따라서 감히 억지로 착용케 하려는 것이 아니라 단지 정의情意를 표할 뿐이다."

상이 받아서 입고 뜰에 들어가 사례했다. 도승지 이경직에게 국보를 받들어 올리게 하니 용골대가 받아서 갔다가 조금 있다 와서 힐책했다.

"고명과 옥책은 어찌하여 바치지 않습니까?"

이에 상이 일렀다.

"옥책은 일찍이 갑자년 변란으로 잃어버렸고 고명은 강화도에 보냈는데 전쟁으로 어수선한 때 온전하게 있으리라고 보장하기 어렵소. 그러나 혹시 그대로 있으면 나중에 바치는 것이 뭐가 어렵겠소."

용골대가 알았다고 하고 갔다. 또 삼공을 불러 초구 3령䙅을 입게 하고 오경五卿을 불러 5령을 입게 하였으며(형조판서 심집은 대죄하고 오지 않았다), 다섯 승지를 불러 5령을 입게 한 뒤(좌부승지 한흥일은 강도에 들어가 참여하지 않았다) 말했다.

"주상을 모시고 산성에서 수고했기에 이것을 주는 것이다."

하사받은 이들이 모두 뜰에 엎드려 사례했다. 홍서봉과 장유가 뜰에 들어가 엎드려 노모를 찾아보도록 해줄 것을 청하니(그들의 어미가 강도에 들어갔기 때문이다), 김석을시가 화를 내며 꾸짖었다. 상이 밭 가운데 앉아 진퇴를 기다렸는데 해질 무렵이 된 뒤에야 비로소 도성으로 돌아가게 했다. 왕세자와 빈궁, 두 대군과 부인은 모두 머물게 하였는데 이는 장차 북쪽으로 데려가려는 목적에서였다.

상이 물러나 막차幕次에 들어가 빈궁을 보고 최명길을 머물게 해서 우선 배종하고 호위하게 했다. 상이 소파진을 경유하여 배를 타고 건넜다. 당시 진졸은 거의 죽고 빈 배 두 척만 있었는데, 백관들이 다투어 건너려고 어의를 잡아당기기까지 하면서 배에 오르기도 했다. 상이 건넌 뒤 한이 뒤따라 말을 타고 달려와 얕은 여울로 군사들을 건너게 하고 뽕밭에 나아가 진을 치게 했다. 그리고 용골대에게 군병을 이끌고 행차를 호위하게 하였는데 길의 좌우를 끼고 상을 인도하여 갔다. 사로잡힌 자녀들이 바라보고 울부짖으며 모두 소리쳤다.

"우리 임금이시여, 우리 임금이시여. 우리를 버리고 가십니까."

그렇게 길을 끼고 울며 부르짖는 자가 만 명을 헤아렸다. 인정(밤 10시경 통금을 알리는 시각) 때가 되어서야 비로소 서울에 도달하여 창경궁 양화당으로 나아갔다.

인조가 창경궁 양화당으로 돌아간 뒤 홍타이지는 소현세자와 봉림대군, 빈궁, 대군부인 등을 볼모로 삼아 심양으로 끌고 갔다. 척화론을 내세웠던 오달제와 윤집, 홍익한도 함께 잡아갔다. 또한 청군은 돌아가면서 조선인 수만 명을 납치해 끌고 갔다. 특히 여자를 많이 끌고 갔는데 돈이 있는 집에서는 이때 끌려간 아내나 딸을 되찾아오기 위해 적게는 25냥에서 많게는 1,500냥까지 썼다고 한다. 당시 쌀 세 말이 1냥이었던 점을 감안하면 상당히 큰 액수였음을 알 수 있다. 그런 까닭에 대부분의 백성은 아내나 딸을 돌려달라며 궁궐 앞에서 아우성을 쳤다.

이후 조선 조정은 여러 차례에 걸쳐 청에 끌려간 부녀자들을 돌려

줄 것을 요구했다. 하지만 청이 끌고 간 부녀자들에게 신분에 따라 등급을 매겨놓고 몸값을 요구하는 바람에 쉽게 데려오지 못했다. 그들 중 가까스로 고향으로 돌아온 여인들도 있었는데 그들을 일러 고향으로 돌아온 여자라 하여 '환향녀'라고 했다. 그들 중 상당수는 남편에게 버림받거나 시집을 가지 못하는 신세에 놓였다. 정절을 무엇보다 중요시한 조선 사회는 그들을 더럽혀진 몸이라며 천박하게 여겼던 것이다. 환향녀는 억울하게도 성적으로 문란한 여인을 일컫는 용어로 쓰여 오늘날까지 '화냥년'이라는 단어로 남아 있다.

6부

서양의
조선 침략

—

**병인양요와
신미양요**

1

프랑스의 침략 전쟁, 병인양요

—

"서양 오랑캐가 침범하는데 싸우지 않으면 화친하자는 것이니,
화친을 주장하는 것은 나라를 파는 것이다."

천주교 등장과 조선 사회의 반응

개국 이래 조선은 북쪽에서 여진족과 싸우고 남쪽에서 왜구와 싸웠다. 그런데 여진이 청을 일으켜 명을 무너뜨리고 중국을 통일한 이후 조선이 청에 조공하면서 더 이상 여진과 싸우지 않았고, 일본도 임진왜란 이후 도쿠가와 막부가 전국 안정을 도모해 왜구의 준동이 사라지면서 왜구와 거의 전쟁을 치르지 않았다. 덕분에 조선은 병자호란 이후 청의 강요로 몇 차례 중국 통일 전쟁에 가담한 것을 제외하면 200년 이상 전쟁에 휘말리지 않았다.

명의 몰락 이후 조선이 치른 전투라곤 두 번에 걸친 나선(러시아) 정벌이 전부였다. 15세기에 러시아는 세력을 확장해 몽골까지 진출했고, 17세기에는 극동 지역으로 영역을 확대해 청나라 국경인 헤이룽강을 위협했다. 이에 따라 청군과 러시아군은 헤이룽강 부근에서 자주 충돌했는데 당시 조총 부대가 없던 청군은 러시아군의 총포 부대에 자주 밀렸다. 그래서 조총 부대를 갖춘 조선에 원군을 요청했고 조선은 1654년과 1658년에 한 차례씩 청에 조총 부대를 지원해 러시아군 격퇴에 지대한 역할을 했다. 두 번에 걸친 나선 정벌에 동원한 병력이라고 해봐야 1차에 100여 명, 2차에 260명 정도니 전쟁을 치렀다고 말하기엔 보잘것없는 수준이었다.

200년 이상 평화를 지속한 조선에 새로운 위협을 가한 것은 미국, 프랑스, 독일 등의 서양 세력이었다. 서양 세력이 본격적으로 조선을 공략하기에 앞서 조선인이 서양 문화를 접하게 만든 것은 천주교였다. 사실 천주교는 조선에 유입되기 이전에 중국에 먼저 들어와 있었다.

명나라 시절인 1576년 마카오에 최초의 가톨릭 교구가 세워졌고, 청나라 시절인 1660년 난징에도 교구가 생겼으며 1696년에는 푸젠에도 교구가 들어섰다. 1700년대에 이르자 북경에도 교구가 생겼고 그것이 조선에 전해졌다. 임진왜란 때 일본군을 따라 조선에 온 예수회 신부 그레고리오 데 세스페데스로 인해 조선은 처음 천주교의 존재를 알았다. 그렇다고 이때 천주교가 조선에 전파된 것은 아니었다. 또 명나라 시절인 1631년 북경에 간 정두원이 천주교 서적을 가져왔지만 이 역시 조선 백성에게 천주교를 퍼뜨리는 역할은 하지 못했다. 병자호란 때 청에 볼모로 잡혀간 소현세자도 천주교 서적을 가지고 돌아왔으나 이 책들도 백성에게 천주교를 전파하는 계기가 되지는 않았다. 이러한 책은 다만 조선 선비 사회에 천주교에 대한 관심을 불러일으키는 정도에 불과했다.

조선에 천주교의 씨앗을 뿌린 것은 《천주실의》라는 책이었다. '천주실록'으로도 불리는 이 책은 예수회 선교사 마테오 리치가 1584년

저술한 것으로 명나라 말기 중국에서 각광을 받았다. 당시 중국의 지식인은 기독교의 하느님을 중국 고유의 천신사상에 나오는 옥황상제와 같은 개념으로 받아들였고 그 때문에 그들은《천주실의》에 별다른 거부감이 없었다. 그래서 명나라 시절인 1601년 베이징판《천주실의》가 나왔는데 이것이 30년 뒤 조선에 유입되었다. 18세기 초에 이르자 《천주실의》는 조선 선비의 서가에서 쉽게 발견할 수 있을 만큼 널리 퍼졌다. 이때까지만 해도 천주교는 '서학'이라는 이름 아래 하나의 학문으로 취급받았을 뿐 종교로 확산되지 않았다.

그러다 서학에 관심을 기울이는 사람이 늘어나면서 조선에도 자생적인 천주교도가 나타나기 시작했다. 조선의 천주교 탄생은 정조 즉위와 함께 이뤄졌는데, 이는 정조가 서학을 강하게 배척하지 않았기 때문이다. 정조는 정학(유학)이 흥하면 사교(천주교)는 저절로 없어진다는 자신의 신념을 강조하며 서학을 묵인했다.

자생적 천주교도 탄생과 신해박해

정조 즉위 이전부터 조선의 유학자 중에 천주교를 연구하는 사람들이 있었다. 특히 권철신, 이벽, 정약용 등의 남인 실학자들을 중심으로 서학과 천주교 연구 모임이 활발히 이뤄졌다. 이 모임을 주도한 인물은 이익의 제자 권철신으로 여기에 그의 동생 권일신과 제자 이벽, 정약용, 정약전, 정약종, 이승훈 등이 참여했다. 이 중 정약용을 제외한 나머지 인물은 모두 자생적으로 천주교도가 되었고, 이승훈은 1783년 아버지 이동욱이 서장관이 되어 북경에 갈 때 동행해 영세를 받고 돌아왔다. 그가 북경으로 떠날 때 친구 이벽은 천주교 교리와 실천 방법을 자세히 배워올 것을 주문하며 천주교 서적을 구해오라고 부탁했다. 이승훈은 북경 남천주당에서 필담으로 교리를 익힌 뒤 28세 때 그라몽 신부에게 영세를 받고 베드로라는 세례명을 받았다. 그리고 1784년 3월 성서와 성상, 묵주를 가지고 한양으로 돌아왔다.

한양으로 돌아온 이승훈은 함께 서학을 공부하던 사람들에게 세례를 주었다. 이승훈에게 세례를 받은 인물 중에는 역관 김범우도 있었는데 그는 명례방(지금의 서울 명동)에 있던 자신의 집을 미사 장소로 제공했다.

그때까지 조정에서는 천주교 집단이 생겼다는 것을 알지 못했다. 그러다 1785년 천주교 모임이 발각되어 고발을 당했고 이 사건으로 역관 김범우가 유배형에 처해졌다. 이를 명례방 사건 또는 '을사추조 적발사건'이라 부른다. 이 사건의 파장은 그다지 크지 않았다. 김범우 외에 다른 양반 출신 선비들에게는 별다른 조치를 취하지도 않았다. 당시까지만 해도 천주교가 유학에 크게 위배되는 행동을 한 흔적이 없었기 때문이다. 이 사건 이후 이벽은 천주교를 떠났고 정약용도 학문적인 접근 이상의 행동은 하지 않았다. 반면 이승훈을 비롯한 나머지 인물은 여전히 천주교도로 남았다.

당시 조선 천주교도 모임은 가장 연장자인 권철신이 주도했다. 권철신은 주교로 추대를 받았는데 교리를 공부하던 그들은 스스로 주교를 선임하고 세례를 주는 것이 천주교 교회법에 맞는 일인지 궁금해했다. 그때 권철신은 윤유일을 북경에 보내 구베아 주교에게 유권 해석을 요청했다. 구베아 주교는 권철신, 이승훈 등을 임시 성직자로 삼아 세례를 주고, 포교 활동을 한 것은 교회법을 어긴 것이지만 스스로 신앙을 갖고 천주교를 섬기는 것을 긍정적으로 평가했다. 구베아는 조선에 천주교 신부를 파견하겠다고 약속하며 조선의 신자들에게 제사 금지령을 내렸다. 제사는 조상신을 섬기는 일이라 우상 숭배라는 것이었다.

그런데 구베아의 제사 금지령은 조선 천주교도에게 엄청난 불행을 안겨주었다. 그의 제사 금지령에 따라 천주교 신자인 전라도 진산군의 선비 윤지충과 그의 외종사촌 권상연이 조상의 신주를 불사르는 사건이 벌어졌다. 1791년 윤지충은 모친상을 당했는데 그의 모친도 천주교도였다. 그는 어머니의 유언대로 천주교식 장례식을 치렀고 이 때문에 윤씨 집안 종친들과 심하게 대립했다. 결국 이 일이 조정에까지 알려지면서 엄청난 정치적 파란을 일으켰다.

그 무렵 조정은 정조의 탕평 정책을 옹호하는 시파와 이를 반대하는 벽파로 나뉘어 있었다. 시파에는 주로 남인과 소론, 노론 온건주의자가 참여했고 벽파에는 노론 강경론자가 참여했다. 한데 천주교가 유입되면서 견해 차이가 생겨 남인은 다시 천주교를 찬성하는 신서파와 반대하는 공서파로 나뉘었다. 때마침 윤지충 사건이 터지자 공서파는 신서파를 맹렬하게 몰아세웠다. 공서파의 수장 홍낙안은 남인의 영수 채제공에게 이런 서찰을 보내기도 했다.

"저들 지충의 무리는 제사를 폐한 것도 부족하여 부모의 상을 당하고도 혼백을 세우지 않았고, 부모가 죽었음에도 조문을 받지 않으니 천지가 생겨난 이래 어찌 이와 같은 변괴하고도 사악한 일이 있을 수 있을까? 그 죄는 살인한 것과 같다."

결국 공서파의 정치적 공세로 체포된 윤지충과 권상연은 전주 남문 밖에서 참수형에 처해졌다. 그리고 천주교도의 지도자 권일신은 유배되고 이승훈은 삭직당했다. 이를 신해박해라고 한다.

잇따르는 천주교도 학살

신해박해 이후 정조는 천주교도 박해를 더 이상 확대하지 않았다. 정조가 믿고 의지하던 재상 채제공이 신서파였기 때문이다. 그렇지만 공서파의 공격은 이후에도 이어졌다. 1800년 정조가 죽고 11세의 어린 순조를 대신해 벽파 세력인 정순왕후 김씨가 수렴청정을 하면서 천주교도는 대대적으로 탄압을 받기 시작했다. 신서파 세력을 궤멸하는 데 혈안이 된 공서파는 1801년 신유박해를 일으켜 300명이 넘는 신도를 죽였다. 이 과정에서 중국인 신부 주문모를 비롯한 이승훈, 정약종 등의 남인 출신 천주교 지도자가 참수되고 정약용을 포함해 남인이 대거 유배되었다. 정약종의 조카사위 황사영은 신유박해의 실상을 고발하는 밀서를 북경의 구베아 주교에게 보내려다 발각되어 처형당했다.

　　당시 조선 내에는 1만 명이 넘는 천주교도가 있었다. 벽파 세력은 이들을 색출하기에 혈안이었지만 1804년 순조가 친정을 시작하고 권력이 시파 쪽인 순조의 장인 김조순에게 집중되면서 천주교도 핍박이 멈췄다. 김조순의 안동 김씨 일파가 정권을 장악한 시기에는 천주교 박해가 일어나지 않았다. 특히 김조순의 장자 김유근이 정권을 잡고 있을 때는 천주교에 관대한 정책을 시행했다. 김유근은 만년에 세례를 받아 천주교도가 되었다. 1831년 교황청은 조선에 독립 교구를 설정했고 프랑스 외방선교회 신부들을 조선에 파견해 포교 활동을 벌이도록 했다. 그런데 1839년 김유근이 지병으로 정계에서 물러나고 천주교를 적대시한 우의정 이지연이 권력을 장악하자 다시 천주교를 박해했으니 이것이 기해박해다. 이지연은 벽파 세력인 풍양 조씨의 후원을 받고 있었다.

기해박해를 일으킨 이지연은 프랑스인 앵베르 주교와 모방, 샤스탕 신부를 참수하고 수십 명의 신도를 체포해 끝까지 신앙을 버리지 않은 54명을 처형했다. 옥에 갇혀 있다 교수형에 처해지거나 죽은 사람도 60여 명에 이른다. 이처럼 천주교도 핍박이 이어졌지만 교도 수는 날이 갈수록 늘어났다. 철종 대에는 전국의 교도 수가 1만 8천으로 늘어났고 고종이 즉위한 1863년에는 2만을 훌쩍 넘겼다. 심지어 섭정하던 흥선대원군의 집인 운현궁 안에도 천주교 신자가 있다는 말이 돌았다.

대왕대비 조씨가 흥선대원군을 불러 사실 여부를 따졌고 흥선대원군은 천주교도를 대대적으로 탄압하기 시작했다. 특히 흥선대원군은 천주교를 침략 세력인 서양 오랑캐를 끌어들일 뿐 아니라 제사를 거부해 조선의 통치 질서를 무너뜨리는 이단으로 규정하고 대대적인 색출 작업을 벌였다. 1866년 그는 병인박해를 일으켜 베르뇌 주교를 비롯한 9명의 프랑스 신부와 수천 명의 천주교도를 처형했다. 이 때문에 프랑스는 죽은 프랑스 신부들에 대한 보복을 선언하며 조선을 침공하기에 이른다.

조선 정벌을 선언한 프랑스 공사관

병인박해의 소용돌이 속에서 가까스로 살아남은 프랑스 신부 페롱, 칼레, 리델은 조선 신자의 집에 숨어 지내다가 한 사람이 청에 가서 조선 조정의 신부 학살 소식을 프랑스 공사관에 알리기로 결정했다. 그중 리델 신부가 3명의 조선인 신자와 함께 중국으로 탈출해 주중 프랑스 함대 사령관 로즈에게 달려갔다. 리델 신부는 로즈 사령관에게 조선에 파견된 12명의 프랑스 신부 중 9명이 참수형에 처해졌다며 보복 전쟁을 감행해야 한다고 주장했다. 그는 프랑스 함대가 조선 연안에 나타나면 조선의 신도들이 봉기를 일으켜 호응할 것이라고 말하기도 했다. 리델 신부와 함께 로즈를 방문한 조선인 신자들도 프랑스가 군대를 동원해 조선의 천주교도를 억압에서 벗어나게 해줄 것을 요청했다.

이 요청은 북경의 프랑스 공사관에 전달되었고 당시 프랑스 대리 공사 벨로네는 청나라 총리아문의 수장 공친왕 혁흔에게 서한을 보내 조선 정벌을 천명했다. 그 서한에서 벨로네는 이렇게 말했다.

"우리는 소왕국 고려(조선)에서 저질러진 끔찍한 폭행 사건을 전하게 된 것을 유감으로 생각한다. 프랑스 황제 폐하는 이 같은 잔인한 폭행을 묵인하지 않을 것이다. 고려 국왕이 우리 프랑스인을 체포한 바로 그날 그의 치세는 끝난 것이나 다름없다. 수일 내 우리 군대가 고려를 정복하기 위해 진군할 계획이다. 이제 우리 황제 폐하만이 고려의 장래와 공석이 될 고려 왕위를 결정할 권한을 갖게 될 것이다."

서한에서 벨로네는 조선은 청의 속국이므로 조선의 프랑스 신부 학살에 청도 책임이 있다며 몰아세웠다. 청나라 조정은 조선이 청의 속국인 것은 맞지만 예로부터 내정과 외교는 독자적으로 해온 터라 이번 사태에 청이 개입할 여지는 없다고 답변했다. 청은 조선에서 어떤 일이 벌어져도 청과 무관하다고 주장한 셈이다. 하지만 청나라 조정은 프랑스가 신부들의 죽음 때문에 보복전을 벌이리라는 사실을 조선 조정에 통보해주었다.

청은 조선에 이런 내용의 글을 보냈다.

"전에 프랑스 공사가 전교사들이 조선에 나가도록 여러 차례 호조(신분증명서) 발급을 청하였는데, 총리아문에서 종교 전파는 조선에서 원하는 바가 아니므로 호조를 발급하기 곤란하다고 했다. 그런데 프랑스 공사가 보내온 공문서에 따르면 조선 국왕이 프랑스 주교 두 사람과 전교사 아홉 사람, 조선의 남녀노소 신자들을 모두 살해했으니 장수에게 군사를 일으키도록 명해 며칠 안으로 일제히 소집할 것이라고 했다. 중국이 이 일을 알았으니 중간에서 해명해주지 않을 수 없는데 과연 전교사들을 살해한 사실이 있다면 먼저 이치에 의거해 조사할 것이요, 갑자기 병란의 단서를 만들 필요가 없을 듯하다. 그러므로 이러한 사실을 귀국에 알려 심사숙고하여 처리하게 하고자 한다."

그러자 조선 조정은 이런 답변서를 보냈다.

"우리나라에서 작년 겨울부터 흉악한 무리와 도둑의 부류가 무리 지어 결탁하고 몰래 반역 음모를 꾸미고 있었는데, 마침 체포해보니 다른 나라 사람이 8명이나 끼어 있었습니다. 이들이 어느 곳으로 국경을 넘어왔는지는 알 수 없으나 옷차림과 말하는 것은 동국 사람과 다름이 없었습니다. 심지어 간사스러운 여자로 가장하고 자취를 숨기기까지 하였으니 그들이 우리나라의 경내에 오랫동안 있었음을 미루어 헤아릴 수 있습니다. 교리를 전파하고 익히게 하려 했다면 어찌 이렇게 비밀리에 하였겠습니까?

다른 나라 사람이 우리나라에 표류하여 온 경우에는 모두 보호해주고 돌려보내지만, 공적인 증거 문건 없이 몰래 국경을 넘어온 자들의 경우에는 모두 사형에 처한다는 것이 원래 금석과 같은 성헌成憲에 있으므로 이에 나란히 해당 법률을 적용한 것입니다. 가령 우리나라 사람이 몰래 다른 나라에 들어가 부당하게 법을 위반하면서 그릇된 일을 선동하여 그 나라 백성과 그 나라가 피해를 봤다면 다른 나라에서도 반드시 남김없이 모두 사형에 처할 것입니다. 우리나라에서도 마땅히 그에 대해 한 터럭만큼이라도 유감스럽게 생각하지 않을 것입니다. 나라의 변경을 튼튼히 하고 금법을 엄격히 하는 것은 어느 나라나 모두 그러합니다.

우리나라와 프랑스는 넓고 큰 바다로 막혀 있어 세계를 서로 통하지도 못하는데, 무슨 오래전부터 원망을 사거나 혐의스러운 일이 있다고 온전히 돌려보낼 방도를 생각하지 않고 차마 이같이 사형에 처하는 조치를 취하겠습니까? 이번에 프랑스에서 주장한 말은 미처 생각해보지도 못한 문제입니다."

말인즉 외국에서 몰래 들어온 자들이 있어 국법에 따라 처단했으나, 그들의 차림새와 외형이 동양 사람이었기에 종교 전파를 위해 온 프랑스인이라고는 생각지 못했다는 것이었다. 프랑스 영사관은 조선 조정의 변명은 들어볼 것도 없다고 판단하고 로즈 함대에 조선을 공격하도록 지시했다. 그 무렵 프랑스는 어떻게 해서든 조선의 문호를 개방해 통상조약을 맺고자 했다. 이를 위해 1846년과 1847년 두 차례에 걸쳐 조선을 침략했다가 실패한 적이 있었다. 그런데 마침 천주교 신부들이 조선에서 사형당하는 사건이 터지자 무력으로 조선의 문호를 열어젖힐 좋은 구실이 생겼다고 여겨 조선 침략에 나선 것이다.

프랑스군의 1차 원정

조선 정벌 명령을 받은 프랑스 극동함대 사령관 피에르 구스타브 로즈는 조선 공략에 앞서 휘하의 소함선 세 척을 보내 한양으로 들어가는 지형을 탐사하게 했다. 이에 보세 함장이 지휘하는 프리모게호, 리시 함장이 지휘하는 통보함 데룰레드호 그리고 샤누안느 함장이 이끄는 포함 타르디프호 3척이 조선으로 향했다. 이들 함선은 1866년 양력 9월 18일 중국 체푸항(지금의 산둥성 옌타이)을 떠나 당일 경기도 화성 인근의 남양만에 도달했다. 입파도에 정박한 그들은 주변 지형을 탐지하며 한강으로 거슬러 올라갈 해로를 모색했다. 그들은 한강으로 들어가는 입구가 강화도 염하라는 것을 알아냈고 9월 22일 북쪽으로 거슬러 올라갔다. 그 배에 타고 있던 프랑스 군인 앙리 쥐베르는 자신의 책《쥐베르의 조선원정기》에 당시 상황을 이렇게 묘사하고 있다.

> 9월 22일 물길 안내를 맡은 데룰레드호를 비롯한 군함 3척은 수로에 진입해 북쪽으로 항진했다. 사방에서 몰려온 조선인이 산꼭대기에 모여 물살을 거슬러 올라오는 괴력의 우리 기선을 감탄과 두려움이 섞인 시선으로 뚫어지게 쳐다보았다. 이제껏 그 어떤 배도 감히 하류와 맞서 거슬러 올라온 적이 없었을 것이다. 세계로부터 고립을 자처해 살아가면서 그 안에서 자신들만의 과장된 사고를 키우는 이 나라 백성은 유럽 과학의 기발한 산물 하나가 느닷없이 자기네들 눈앞에 나타나자 아릇한 생각이 들지 않을

수 없었을 터다.

그런데 서울을 향해 북쪽으로 항해하던 프랑스 함대는 강화도에서 한강으로 접어드는 해로인 염하에서 예상치 못한 일을 당했다. 가장 앞서가던 프리모게호가 염하의 얕은 물속에 있던 암초에 부딪힌 것이다. 이 좌초로 일시적으로 지형 탐사를 중지했다. 이어 프리모게호를 강화도 월곶진에 남겨둔 채 데룰레드호와 타르디프호만 한강을 거슬러 올라갔다.

그때의 상황을 앙리 쥐베르는 다음과 같이 묘사했다.

9월 25일 타르디프호와 데룰레드호가 주민들에게 큰 위협을 받지 않고 서울에서 가까운 항구에 닿았다. 거기까지 닿는 동안 비록 심각한 위협은 없었을지언정 큰 난관을 뛰어넘어야 했고 암초에 걸리는 사고도 적지 않았다. 그러나 그동안 수고하고 전력을 기울인 보답은 분명 있었으니 사상 처음 유럽 선박이 극동에서 세 번째 가는 나라의 수도 앞에 정박한 것이다.

당시 프랑스 전함 2척이 정박한 곳은 오늘날 양화대교 부근의 양화진으로 《고종실록》은 당시 상황을 음력 8월 18일 기사에 적고 있다.

의정부에서 아뢰었다.
"서양 선박이 이미 양화진에 이르렀습니다. 하찮고 추악한 무리가 멋대로 날뛰며 경강에까지 깊이 들어왔으니 이 무리를 막지 않고 내버려두어서는 안 될 것입니다. 어영중군 이용희에게 표하군을 영솔하고 훈국의 마군 2초와 보군 7초를 조발하여 즉시 강변으로 나가 상황에 따라 대처하도록 하소서. 그 밖에 각 영도 한결같이 단속하여 뜻밖의 변에 대비하도록 하는 것이 어떻겠습니까?"

상이 윤허했다.

일단 이용희에게 프랑스군의 동향을 살피게 한 뒤 조정은 그들을 공격할지, 타일러 보낼지를 놓고 토론을 벌였다. 우선 흥선대원군은 강경한 태도를 담은 교지를 내리게 했다.

"보잘것없고 추악한 무리가 경강까지 침입해 들어오면서 아무 거리낌 없이 행동하니 몹시 통분스럽다. 그들을 소멸해버릴 방법을 대신과 장신이 충분히 상의하고 확정해서 며칠 이내로 승리의 소식을 알려 민생을 안정시키도록 하라."

판중추부사 조두순도 강경하게 대처해 격퇴해야 한다고 주장했지만 돈녕부 영사 이경재는 의견이 달랐다.

"서양 배 2척이 경강까지 침입하여 들어왔으니 소멸해버리려고 한다면 어려운 일은 아닐 것입니다. 그러나 먼저 공격하여 치는 것은 멀리 있는 나라 사람들을 너그럽게 대하는 도리가 아닐 듯합니다. 다만 그들의 동정을 살피다가 상황에 따라 대응하는 게 좋을 것입니다."

좌의정 김병학도 이경재와 비슷한 견해를 밝혔다.

"배로 말하면 불과 2척밖에 되지 않고 사람은 수백 명에 불과하니, 그들을 진멸하는 일은 마땅히 상황에 따라 변고에 대처하도록 해야 할 것입니다. 잠자리나 음식 등 여러 가지 문제는 너그럽고 후하게 해주는 것보다 더 나은 것이 없습니다. 이것이 신의 구구한 바람입니다."

그 무렵 어영중군 이용희는 기마병과 보병을 이끌고 서강으로 나가 작은 어선으로 프랑스 함대의 진로를 방해하게 했다. 이에 함포를 장착한 타르디프호에서 몇 발의 포를 발사했다. 양쪽의 충돌은 그것이 전부였다. 조선 조정은 그들을 달래서 보내기로 했고 프랑스군도 지형 탐색과 수심 측정이 목적이었으므로 전투를 원하지 않았기 때문이다. 프랑스 함대는 다음 날 양화진을 떠나 한강을 따라 서해로 향했다. 그들은 한강을 따라 내려가며 계속해서 수로를 측정하고 주변 지형을 그렸다. 이후 두 함선은 프리모게호와 합류해 서해안으로 빠져나갔다. 그들이 강화도를 막 빠져나갈 때 조선군이 포와 총을 쏘았지만 프랑스 함대에 피해를 끼치지는 않았다. 프랑스 함대는 영종도 앞의 작약도에 정박했는데 그때 다시 프리모게호가 사주에 걸려 좌초 위기에 처했다. 조수간만의 차가 너무 커서 수심을 제대로 예측할 수 없었던 것이다. 다행히 병사들이 빠르게 대처한 덕분에 가까스로 좌초는 면했다.

프랑스 함대는 양력 10월 3일까지 영종도 근처에 머물렀다. 그들이 머무는 동안 조선 관원들이 매일 그 함대를 방문했다. 쥐베르는 조선 관리가 그들에게 황소를 선물하기도 했다고 적고 있다.

다음 날부터 매일 조선인이 찾아왔다. 우리가 그들을 전혀 해치지 않는다는 것을 알자 그들은 소심한 태도를 버리고 부족한 교육에서 비롯된 행동의 결점을 드러냈다. 그들의 행동거지는 일본인의 품위나 세련된 예의와 거리가 멀었고 중국인의 아첨과도 달랐다. 그들은 거칠고 조심성이 없었으며 아주 불결했다. 그래도 [작가 라블레의 풍자소설 속 주인공] 가르강튀아에게나 어울릴 법한 거대한 부채와 황소 등을 우리에게 선물하는 선량한 마음을 지녔다. 우리는 황소를 선상으로 끌어올리느라 갖은 고생을 다했다. 우리는 그 대가로 돈을 지불하려 했지만 그들은 단호히 거부했다. 정박지에서 보낸 그 며칠 동안 나는 보다 쉽게 미래의 적들을 관찰했다. 나는 매일 그들을 보았다. 그들은 갑판 위로 올라오기도 하고 뭍에 서서 내가 파고를 측량하기 위해 사용하는 기구들을 호기심에 차서 만져보기도 하고 두려움과 선망 어린 시선으로 바라보기도 했다.

그렇게 조선 백성의 순진한 면모를 확인하는 것으로 프랑스군의 1차 원정은 끝났다. 10월 3일 조선 연안을 떠난 그들은 체푸로 되돌아갔다. 그리고 8일 뒤인 10월 11일 프랑스군은 본격적으로 조선 침공에 나섰다.

강화도를 점령한 프랑스군

1866년(고종 3년) 10월 18일(음력 9월 10일) 영종도첨사 심영규가 영종도 관할 구역에 프랑스 배가 들어왔다며 이런 보고를 했다.

> 이달 9일 사시경 저들 배 중에서 종선 2척이 물치도 앞바다로부터 신의 영경내에 왔기에 군교를 거느리고 즉시 그들의 배 옆까지 갔더니 그자들이 일제히 총을 쏘아대며 포악한 행동을 하려 하였습니다. 그중 한 놈이 먼저 이런 글을 써서 보여주었습니다.
> "너희는 우리를 무서워하지 말라. 너희를 해치지 않는다."
> 그래서 물었습니다.
> "너희는 어느 나라 사람이며 이름은 무엇이고 나이는 몇 살인가?"
> 그들이 대답했습니다.

"청나라 사람이고 성은 서가며 이름은 복창이다. 나이는 16세다."

또 물었습니다.

"당신들은 모두 어느 나라 사람이며 선주의 성명은 무엇인가?"

그들이 대답했습니다.

"프랑스 사람이다. 선주의 성명은 모른다."

"무슨 일로 여기까지 왔으며 언제 돌아가는가?"

"정벌 전쟁을 하려고 왔다."

"당신들과 우리는 본래 원수진 일이 없는데 무엇 때문에 전쟁을 하려고 하며, 전쟁을 치르고자 하는 곳은 어디인가?"

"정벌하려 하는 곳은 한강 어구에 있는 왕경王京이다. 너희가 우리나라 사람 9명을 살해하였기에 너희 나라 사람 9천 명을 살해하려 한다."

"이게 무슨 말인가? 우리나라에서 너희 나라 사람 9명을 죽이지 않았는데 지금 와서 이런 말을 하는 것은 도대체 무슨 의미인가?"

"우리는 이미 알고 있다. 너희는 우리를 속이고 있다."

그리고는 불쾌한 기색으로 곧장 배를 돌려 머물던 곳으로 가버렸습니다.

심영규가 보낸 보고서 속의 종선 2척은 조선을 침략하러 온 로즈 함대의 일부였다. 당시 로즈 함대는 기함 게리에르호를 비롯해 소해정 프리모게호·라플라스호, 포함 타르디프호·르브르통호, 통보함 데룰레드호·켄샹호로 모두 7척이었다. 이들 함선에 실린 대포는 모두 10문이었고 보트는 13척, 총병력은 1,230명이었는데 이 병력에는 일본 요코하마에 주둔하던 해병대 300명도 포함되어 있었다. 최신식 무기로 무장한 프랑스군은 구식 무기로 무장한 조선군 수만 명과 맞먹는 전력이었다.

프랑스군은 심영규의 보고서가 올라오기 이틀 전인 양력 10월 16일 이미 강화도 갑곶에 정박해 한강의 수로를 봉쇄하고 강화도에 상륙해 강화성을 점령한 상태였다. 조선 조정은 순무영을 설치하고 대장에 이경하, 중군에 이용희, 천총에 양헌수를 임명해 프랑스군을 격퇴하도록 했다. 순무영 대장 이경하는 로즈에게 프랑스군의 무단 침입을 꾸짖는 격문을 보내 만나자고 했다.

"우리는 너희를 은나라 탕 임금이 갈백에게 하듯 대했는데, 너희는 우리를 험윤이 주나라 선왕을 배반하듯 포악하게 대하고 있다. 그러니 우리가 지인지덕하더라도 제멋대로 난동을 부리게 내버려둘 수는 없다. 천만의 대병을 거느리고 지금 바닷가에 나와 하늘의 이치를 받들어 토벌의 뜻을 펴려고 한다. 우선 내일 이른 아침 서로 대면하자는 약속을 급히 보내니 군사의 곡직과 승패가 결정되리라. 너희는 퇴각하여 달아나지 말고 머리를 숙이고 우리의 명령을 들어라."

곧바로 로즈의 답변서가 왔다.

프랑스 황제의 명령을 받은 전권대신은 각초各哨의 용맹한 군사들을 거느리고 준절히 효유曉諭한 일을 당신들 순무사는 다 잘 알라. 나는 본 조정 황제의 명을 받고 우리나라 군사들과 백성을 보호하려고 이곳에 있는 것이다. 올해 이 나라에서 무고하게 죽임을 당한 사람은 우리나라의 전교사들이다. 너희는 어질지 못하게 불의로 그들을 죽였으니 공격하여 벌을 주는 것이 마땅하다.

그리고 전교사는 어질고 의로운 사람이라 털끝만치도 범죄를 저지르지 않았을 텐데 그를 죽였으니 천리를 어긴 것이다. 죄악은 세상 법에서 온전히 용서할 수 없다.

중국에서 지난 몇 해 전에 일어난 일을 듣지 못했는가? 그들이 불인을 행하고 이런 흉악한 행위를 저질렀다가 우리 대국에서 토벌하니 머리를 숙이고 우리의 명령을 따르지 않을 수 없었다.

이번 프랑스 전권대신은 불인불의한 나라인 조선을 징벌하기로 정하였으니 만약 귀를 기울여 명을 따르지 않으면 전혀 용서받지 못할 것이다.

1. 세 사람이 관청을 부추겨 우리나라 전교사를 살해한 것을 엄정히 분별할 것이다.

1. 너희 관청에서는 조속히 전권이 있는 관원이 이곳에 와서 직접 면대하여 영구적인 장정章程을 확정하라. 재해와 흉환이 지금 가까이 닥쳤으니 너희가 재난을 피하려고 한다면 조속히 회답하고 명령을 받드는 것이 마땅하다. 만약 명령을 받들지 않으면 본 대신이 기일을 앞당겨 너희에게 환난을 줄 것이니, 너희 백성이 재난을 당하는 근원이 될 것이다. 그때 가서 미리 말하지 않았다고 하지는 마라. 기원 1866년 10월 18일.

답서를 받아본 조선 조정은 더 이상 대화로는 사태를 해결할 수 없다고 판단하고 강화도 수복 작전에 돌입했다. 흥선대원군은 일전을 각오하고 백성에게 이런 글을 내렸다.

사람이 죽고 나라가 망하는 것은 고금과 천지의 상경常經이다. 양이들이 여러 나라를 침략한 것은 본래 있었지만 지금까지 몇 백 년간 이 적들은 감히 뜻을 이루지 못했다. 그러다가 몇 해 전 중국이 화친을 허락한 다음부터 제멋대로 날뛰는 것이 곱절이나 더해져 도처에서 포악한 행동을 감행하여 모두 그들의 해를 입었다. 오직 우리나라에만 감행하지 못한 것은 실로 옛 성인이 하늘에서 음덕으로 도와주기 때문이다. 그들이 이곳에 와서 알게 된 것은 우리의 예의이고, 우리가 의지할 바는 여러 사람의 마음을 하나로 굳게 뭉치는 것이다.

지금 상하 사람들이 만약 의심하거나 겁을 먹는다면 모든 일은 와해되고 국사를 그르치고 만다. 내게 마음속으로 굳게 정한 세 가지 일이 있으니 이 군은 맹세를 알고 내 뒤를 따르라. 첫째, 고통을 참지 못하고 화친하는 것은 나라를 팔아먹는 행위다. 둘째, 그들의 해악을 참지 못하고 교역을 허락한다면 이는 나라를 망하게 하는 행위다. 셋째, 적들이 도성에 쳐들어왔다고 만약 도성을 버리고 간다면 이는 나라를 위태롭게 하는 행위다.

강화되는 쇄국정책

강화도를 빼앗긴 조선군은 강화도 건너편인 김포의 통진에 진을 치고 공격 기회를 엿보았다. 10월 26일(음력 9월 18일) 로즈는 병력 120명을 동원해 문수산성을 정찰하게 했다. 신식 무기로 무장한 프랑스군 120명을 상대한 아군은 순무영 초관 한성근과 집사 지홍관을 비롯한 별파진 군사 50명이었다. 프랑스군은 4척의 보트에 나눠 타고 문수산성 남문 쪽으로 향했는데, 4척 중 2척에서 프랑스군이 내리려 할 때 한성근과 그 부하들이 일제히 총을 쏘아 기습을 가했다. 그때 프랑스군 수십 명이 부상을 당했다. 하지만 이내 전열을 정비한 프랑스군에 밀려 한성근 부대는 달아나야 했다. 프랑스군은 문수산성에 불을 지르고 강화도로 돌아갔다. 이 문수산성 전투로 프랑스군은 27명의 사상자를 냈고 조선군은 3명이 죽고 2명이 부상을 당했다. 프랑스군과 조선군의 첫 접전에서 화력이 훨씬 우수하고 숫자도 많던 프랑스군 피해가 훨씬 컸던 것이다. 당시 상황을 《고종실록》은 음력 9월 19일 기사에 이렇게 싣고 있다.

순무영에서 "방금 선봉 이용희가 18일 신시에 치보한 것을 보니, '겸차 초 관 한성근이 집사 지홍관과 별파진 군사 50명을 거느리고 문수산성을 방 어하도록 하였는데, 그날 사시쯤 문수산성 별장이 치보하기를, '작은 서양 배 4척이 조수를 타고 곧장 산성 남문으로 향했다' 하였습니다. 이에 급히 군사 1초를 보내 구원하도록 하였습니다. 군사가 중도에 채 미치지 못한 상태에서 지홍관과 한성근이 헝클어진 머리에 짧은 옷을 입고 앞뒤로 도 착하였는데, 이양선 2척이 앞에서 정박하려 할 때 한성근이 홀로 앞장서 서 크게 고함치며 먼저 총을 쏘아 한 번에 몇 발을 쏘니 그 소리가 나자마 자 적들 중에 배에 쓰러진 자가 몇 명 되었습니다. 50명의 총수가 그 뒤를 이어 곧바로 일제히 총을 쏘자 2척의 배에 있던 적들이 태반이나 쓰러졌 는데 그 수가 대략 50~60명이라고 합니다. 하지만 어느덧 뒤따라온 2척 의 배에 타고 있던 적들이 한꺼번에 육지에 올랐는데 그 수가 무려 100명 이었습니다. 미처 탄약을 장전할 겨를도 없이 갑자기 저놈들의 탄알에 맞 아 죽은 사람이 3인이고, 어깨나 팔에 부상당한 사람이 2인이었습니다. 워 낙 중과부적이라 몸을 돌려 달아나 돌아왔는데, 오면서 돌아보니 적들이 산성의 남문에 불을 지르고 곧장 도로 건너갔습니다'라고 하였습니다. 적 들이 이미 경내에 침입하였으나 모두 섬멸하지 못하고 도리어 우리 군사 들이 부상당하게 하고 우리 성문을 불 지르게 하였으니, 출정 장수의 직책 을 맡은 사람으로서 황공하여 대죄했습니다. 화재 입은 형편은 앞으로 상 세히 탐문하여 치보하겠습니다"라고 아뢰니 이렇게 전교했다.
"대죄하지 말고 빨리 승전보를 아뢰도록 하라."

순무영에서 보고한 전사자 3인은 별파진 군사 최장근, 김달성, 오준성이었고 그들 외에 문수진의 백성 오돌중도 전사했다. 한편 문수산성 전투에서 27명의 사상자를 낸 프랑스군은 그 보복으로 강화도 일대의 군사 진지를 불태우고 민가를 노략질했다. 그 과정에서 광성보 문루와 용진진의 화약고가 소실되었다. 이후에도 프랑스군은 강화도 곳곳의 창고와 민가를 불태웠다.

그런 상황에서 순무영 천총 양헌수는 11월 7일(음력 10월 1일) 프랑스군 몰래 병력 540여 명을 이끌고 강화도로 잠입해 정족산성에 주둔했다. 이 소식을 접한 로즈는 올리비에 대령에게 병력 160명을 내주고 정족산성을 공격하게 했다. 조선군을 얕본 올리비에는 야포 없이 소총만으로 정족산성 공략에 나섰다. 프랑스군은 동문과 남문을 집중적으로 공략했지만 양헌수 군대의 강력한 저항에 밀려 패퇴하고 말았다. 양쪽 군대의 격전 과정에서 프랑스군은 6명이 전사하고 수십 명이 부상을 입었지만, 조선군은 1명이 전사하고 4명이 부상당했을 뿐이다. 이 승전 소식은 이틀 뒤인 11월 9일 대궐에 전해졌는데, 그 내용은 이랬다.

"이달 초하룻날 저놈들 60여 명이 산성에 들어와 지형을 자세히 살피고는 중들이 쓰는 기명器皿만 파괴하고 갔는데, 그날 밤 우리 군사가 잠입한 사실을 저놈들은 알지 못하였습니다. 오늘 지키고 있는 성을 특별히 점령할 계책으로 저들의 두령이 말을 타고 나귀를 끌고 짐바리와 술과 음식을 가지고 와서 동문과 남문 양쪽 문으로 나누어 들어올 때, 우리 군사들이 좌우에 매복했다가 일제히 총탄을 퍼부었습니다. 저들은 죽은 자가 6명이고 아군은 죽은 자가 1명입니다. 적들은 도망치면서 짐바리와 술, 음식, 무기 등을 모두 버리고 갔기 때문에 거두어 보관해두고 있습니다. 훗날 자세히 조사하고 기록하여 보고하도록 하겠습니다."

양헌수는 이 보고서를 올린 뒤 정족산성에 주둔하며 프랑스군의 재차 공격에 대비했다. 그런데 뜻밖에도 로즈 함대는 11월 10일 함대를 이끌고 강화도에서 철수했다. 한 달이 넘는 장기 원정에 지친 탓에 더 이상 전쟁을 지속할 수 없었던 것이다. 철군하면서 로즈는 강화도 외규장각을 불태우고 그곳에 보관하고 있던 서적 5천여 권도 불태웠다. 또한 의궤 297책을 비롯해 340여 권의 책과 은궤 수천 냥을 약탈해갔다.

프랑스군이 철군하자 조선을 지배하던 흥선대원군은 자신감에 가득 차 천주교 탄압과 쇄국정책을 더욱 강화했다. 흥선대원군의 신념은 훗날 세운 척화비의 다음 문구에 명확히 드러난다.

'서양 오랑캐가 침범하는데 싸우지 않으면 화친하자는 것이니, 화친을 주장하는 것은 나라를 파는 것이다.'

웃음거리가 된 프랑스

원정을 끝내고 중국 땅으로 돌아간 로즈는 자신이 선교사 학살에 따른 보복 정벌을 성공적으로 수행하고 왔다고 자랑했다. 반면 프랑스 공사대리 벨로네를 비롯한 북경의 외교관들은 로즈의 원정을 실패로 간주했다. 사실 북경의 외교가에서 프랑스는 웃음거리였다. 유럽의 강국임을 자랑하던 프랑스가 가공할 신식 함포를 장착한 함대를 무려 7척이나 끌고 가 극동의 약소국 조선에 보기 좋게 패배했으니 웃음거리가 되는 것도 당연했다. 더구나 일본에 주둔한 병력과 함대까지 이 끌고 조선 침략에 나선 로즈 제독이 원시적인 무기로 무장한 조선군 에 졌다는 것은 한마디로 개망신이 아닐 수 없었다.

청나라 조정과 백성은 프랑스가 조선 원정에서 패퇴했다는 사실 에 기뻐했던 모양이다. 당시 베이징 주재 프랑스 공사관 소속 의사 마 르탱은 자신의 논문 〈1866년 조선 원정〉에 다음과 같은 내용을 싣고 있다.

로즈 제독의 함대가 패퇴한 이후 공사대리(벨로네)의 머릿속에 조선은 오 직 불쾌한 기억으로만 자리 잡고 있었다. 그는 청나라 정부가 조선과 공모 한 것이 아니냐는 의혹을 숨김없이 표현했고 청나라 정부는 자국의 결백 을 확언했다. 청나라의 결백 선언이 사실일지도 모르지만 그렇다고 청나 라가 드러내놓고 좋아할 것까지는 없었는데, 청나라 정부와 백성은 프랑 스의 조선 원정 실패에 굉장한 쾌감을 느끼며 즐겼다.

마르탱의 말처럼 프랑스군의 조선 원정 실패는 청나라 백성에게 묘한 희열감을 안겨주었다. 청에서 온갖 위엄을 다 세우며 유럽의 강 국임을 자랑하던 프랑스군이 청의 속국인 조선군에 패배해 돌아왔다 는 사실만으로도 그들은 마치 자국이 프랑스군을 물리친 듯 대리만 족을 느꼈다. 청나라 사람들의 그 태도를 두고 마르탱은 이렇게 적고 있다.

로즈 제독의 패전 소식은 지체 없이 청나라 전역으로 퍼져갔다. 베이징 정 부는 그 소식에 통쾌해 하면서도 프랑스 공관과의 공식적인 관계에서는 기쁨을 애써 감추려 했다. 그러나 지방 행정관들은 기회가 있을 때마다 이를 놓치지 않고 프랑스인이 패해 조선인 앞에서 도망쳤다며 프랑스인은 더 이상 무적의 상대가 아니라고 떠들어댔다.

로즈의 조선 원정 실패는 단순히 청나라 사람들의 웃음거리가 된 것에 그치지 않았다. 이는 프랑스의 극동 정책에도 많은 영향을 끼쳤다. 프랑스는 로즈의 실패 이후 다시는 극동 지역 원정을 감행하지 않았고, 심지어 미국이 제너럴셔먼호 사건에 보복하기 위해 함께 조선을 공격하자고 제의한 것도 거절했다.

프랑스의 조선 원정 실패는 중국인에게 또 다른 자신감을 불러일으키기도 했다. 청나라 백성 사이에 조선군에 패배한 프랑스는 더 이상 청이 두려워해야 할 강국이 아니라는 의식이 싹튼 것이다. 결국 이것은 톈진에서 프랑스 영사관이 불타는 사태로 이어졌다.

1870년 6월 프랑스 선교사가 지은 톈진의 교회에서 중국 아이들을 유괴한다는 소문이 돌았고, 이로 인해 천주교 신자와 비신자 사이에 격렬한 충돌이 발생했다. 분노한 주민들은 급기야 교회와 프랑스 영사관을 불태우고 프랑스인과 천주교도를 살해했는데, 이는 프랑스의 조선 원정 실패에 고무된 청나라 사람들이 겁 없이 프랑스에 적대감을 드러낸 결과였다. 이 사태를 두고 마르탱은 "조선이 프랑스에 톡톡히 복수한 셈인 참혹한 사태"라고 표현했다. 또한 마르탱은 톈진 사태가 일어날 당시 "폭동 주모자들은 프랑스군이 조선에서 참패한 옛일을 상기시키며 군중을 선동했다"라고 쓰고 있다. 이렇듯 프랑스의 조선 원정 실패는 유럽 열강에 짓밟히던 청나라 백성에게 목숨을 걸고 싸우면 이길 수 있다는 자신감을 불러일으키는 계기가 되었다.

2
미국의 침략 전쟁, 신미양요

—

"당신은 어느 나라 사람이고, 무슨 일로 여기에 왔으며,
그 목적이 어디에 있는가?"

무작정 침입한 제너럴셔먼호

1866년(고종 3년) 8월 16일(음력 7월 7일) 대동강 하류 황해도 황주목
삼전방의 송산리 앞바다에 이양선이 나타났다. 이 배는 미국 상선으
로 상인 프레스턴 소유의 제너럴셔먼호였다. 프레스턴은 톈진 주재
영국 회사 메도스 상사에서 비단과 유리그릇, 천리경, 자명종 등의 상
품을 구입해 셔먼호에 싣고 체푸항에서 무작정 조선 땅으로 향했다.
그들은 황해를 건너 평양에 갈 목적으로 황주 앞바다에 다다랐다.

다음 날 황주목사 정대식이 프레스턴 일행을 만났다. 명백한 불법
침략이었지만 셔먼호 선주 프레스턴과 선장 페이지는 당당했다. 비록
상선이긴 해도 셔먼호는 대포 2문을 갖추었고 승선자는 모두 총으로
중무장한 상태였기 때문이다. 여차하면 힘으로 눌러서라도 조선에 물
품을 팔아보겠다는 심산이었다.

황주목사 정대식은 그들을 온건하게 대하며 그들이 조선을 방문한 목적과 필요로 하는 사항을 모두 알아내 황해감사에게 보고했다. 또한 정대식은 그들이 요구하는 쌀과 소고기, 채소 등의 생필품을 주기도 했다. 그들은 곧장 대동강을 타고 평양으로 향했고 나흘 후인 음력 7월 11일 평양에 도착했다. 이후 수일 동안 그들은 대동강에 정박해 통상을 요구했다. 불법적으로 영해를 침범한 것도 모자라 내륙으로 들어와 통상을 요구하는 어처구니없는 짓을 저지른 것이다.

셔면호 이전에도 미국 상선이 조선과 접촉한 일은 여러 차례 있었다. 1853년 사우스아메리카호가 일본으로 항해하다 길을 잘못 들어 부산항에 열흘간 머문 것을 시작으로 1855년, 1865년, 1866년 한 차례씩 미국 상선이 조선과 접촉했다. 그때마다 조선은 미국 선원을 따뜻하게 대우하며 도움을 주었다. 심지어 난파당한 상선에서 살아남은 선원을 잘 대접한 후 본국으로 보내주기 위해 청에 인도하기도 했다. 셔면호가 나타나기 이전까지 조선은 미국 상선에 적대적인 태도를 취한 적이 없었다.

미국도 한때 조선을 강제로 개항하게 하려는 계획을 세웠다. 1844년 청과 왕샤조약望廈條約을 맺고 불평등한 통상을 개시할 무렵 미국 의회는 조선도 개방시켜야 한다는 안건을 마련했다. 그러나 조선 개방이 미국에 실질적인 이익이 되지 않는다는 이유로 보류한 뒤 이후 조선에 개방 압력을 넣은 적이 없었다. 그러던 중 프레스턴이 아무런 법적 근거 없이 무작정 조선 땅으로 밀고 들어온 것이다.

프레스턴이 평양까지 무작정 들어온 데는 그 나름대로 믿는 구석이 있었다. 당시 항간에는 프랑스가 함대를 이끌고 쳐들어올 것이라는 소문이 파다하게 퍼져 있었다. 실제로 그해 봄의 병인박해로 프랑스 신부 9명이 처형당한 소식을 접한 프랑스 공사관은 조선 정벌을 선언했다. 프랑스 공사관의 태도는 청의 연락으로 조선에 알려졌고, 조정에서 흘러나온 프랑스군 조선 정벌설은 이내 공공연한 사실로 알려졌다. 그 때문에 조선 백성은 잔뜩 겁을 먹고 있는 상태였다. 상황이 그런지라 프레스턴은 조선이 자신들을 함부로 공격하지 못할 것이라고 판단했다. 만약 이번에 자신들마저 건드리면 프랑스뿐 아니라 미국까지 군대를 이끌고 올 거라고 겁만 줘도 조선 조정이 벌벌 떨 것이라고 본 것이다.

당시 조선 조정은 프랑스가 다시 쳐들어올지도 모른다는 불안감이 커지면서 연안에 출몰하는 이양선을 더욱 철저히 감시하고 있었다. 이양선과 접촉하는 조선 백성도 엄하게 단속하고, 만약 접촉하는 것을 발견하면 그 자리에서 효수하라는 특명까지 내렸다.

셔먼호가 대동강에 정박하고 있던 1866년 8월 19일(음력 7월 10일) 의정부에서 대원군에게 올린 다음의 의견은 그 무렵 조선 조정의 태도를 명확히 보여준다.

이양선이 내양에 출몰하는 것만 해도 이미 놀라운 일인데, 양서兩西 연안의 포구에 제멋대로 왕래하는 것은 근래에 없던 일입니다. 해안 방어가 허술한 것은 진실로 말할 것도 없겠으나 이러한 때 단속하는 방도를 허술하고 느슨하게 해서는 더욱 안 됩니다. 연해의 각 고을과 진영에서 주의해 관찰하고 파수하는 등의 일을 각별히 명령해 혹시라도 안일함을 꾀해 헛되이 세월만 보내는 일이 없도록 해야 합니다. 지금 이렇게 해선들이 동에 번쩍, 서에 번쩍 나타나는 판국에 우리나라 사람이 화응하는 자가 없을지 어찌 알겠습니까? 무릇 행동거지가 수상한 무리를 엄하게 기찰하고 만약 현장에서 붙잡힌 자가 있으면 공초를 받은 뒤 즉시 그 자리에서 효수하여 대중이 경계하라는 뜻을 각 도의 수장에게 똑같이 명령하는 것이 어떻겠습니까?

대원군은 이 건의를 받아들여 이양선의 영해 침입을 철저히 단속하고 강하게 대응하도록 명령했다. 사실 그 시절에 조선을 찾아온 서양 선박은 셔먼호뿐이 아니었다. 1866년 8월 19일 강화도 교동도 근처에 영국 상선이 나타나 교역을 요구하다 뜻을 이루지 못하자, 무작정 강화도 월곶진에 정박해 서울에서 통상하게 해달라고 떼를 쓰고 있었다. 8월 16일에는 평안도 연안에 이양선 6척이 동시에 나타나 조선 백성을 두려움에 떨게 했다. 그런 상황에서 셔먼호는 평양까지 들어와 무역을 허락해달라고 떼를 썼으니 조선 조정으로서도 난감한 일이 아닐 수 없었다.

황주목사 정대식의 보고서

당시 셔먼호와 황주목사 정대식이 접촉해 대화를 나눈 상황은《고종실록》음력 7월 15일 기사에 나오는 황해감사 박승휘가 올린 장계에 상세히 드러나 있다.

황주목 삼전방 밖에 있는 송산리 앞바다에 이양선이 와서 정박하였습니다. 8일 인시에 이양선이 정박한 곳까지 가서 형리 이기로와 병영 관리인 신몽신 등이 우선 지방관이 사정을 묻는 이유를 말하게 하였더니 와서 만

나보겠다고 대답하였습니다. 그래서 저 사람들의 배 가까운 곳에 우리 배를 정박한 것입니다.

그러자 그쪽 사람들 수십 명이 각기 총칼을 지니고 뱃머리에 정렬해 선 다음 비로소 배에 오르는 것을 허락하였습니다. 그들 4명은 혹 기대어 앉거나 혹 배의 고물에 앉은 후 우리더러 함께 앉자고 하였습니다.

글로 써서 어느 나라 사람이며 무슨 일로 여기까지 왔느냐고 물었더니 서면으로 대답하기를, "우리는 서양의 세 나라 사람입니다. 윗자리에 앉은 토머스(최난헌. 로버트 저메인 토머스)와 호가스는 다 영국 사람이고 프레스턴은 미국 사람이며 뻬지巴使는 덴마크 사람입니다"라고 하였습니다.

거의 모두가 움푹 들어간 눈, 높이 솟은 콧마루, 파란 눈, 노란 머리카락이라 서양인이라는 것은 확실히 의심할 바 없었습니다. 토머스라는 사람은 중국말을 잘할 뿐 아니라 우리나라 말도 조금 알고 있었습니다. 알아들을 수 있는 말도 있고 그렇지 못한 말도 있어서 의사소통은 전적으로 이팔행이라는 사람한테 맡겼는데, 배 안의 일은 모두 그가 주관하였습니다.

이른바 이팔행과 조반량은 중국인으로 영국인이 데려다 자기 막료로 삼은 사람들이었습니다. 그 나머지 24명은 태국인이거나 광동 상해현 사람들로 길 안내와 품팔이, 뱃사람 일을 했는데 모두 종복이라 하였습니다. 그들의 이름을 물으려고 하니 "우리 배 안의 일과 관련된 것이지 당신들과는 관계가 없다"라고 하였습니다.

덴마크의 위치를 물으니 "서양에 있고 두 나라와의 거리는 1,500리다. 세 나라 사람들은 다 같이 장사를 하고 있으며 이번 7월 1일 산동에서 출발해 백령도, 초도곶, 석도를 거쳐 방향을 바꾸어 평양으로 가는 길이다. 우리 배가 모양은 전선 같지만 실은 통상을 하려고 한다. 귀국의 종이, 쌀, 금, 삼, 초피 등의 물품을 우리가 가져온 양포, 기명과 바꾸면 서로 해롭다는 생각은 별로 들지 않을 것이다. 물품 교환이 일찍 끝나면 곧 평양부터 뱃머리를 돌리겠지만 그렇지 않으면 비록 서울로 가더라도 통상한 뒤에야 돌아가겠다"라고 하였습니다.

그래서 묻기를 "이미 평양에 가서 통상하겠다고 하였는데 거기에 가면 우리나라 사람으로서 그에 호응하여 교역하는 자가 있는가?"라고 하니 없다고 대답하였습니다.

또 말하기를 "먼 바다에 와서 정박한다면 혹 이상한 일이 아니라고 받아들일 수도 있겠지만, 당신들은 남의 나라 앞바다에까지 넘어들어 왔다. 우리나라에서는 본래부터 국법으로 금지되어 있는 만큼 앞으로 나아갈 수 없다"라고 하였더니, "누가 감히 우리를 막겠는가? 우리는 곧바로 가려고 한다. 만약 서풍을 만나면 바람을 따라 곧 떠나겠다"라고 하였습니다.

"너희의 배에 함께 온 사람들이 있는지 알고 싶다"고 하니, "이 문제는 우리가 자세히 말해줄 수 없으며 또한 이는 우리의 문제가 아니라 나랏일과 관련된 문제다"라고 하면서 더 이상 대답하지 않았습니다.

배의 모양과 규격을 보면 안은 하얗게 칠하고 밖은 검게 칠하였는데, 그 위에 옻칠을 하듯 기름을 발랐고 위에는 흰 가루가 있었습니다. 사면을 판자로 만든 집이 2칸 있었는데 한 곳에는 관인들이 거주하고 한 곳은 종복들이 거주하였습니다. 각각의 판옥 벽면에 창문이 있었고 모두 유리가 끼워져 있었습니다. 모두 소나무로 만든 2개의 돛대는 잘 다듬고 그 위에 기름칠을 하였으며, 배 위에는 백양목의 네모진 깃발을 달아 세웠습니다. 돛은 흰 색의 올이 굵은 서양 비단으로 만들었습니다.

좌우 2켠에 각각 대포 1문씩 설치했고 수레와 나무바퀴 위에 철통을 놓았는데 윗부분은 좁고 밑이 넓었습니다. 세 차례에 걸쳐 시범적으로 쏘아보였는데, 그 소리가 마치 요란한 천둥이 치는 것과 같아서 사람들의 이목을 몹시 놀라게 하였습니다.

이 밖에 밤에 순찰할 때 메는 장총이 3자루 있었고 총구멍 끝머리에 1척쯤 되는 칼이 꽂혀 있었습니다. 조총은 차고 다니는 자그마한 것과 메고 다니는 큼직한 것 등 셀 수 없이 많았습니다. 환도는 서양인 4명이 각각 한 자루씩 찼고 모두 번쩍번쩍 빛이 났습니다. 방 안에는 책과 그림책, 금, 종, 고약 등 잡다한 물건들이 펼쳐져 있었는데 한 번 죽 훑어보아서는 이루 다 기억할 수 없었습니다.

종복들이 거처하는 방을 보려고 하자 예의상 가서 볼 필요가 없다며 막고서 보여주지 않았습니다. 배 밑에는 작은 배를 매어 놓았는데 우리나라의 작은 고깃배 모양이었고 푸른색이었습니다. 거기에 실은 물품들은 양목 등 무역할 물품이라고 말하였으나 배 안은 보지 못하게 하여 물품을 실은 실태와 그 수량은 분명히 알 수 없었습니다.

그런데 서로 말을 주고받을 때 갑자기 "청하건대 당신들이 사람을 보내 우리에게 쌀, 소고기, 닭, 채소, 땔나무 등의 물품을 준다면 양포로 답례하겠다"라고 글로 써주었습니다. 만약 중국인이나 각국 사람들이 표류하다 우리나라에 다다른 경우라면 으레 객관에 데려다 양식을 제공하겠지만, 서양인들이 함부로 우리나라 앞바다에까지 넘어 들어온 것은 뜻밖의 일이라 아랫사람으로서 마음대로 처리하기에 곤란한 점이 있었습니다. 그래서 대답하기를 "이처럼 외진 마을에서 갑자기 그런 물품을 마련하는 것은 어렵고 또 순풍을 기다려 곧장 출발한다는 것은 더욱 시행하기 어려운 일입니다"라고 하였습니다.

그러자 토머스는 화난 얼굴빛을 드러내 "집어 치우시오. 집어 치우시오. 당신들이 만약 주려는 생각만 있다면, 우리 배가 비록 간다고 해도 당신네 나라 땅 가까운 곳이며 강을 따라 가는 것도 역시 어려운 일이 아니니 어찌 이곳이냐 저곳이냐에 구애를 받겠는가?"라고 하면서 필담을 나누던 종잇장을 가져다가 접어 품속에 넣고는 떠나가자고 재촉하였습니다.

어쩔 수 없이 떠나는 배에서 곧 마련해 보내겠다고 대답하였더니, 화를 풀고 기뻐하면서 필담을 나누던 종잇장을 꺼내주고는 다시 "물품을 보내주면 틀림없이 답례하겠다"라고 말하였습니다. 꼭 답례할 것까지는 없다고 말하고 쌀 1석, 소고기 30근, 달걀 60알, 채소 20묶음, 땔나무 20단을 헤아려서 들여보냈습니다. 그런데 그들의 배가 떠나기 전에 앞질러 돌아오기 어렵겠다 싶어 나루터 근처에 머물면서 그들의 동정을 살펴보았습니다.

서양인들의 이름, 연령, 거주지, 옷차림과 배의 크기, 여러 가지 기계와 물건에 대해 다 적어서 문서로 만들어 올려 보냅니다. 배에 올라 말을 나눌 때 많은 시간을 지체하여 글로 써서 보고하는 것이 날짜를 경과하게 되었으니 황송함을 금할 수 없습니다.

그날(음력 7월 8일) 신시에 그들의 배가 평양으로 떠났습니다. 가는 뱃길에 일부러 수리(이방)에게 쌀과 고기 등 물품을 배에 싣고 그들이 정박하는곳까지 따라가게 하고 물품을 제공하는 뜻을 신칙하여 보냈습니다.

평양 만경대 앞에 정박한 셔먼호

셔먼호는 8월 20일(음력 7월 11일) 평양에 도착해 평양 경내의 초리방 사포구에 정박했다. 평양서윤 신태정이 보고를 받고 급히 사포구로 가자 셔먼호는 이미 평양부 신장 포구로 옮겨간 상태였다. 신태정이 다시 신장 포구에 도착했을 때는 늦은 밤이었다. 다음 날 아침 9시쯤 신태정이 셔먼호에 다가가 들어온 목적을 묻자 그들은 무역 외에 다른 의도는 없다고 대답했다. 이에 신태정이 서양과 무역은 법으로 엄하게 금지되어 있어서 지방관이 마음대로 허가해줄 사안이 아니라고 했다. 이후 신태정과 셔먼호 측 통역을 맡은 토머스 사이에 대화가 이뤄졌는데, 《고종실록》은 그 내용을 다음과 같이 기록하고 있다.

그랬더니 토머스가 말하기를 "귀국은 무엇 때문에 천주교인들을 쫓아내는가? 지금 우리 예수교는 천도를 체험하고 인심을 바르게 하여 나쁜 풍속을 교화하기 때문에 인의충효가 모두 갖추어져 있다"라고 하였습니다. 두 가지 종교 모두 우리나라에서 법으로 금하고 있기 때문에 백성이 감히 마음대로 익히지 못한다고 대답해주었습니다.

그는 또 말하기를 "프랑스의 큰 배는 이미 수도에 갔는데 우리 배만 그렇게 하지 못하고 있다"라고 하기에 대답하기를, "큰 배가 수도에 갔다고 말하는 의도를 알 수 없습니다. 언제쯤 철수할 겁니까?"라고 하니 머리를 끄덕이며 대답하지 않았습니다.

황주에서 얻은 식량과 찬거리로 겨우 며칠간 살았으니 쌀과 고기, 계란, 시목(땔나무) 등을 도와주기를 원한다고 했는데 멀리 떨어져 있는 나라 사람들을 너그럽게 대해야 하는 도리로 냉담하게 대할 수 없어서 쌀과 고기 등의 물건들을 공급해주었습니다.

이 대화에서 드러나듯 토머스는 은근히 프랑스인의 참수 문제를 끄집어내 신태정에게 두려움을 주려 했음을 알 수 있다. 또한 프랑스의 큰 배들이 수도를 향해 갔다고 말함으로써 프랑스가 조선을 정벌하는 것을 기정사실화하고 있다는 사실도 드러난다. 그러면서 그는 식량과 생필품을 요구해 받아냈다.

오후 5시쯤 셔먼호 선원들은 수심을 파악하는 작업을 하고 다음 날 새벽 만경대 아래에 있는 두로도라는 섬에 정박했다. 불법적으로 침략한 것도 모자라 식량을 요구하고 마음대로 남의 영토를 휘젓고 다닌 것이다. 그럼에도 조선 관리들은 그들을 함부로 대하지 않았다. 성급하게 그들을 몰아냈다가는 자칫 외교적인 문제가 발생할지도 몰랐기 때문이다.

셔먼호 선원과 평양 관민의 충돌

셔먼호 선원들이 마음대로 수심을 측정하는 것을 방치해둘 수 없었기에 셔먼호 선원 6명이 보트를 타고 수심을 측정하는 동안 평양 순영 중군 이현익이 시종 유순원, 심부름꾼 박치영과 함께 작은 배를 타고 그들 뒤를 따라다녔다. 그러자 셔먼호 선원들이 갑자기 이현익의 배를 끌고 가 조선인 세 사람을 셔먼호에 억류했다. 이 소식을 들은 서윤 신태정이 밤새도록 그들을 설득하며 이현익을 풀어줄 것을 요청했지만 셔먼호 측에선 끝내 이현익을 돌려보내지 않았다. 심지어 대포와 총을 쏘아대며 평양 백성을 위협하기까지 했다. 이에 평양 백성이 강변에 모여 이현익을 돌려달라며 항의하기 시작했고 급기야 돌을 던지고 활과 조총을 쏘며 그들을 공격했다. 당시 상황을 평양감사 박규수는 이렇게 보고했다.

그날 사시쯤 그들의 배가 또 출발하여 상류로 거슬러 올라가면서 대완구와 조총을 마구 쏘아댔으며 황강정 앞에 이르러 그곳에 정박하였습니다.

그 후 그들 5명은 작고 푸른빛 배를 타고 물의 깊이를 탐지하기 위해 오탄 일대를 거슬러 올라갔는데 온 성 안의 백성이 강변에 모여들어 우리 중군을 돌려보내라고 소리 높여 외쳤습니다. 그들이 성 안에 들어가 분명히 알려주겠다고 하자 모든 사람이 분함을 참지 못하고 돌을 마구 던졌습니다. 장교와 나졸들이 혹 활을 쏘아대기도 하고 혹은 총을 쏘아대기도 하며 여러모로 위세를 보였습니다. 그러자 그들은 도망쳐 돌아갔고 그 큰 배는 양각도 하단으로 물러가서 정박하였습니다.

이후 이현익 일행을 돌려보내지 않자 퇴역 장교 출신인 박춘권이 수하들과 함께 배를 타고 셔먼호에 돌진해 이현익을 구출하여 돌아왔다. 그러나 이현익의 시종 유순원과 심부름꾼 박치영은 셔먼호 선원들이 강물에 던져 생사를 알 수 없었다.

불타는 셔먼호

셔먼호 선원들의 무모한 행동이 지속되는 가운데 대동강의 수심이 점차 얕아지면서 셔먼호는 양각도 서쪽 모래톱에 걸려 움직일 수 없는 사태에 직면했다. 사실 셔먼호가 대동강을 타고 올라올 무렵에는 장마로 인해 수위가 높았으나 며칠 뒤 수위가 원상태로 돌아가자 졸지에 모래톱에 좌초되는 처지에 놓인 것이다.

그러자 셔먼호 선원들은 불안감에 휩싸인 나머지 평양 시가지를 향해 대포를 발사하고 마구잡이로 총질을 해댔다. 그 바람에 평양 백성 7명이 죽고 5명이 다치는 사태가 벌어졌다. 평안감사 박규수는 셔면호를 공격해 소멸하기로 결정하고 조정에 장계를 올렸다.

"평양 방수성에 정박한 이양선이 상선을 약탈하며 총을 쏘아대는 통에 우리 사람 7인이 피살되고 부상자 또한 5인이나 됩니다. 감영과 평양부에 명령을 내려 그때그때의 상황에 따라 대처하게 해서 곧 소멸하겠습니다."

조정은 박규수의 의견에 동의하고 상황에 따라 조치하고 무찔러 없앨 것을 결정했다. 마침내 8월 30일(음력 7월 21일) 박규수는 화공으로 셔먼호를 공격했다. 박규수는 그 과정을 이렇게 보고했다.

평양부에 와서 정박한 이양선이 더욱 미쳐 날뛰면서 포를 쏘고 총을 쏘아대어 우리 쪽 사람들을 살해하였습니다. 그들을 제압하고 이기는 방책으로는 화공 전술보다 더 좋은 것이 없으므로 일제히 불을 질러 그 불길이 저들의 배에 번져가게 하였습니다. 저쪽 사람들인 토머스와 조능봉이 뱃머리로 뛰어나와 비로소 목숨을 살려달라고 청하므로 즉시 사로잡아 묶어서 강안으로 데려왔습니다.

이것을 본 군민이 울분을 참지 못해 일제히 모여들어 그들을 때려죽였고 그 나머지 사람들도 남김없이 죽여버렸습니다. 그제야 온 성 안의 소요가 비로소 진정되었습니다. 중군 겸 철산부사 백낙연과 평양서윤 신태정은 직접 총포탄이 쏟아지는 위험을 무릅쓰고 마음과 힘을 다하여 싸움으로써 결국 적들을 소멸했으니 모두 그들의 공로라 할 만합니다. 포상의 특전을 베풀어주심이 어떻겠습니까?

셔먼호를 공격할 당시 박규수는 셔먼호에 포격을 가한 뒤 대동강 물에 식용유를 풀었다. 그리고 여러 척의 작은 배에 기름을 끼얹은 뒤

섶을 가득 실어 불을 붙인 다음 부딪치게 하는 방법으로 셔먼호에 불을 붙였다. 당시 셔먼호에 타고 있던 승무원들은 불에 타 죽거나 물에 빠져 죽었다고 한다.

이것으로 셔먼호 사건이 끝난 것은 아니었다. 사건 발생 후 미국은 셔먼호 사건의 진상을 조사하기 위해 두 번에 걸쳐 탐문을 실시했고, 결국 5년 후인 1871년 조선을 응징하고자 해병대를 보냈다.

진상 조사를 위해 무력을 동원한 미국

셔먼호가 격침된 뒤 1866년 음력 11월 5일 청나라 예부에서 셔먼호 사건과 관련해 조선이 처신을 잘할 것을 요구하는 공문을 보내왔다.

> 미국 사신 윌리엄스S. W. Williams의 편지에 따르면 8월 2개의 돛을 단 1척의 배가 고려에 갔다가 좌초되면서 고려의 장선이 불사르고 선주와 선원 24인을 붙잡아갔는데, 살았는지 죽었는지 모르겠다고 한다. 고려에서 혹시 그들을 중국으로 보내줄지 모르니 봉천부 관리에게 신칙하여 잘 보살펴달라고 청했다. 지금 조선에서 배를 공격해 불태웠다는 것이 사실인지는 모르겠으나, 단지 한 가지 일로 풍문을 판단할 길이 없다. 프랑스가 군사를 일으켜 조선으로 나가려는 것을 일찍이 영국과 미국 두 나라가 저지하였지만 프랑스는 듣지 않는다고 한다. 조선에서도 분별 있게 처리해야 많은 적을 만드는 것을 면할 수 있을 것이다.

청에서 조선에 이런 공문을 보낼 무렵, 미국 국무부는 로버트 슈펠트를 조선에 파견해 셔먼호 사건의 진상을 조사하도록 지시했다. 슈펠트는 훗날인 1882년 조미수호통상조약을 이끈 인물이다. 당시 슈펠트에겐 또 하나의 임무가 주어졌는데, 그것은 전라도 여수의 거문도에 미국 해군기지 설립을 위한 조사를 병행하라는 것이었다. 미국은 셔먼호 사건을 빌미로 조선과 통상 협약을 성취하고 거문도를 자신들의 해군기지로 만들려는 속셈이었다.

슈펠트가 워튜셋호를 타고 조선 연안에 당도한 것은 1867년 1월 23일(음력 1866년 12월 18일)이었다. 그는 황해도 장연 앞바다를 대동강 하구로 착각하고 그곳 월내도에 정박했다. 이때 워튜셋호의 승선 인원은 40여 명이었는데 그중 39명의 선원이 월내도에 내려 주민들을 붙잡아놓고 조선 조정에 보내는 서찰 1통을 내밀었다. 황해감사 박승휘가 그 서찰을 조정에 올려 보내자 의정부에서는 고종에게 이런 의견을 올렸다.

이양선이 정박하고 서찰을 주는 것은 비록 화친하자는 말이긴 하지만, 역시 정상을 헤아리기 어려우니 서로 사정을 살필 때 되도록 상세히 알아봐야 할 것입니다. 서찰은 되돌려줄 필요 없이 즉시 의정부에 올려 보내고 답신은 경흥부에서 행한 이전의 사례에 따라 해당 현감에게 써 보낼 것이며, 이양선의 동정을 자세히 보고해야 할 것입니다.

병인양요를 겪은 조선 조정은 서양 세력에 적대적인 입장을 취하고 있었다. 그러니 슈펠트의 통상 요구가 받아들여질 리 없었고 슈펠트는 아무 성과 없이 돌아가야 했다. 1868년 4월 10일 미국 전함 셰넌도어호가 나타나 셔먼호의 생존 선원을 돌려보내라고 요구하는 동시에 대포를 쏘며 무력시위를 했다.

셰넌도어호와 관련해 황해병사 이민상은 1868년 4월 17일(음력 3월 25일) 다음과 같은 보고서를 올렸다.

"장련 이도방 오리포의 동임이 보낸 치보에 '이양선에 탄 놈 20여 명이 그 배의 종선을 타고 오리포 어귀에 와서 정박하고 글을 써서 보였는데, 스스로 미국 배라 칭하였고 청하는 것은 닭·개·돼지·양이었습니다. 20여 명 가운데 5명이 본 동네에 들어왔는데, 옷 색깔은 푸르고 머리는 사방을 깎았으며 정수리에서 한 가락으로 머리를 땋아 등 뒤로 늘어뜨렸습니다. 그들은 오늘 요구를 들어주지 않으면 내일 다시 오겠다고 하였습니다' 했습니다. 이양선에 탄 놈들이 육지로 올라와 노략질을 한 것만도 극히 통분하고 고약하기에 신의 영문에서 포수들을 징발하여 보냈습니다."

이민상의 보고대로 미국인은 다음 날 다시 왔고 오리포의 훈학 임병정이 그들을 만나 물었다.

"당신들은 어느 나라 사람이고 무슨 일로 왔는가?"

미국인이 대답했다.

"나는 미국 사람이며 재작년에 미국 배가 여기에서 없어졌으므로 우리가 그 배의 종적을 찾아보려고 왔다."

미국인은 청나라 등주 사람 이광내를 내세워 조선의 도읍과 주변 지리를 물었고 임병정이 대답하지 않자 물러갔다. 곧 셰넌도어호는 함포 사격을 하며 무력시위를 했다. 이와 관련해 수군방어사 이기조는 평양감사 박규수에게 이런 보고를 했다.

이달 21일 묘시경 오오리에 가서 높은 곳에 올라가 바라보니 그들의 배가 그사이에 벌써 장련으로 옮겨가 정박하고 있었습니다. 거리가 좀 멀어서 그들과 대면해 사정을 파악하기 곤란한 데다 연방 대포를 쏘므로 내왕하는 배들이 접근할 수 없었습니다. 동정을 보기 위해 본 포구에서 머물러 기다리다 그다음 날 영리한 교리를 시켜 문정하고 오게 하였습니다. 그가 돌아와 보고하기를 "밤 2경 그들의 배가 정박한 곳을 향해 가보니 배의 아래 위에 등과 촛불이 휘황하였습니다. 사람들은 다 콧마루가 우뚝 서고 눈은 움푹하며 머리카락은 더부룩하고 입고 있는 옷은 모두 검은색이었습니다. 문정한다는 의사를 적어 보이며 이르기를, '당신은 어느 나라 사람이고 무슨 일로 여기에 왔으며 이곳에 정박해 벌써 하룻밤을 지냈는데 그 목적이 어디에 있는가?' 하니, 그는 손을 내저어 전혀 글을 모르는 시늉을 하였습니다. 조금 뒤 우리나라 말을 약간 아는 한 사람이 와서 말하기를, '우리 배는 미국의 전함인데 평양을 찾아가려 한다. 뒷날에는 서로 물을 일이 있겠지만 지금은 대답할 말이 없다'고 하였는데 말과 얼굴빛이 매우 거칠었습니다. 큰 배 안에서 연달아 대포 소리를 내어 끝내 장애를 받아 하는 수 없이 돌아왔습니다" 하였습니다.

이후 그들이 조선에 온 사정을 알아보니 셔넌도어호에서 셔면호 사건의 진상을 조사하기 위해 왔다고 대답했고, 셔면호에서 살아남은 선원이 있으면 돌려보내라고 했다. 이에 대원군이 서찰을 보내 살아남은 선원은 없다고 하자 셔넌도어호가 포를 쏘며 위협했고 조선 측에서도 포와 소총으로 강력하게 대응했다. 이에 셔넌도어호는 다시 돌아오겠다는 말을 남기고 떠났다.

교섭을 요구하는 미국 공사

1867년 3월 워싱턴 주재 베르테미 프랑스 공사는 미국 국무장관 수어드에게 조선과 관련해 특별한 제안을 받았다. 수어드는 미국이 곧 조선을 원정할 계획인데 프랑스가 협력해줄 수 있느냐고 물었다. 수어드는 프랑스가 미국 원정에 협력하면 로즈 제독의 조선 원정 실패로 실추된 프랑스의 영향력을 회복할 수 있을 것이라는 말을 곁들였다. 또한 얼지 않는 항구를 얻기 위해 조선을 탐내는 러시아가 조선을 흡수하기 전에 프랑스가 선수를 칠 계기가 될 거라며 설득했다.

베르테미 공사는 미국 국무부의 제안을 긍정적으로 받아들였다. 베르테미는 프랑스 외교부에 자신의 의견을 전달하며 조선에서 희생당한 프랑스인에 대한 보상금을 얻어내려면 강압적으로 무력을 사용해야 한다는 입장을 피력했다. 즉, 다시 조선 원정을 감행해야 한다는 얘기였다. 워싱턴으로 가기 전 베이징에 주재한 베르테미는 로즈의 조선 원정 실패가 프랑스의 위상을 크게 실추했다는 사실을 뼈저리게 느꼈고, 그것을 타개하려면 조선에 대한 무력 사용이 반드시 필요하다고 생각했다.

그렇지만 프랑스 정부는 미국 국무부의 제안을 받아들이지 않았다. 당시 프랑스 해군부 장관 리고 드 주누이 제독은 새로운 조선 원정은 없다고 잘라 말했다.

프랑스가 동반 원정을 거부하자 미국은 독자적으로 조선 정벌을 결정했다. 그러나 당시 미국 정가가 어수선한 상황이라 조선 원정을 한동안 보류했다. 1865년 링컨 대통령이 암살되고 부통령 앤드루 존슨이 대통령직을 승계했는데, 존슨마저 탄핵당할 위기에 놓였기 때문이다. 그런 까닭에 1870년에야 조선 원정을 실행에 옮겼다.

미국 정부로부터 조선 정벌을 명령받은 사람은 프레드릭 로였다. 1870년 베이징 주재 미국 공사로 부임한 그는 미 해군 아시아 함대 사령관 로저스와 상의한 끝에 1871년 5월을 원정 시기로 결정했다. 로는 조선 정벌에 앞서 청나라 총리아문을 통해 조선에 미국의 의지를 전달하게 했다. 로는 조선에 보내는 공문에서 조선 백성과 관리가 셔면호 승선원을 죽인 것을 비판하고 재발 방지를 요구하는 한편, 조난당하는 미국 배에 관해 교섭하는 자리를 갖자고 했다. 조선 조정은 청나라 총리아문 편에 이런 답변서를 보냈다.

미국 사신이 보낸 서신을 살펴보니 그것은 순전히 병인년(1866년)에 그 나라의 상선 2척이 우리나라에 들어왔다가 1척은 풍랑을 만났다 구원받았으나 1척은 사람도 죽고 화물도 없어졌는데 이처럼 서로 판이하게 하나는 구원받고 하나는 피해를 당한 까닭을 알 수 없으니 원인을 알고 싶으며, 뒷날 그 나라의 상선이 혹시 우리나라 영해에서 조난당할 경우 원칙에 입각하여 구해주고 화목하게 대우하자는 등의 말이었습니다. (…)
이번에 미국 사신의 편지에서 1척은 구원받고 1척은 해를 당했는데 그 이유를 알 수 없다고 한 것은 무슨 말입니까? 그들의 이른바 '돌봐주어야 할 처지로 볼 때 상인과 선원은 그렇게 심하게 하고 싶지 않았는데 그 나라에서 마음껏 멸시하고 학대했다'고 한 것은 실로 사해의 모든 나라가 똑같이 그렇게 여길 것입니다. 그 나라가 남의 멸시를 받고 싶지 않은 것이나 본국이 남의 멸시를 받고 싶지 않은 것이나 처지를 바꾸어놓고 생각하면 실로 다름이 없는 것입니다. 이로부터 평양의 강에서 배가 사라진 것으로 말하면 변론을 기다릴 것 없이 그 까닭을 똑똑히 알 수 있는 것입니다. 미국 상선이 만약 우리나라 사람들을 멸시하고 학대하지 않았다면 조선의 관리와 백성이 어찌 남에게 먼저 손을 대려고 하였겠습니까? (…)

조난당한 객선은 전례에 따라 구호할 것이니 다시 번거롭게 의논할 필요가 없으며 기타 문제도 따로 토의하여 판명할 것이 없으니 오가는 수고를 할 필요가 없습니다. 삼가 바라건대 이러한 내용으로 그 나라 사신을 잘 타일러 의혹을 풀어줌으로써 각각 편안하고 무사하게 지내게 한다면 더없이 다행이겠습니다.

결사 항전한 조선군

셔먼호 사건을 빌미로 통상 협약을 하자는 미국의 요청을 조선이 일언지하에 거절하자, 주청 미국 공사 로는 마침내 조선 정벌을 단행하기로 결정했다. 미국은 프랑스 신부 리델을 길잡이로 삼아 군함 5척에 해병 150여 명을 비롯한 수병 1,200여 명의 병력을 싣고 조선 침략을 감행했다. 동원한 함선은 일본 나가사키에 정박해 있던 기함 USS콜로라도호를 비롯해 알래스카호, 팔로스호, 모노캐시호, 베니치아호였다. 5척의 함대는 최신식 대포 85문을 싣고 있었다.

1871년 5월 16일(음력 3월 27일) 나가사키를 출발한 미군 함대는 남해를 거쳐 서해를 거슬러 오른 뒤, 아산만 풍도 앞에 정박했다. 그들은 보트를 내보내 강화도 인근의 수심을 재고 공격로를 확보하려 했다. 미군 함대가 풍도에 정박한 것은 나가사키에서 떠난 지 5일 만인 5월 21일이었다. 이와 관련해 수원유수 신석희가 이런 보고를 했다.

"이달 3일 유시쯤에 이양선 5척이 풍도 뒷바다 북쪽 남양(화성군)

경계에 정박하였습니다. 특별히 감시하고 계속 보고하겠습니다. 5일 신시쯤에 이양선 4척이 남쪽 바다 배리도 안에 와서 섰습니다. 이 섬은 풍도와 멀리 떨어져 있기 때문에 따로 감시하여야 합니다. 그러므로 영리한 장교를 선정하여 두 곳에 나누어 보내 자세히 감시하고 계속 상세히 보고하게 하였습니다."

경기감사 박영보가 미군을 접촉해 무슨 일로 왔는지 묻자 그들은 단지 장사를 하러 온 것뿐이며 사람을 죽이는 사달은 없을 것이라고 대답했다. 조선 조정은 이 말을 믿지 않았다. 미군이 필시 침략할 것이라 판단하고 어재연을 진무중군에 임명해 적의 침입에 대비하도록 했다.

그 무렵 미 함대는 강화도 근처에 정박해 공격 기회를 엿보고 있었다. 삼군부는 그 보고를 받고 강화도 인근의 병력과 화력을 증강하기 시작했다. 그러다가 6월 1일(음력 4월 14일) 마침내 첫 전투가 벌어졌다. 이날 미군 함대 중 2척이 강화도 염하로 접어드는 손돌목을 지나자 광성보에 있던 조선 수군이 포격을 가했고 미국 군함이 응사해 접전이 벌어졌다.

손돌목 접전 뒤 미군은 광성보 앞에 함대를 집결하고 대대적인 포격을 개시했다. 조선 군대도 포격을 가했고 포격에 맞은 미군 함대 일부가 경미한 손상을 입었다. 조선 측에서는 포군 오삼록이 전사했다.

이렇듯 몇 차례 교전을 치른 후 일단 퇴각한 미군은 로 공사의 이름으로 조선 측에 통상을 요구하는 서찰을 보내왔다. 조선 조정은 교섭을 거부하고 즉각 물러날 것을 요구했다. 미군은 일단 물치도(작약도)로 물러난 뒤 2, 3일을 기다려도 답신이 없으면 재차 공격하겠다고 엄포를 놓았다.

조선이 계속 강경한 태도로 나오자 미군은 6월 10일(음력 4월 23일) 대대적으로 함포 공격을 감행하고 상륙작전을 실행했다. 24척의 보트에 나눠 탄 미군 650여 명이 초지진을 습격하자 수비 병력이 사력을 다해 싸웠지만 하루도 버티지 못하고 궤멸되었다. 6월 11일 미군은 광성진으로 진격하기 시작했고 그 상황을 진무사 정기원은 이렇게 보고했다.

적의 괴수가 북쪽으로 대모산 꼭대기로 올라가며 육지로 대포를 실어다 앞에서 길을 인도하면서 마구 쏘아대고 소총으로도 일제히 쏘아댔습니다. 그리고 미시에는 적의 괴수가 광성진으로 꺾어 들어가 성과 돈대를 포위하였습니다. 광성진에서 일제히 조총을 쏘아대 한바탕 혼전을 벌였는데 한참 뒤 광성진이 붕괴되고 적들이 광성진의 위아래 돈대를 차지하였습니다. 덕진에 정박한 적선도 광성진을 향해 기동하므로 손돌목 남성두에서 연이어 대포를 쏘니 적선도 그대로 닻을 내리고 대포를 무수히 난발하여 손돌목의 성이 거의 파괴되었습니다. 적들은 광성진을 탈취하고 그곳 진사鎭舍 화약고에 불을 지르고 벙거지를 실어갔습니다. 손돌목을 내려다보니 성 안에서도 대포를 쏘았습니다. 바다와 육지로 공격해오니 적은 수의 군사가 의지하여 무기를 사용할 곳이 없었고, 좌우가 서로 의탁할 형편이 못 되는 조건에서 막아낼 길이 전혀 없었으므로 할 수 없이 덕포진으로 진지를 옮겼습니다.

8시간 동안 치열하게 벌어진 광성보 전투에서 조선 측은 진무중군 어재연 등 240여 명이 전사하고 100여 명은 염하로 뛰어들어 자살했으며, 20여 명은 미군의 포로가 되었다. 미군은 장교 1명과 사병

2명이 전사하고 10명이 부상당하는 데 그쳤다. 그야말로 미군의 일방적인 승리라고 할 수 있었다.

그 결과는 양쪽 군대가 갖춘 무기의 위력 차이에서 비롯되었다. 우선 포만 해도 미군은 탄환을 뒤쪽에서 넣는 후장식이었고 포탄도 단순한 철환이 아니라 부딪히면 폭발하는 작열탄이었다. 이는 현대전에서 사용하는 포와 같은 시스템으로 당시에 가장 현대화한 포였다. 반면 조선군이 사용한 포는 병자호란 때 청에서 유입된 전장식 구식 포인 홍이포였고 포탄도 부딪쳐서 깨뜨리는 것이 주목적인 철환에 불과했다. 결국 조선의 포탄은 철선인 미군 배에 약간의 충격을 가하거나 배의 구조물을 깨뜨리는 수준에 불과했지만, 미군의 포탄은 조선 진영을 초토화하는 가공할 위력을 발휘했다.

개인 화기인 소총도 화력에서 엄청난 차이가 있었다. 조선군의 총은 16세기부터 사용하던 이른바 조총이라 부르는 화승총인 데 반해, 미군의 총은 화승총처럼 불을 붙일 필요가 없는 뇌관총이라 발사 속도나 화력 면에서 훨씬 우수했다. 미군이 사용한 뇌관총은 조선군의 화승총보다 몇 단계 더 발전한 최첨단 총이었다. 화승총 다음 단계로 발달한 것이 방아쇠를 당겼을 때 철제바퀴가 돌면서 발생하는 마찰 스파크로 불을 붙이는 치륜총이고, 치륜총보다 발전한 단계가 부싯돌로 격발하는 수석총이었다. 뇌관총은 수석총보다 더 발전한 것으로 공이치기가 뇌관을 때려 화약을 점화하는 현대식 총이었다. 이에 따라 설령 같은 숫자의 군대로 싸워도 상대가 되지 않는 처지인데, 수적으로도 불리한 상황에서 이긴다는 것은 도저히 불가능한 일이었다. 그야말로 5세짜리 어린아이와 성인의 싸움과 다를 바 없었다. 그때의 패전 상황을 광성진 양곡 담당 아전 전용묵은 이렇게 보고했다.

오늘 묘시에 서양 놈들 400명에서 500명이 덕진진에서 곧장 광성진에 침입하였으므로 중군이 어영군과 본 군영의 별무사들을 동원해 보내어 중도에서 방어하게 하였습니다. 그런데 이양선에서 쏘아대는 대포알이 비 오듯 날아왔고, 육지의 적들이 쏘아대는 조총알은 우박 쏟아지듯 마구 떨어졌습니다. 좌우로 적들이 달려드는 바람에 우리 군사들은 막아내지 못하여 선두 부대가 곧 패했고, 뒤의 부대도 이어 패하였습니다. 서양 놈들은 이 기세를 타고 곧바로 올라와 장대를 포위하였는데 그 형세가 철통같았습니다. 우리 큰 진지에서의 대포 소리는 여전히 끊어졌으니 지금 이때의 군사 형세로 말하면 그 위험이 경각에 다다랐습니다.

광성보 전투에서 압승을 거둔 미군은 광성보를 점거하고 어재연의 장군기인 수자기를 탈취한 후, 성조기를 게양하며 승리를 자축했다. 이어 미군은 광성진 관아를 불태우고 전사한 조선군의 시체를 불태운 뒤 초지진으로 퇴각해 거점으로 삼고 주둔했다.

일방적인 승리를 거두자 청국 주재 공사 로는 이 정도면 조선 조정이 굴복하고 통상 협상에 임할 것으로 판단했다. 그러나 조선은 중군 김선필을 진무중군으로 임명하고 대병을 동원해 미군을 격퇴하기로 결정했다. 대원군은 서울을 비롯한 각 지역에 척화비를 세워 결사 항전을 명령했고, 강화도의 패전 소식으로 서울의 민심이 흉흉해지자 도성 백성이 사대문 밖으로 나가는 것을 금지했다.

한편 강화도에서는 초지진첨사 이렴이 6월 11일 밤 야음을 틈타 수하들을 이끌고 초지진을 포위한 뒤 기습전을 감행했다. 이에 놀란 미군은 초지진을 버리고 함선으로 퇴각했다. 이어 미군 함대는 강화도 앞바다의 섬 물치도까지 물러났다. 당시 미군 함대는 무리하게 염하로 진입했다가 여러 척의 배가 암초에 부딪쳐 어려움을 겪고 있었다. 더구나 염하의 거센 물살과 조수의 격심한 변화 탓에 더 이상 머물러 있을 수 없었다.

물치도로 물러난 미군 측은 잡아간 조선 병사들을 빌미로 20일 가까이 통상 요구를 지속했다. 조선 조정은 결사 항전의 뜻을 전하며 격렬하게 미군의 침략을 비난했고 미군은 결국 잡아간 포로들을 석방한 뒤 자진 철수했다.

이로써 미군의 조선 침략 전쟁인 신미양요는 끝이 났다. 신미양요는 미국 아시아 함대의 첫 전투이자 첫 승전이었다. 미국 정부는 이 승전을 자축하며 참전군인 15명에게 명예 훈장을 수여했으나 강화도 전투에서 이겼다는 의미 외에 어떠한 성과도 거두지 못했다. 당시 미국이 조선 원정을 감행한 것은 셔먼호 사건에 대한 조선의 사과와 배상을 이끌어내고, 이를 빌미로 조선을 개항해 통상 협약을 성립하는 데 있었다. 이는 중국과 일본, 동남아시아 국가를 상대로 벌인 포함외교(무력을 행사해 압력을 가하면서 동시에 합법적으로 정치적 목적을 달성하려는 강제 외교) 정책의 일환이었다. 미국은 그 목적을 전혀 실현하지 못하고 물러감으로써 의미 없는 살생극만 저지르고 떠난 꼴이었다.

미국이 일방적인 승전으로 치부하는 이 전쟁을 두고 정작 조선 측은 패전으로 간주하지 않았다. 오히려 전 백성이 일치단결해 결사 항전함으로써 서양의 강국인 미국 군대를 물리쳤다고 자부했다. 신미양요는 서양 세력에 대한 조선 백성의 경계심을 더욱 심화했고 '개국은 곧 망국'이라는 쇄국주의자들의 주장에도 힘을 실어주었다.